한국 직접·참여민주주의의 현재

주민발의, 주민투표, 주민소송, 주민소환, 주민참여예산

한국 직접·참여민주주의의 현재
주민발의, 주민투표, 주민소송, 주민소환, 주민참여예산

초판 인쇄일	2009년 12월 15일
초판 발행일	2009년 12월 20일
지은이	하승수, 이 호, 김 현
펴낸곳	민주화운동기념사업회
펴낸이	함세웅
주 소	(100-785) 서울시 중구 정동 미술관길 9 배재정동빌딩 B동 1~3층
전 화	(02)3709-7632
팩 스	(02)3709-7610
홈페이지	http://www.kdemocracy.or.kr
인쇄/유통	경성문화사 (02)786-2999(代)

이 책은 독일 프리드리히에버트재단의 지원으로 제작되었습니다.

* 잘못된 책은 교환해 드립니다.

한국 직접·참여민주주의의 현재

주민발의, 주민투표, 주민소송, 주민소환, 주민참여예산

민주화운동기념사업회

책머리에

길거리에서 시민들이 지나가는 다른 시민들에게 무언가에 대해 설명하고 서명을 받는다. 서명을 받는 이유는 학교급식을 개선하기 위한 조례를 지방의회 안건으로 올리기 위해서 일 수도 있고, 부패를 저지른 지방자치단체장이나 지방의원을 해임하기 위한 것일 수도 있다. 또는 시민의 세금을 낭비하는 터무니없는 공사에 대해 감사청구를 하기 위해서 일 수도 있다. 서명하는 방식은 일반 서명과는 달리 까다롭다. 주민등록번호를 적어야 하고, 정해진 방식에 맞춰서 해야 한다. 그렇지 않으면 서명이 무효가 되기 때문에, 서명을 받는 시민들은 늘 긴장해 있다.

앞서 말한 이런 풍경들이 이제는 낯설지만은 않게 되었다. 이런 풍경이 눈에 보이기 시작한 지는 불과 10년도 채 안 되었지만, 이런 시도들을 통해 학생들이 먹는 학교급식이 개선되었다. 그리고 부패나 예산낭비를 저지른 공직자는 임기 중에 해임당할 수 있다는 것을 많은 사람들이 알게 되었다.

그렇지만 우리나라에서 직접·참여민주주의는 여전히 제대로 대접받지 못하는 단어이다. '민주주의=선거'라는 인식은 시민들 사이에도, 정치인들 사이에도, 그리고 심지어 정치학자들 사이에도 퍼져 있다. 선거제도의 문제점에 대해서는 관대한 사람들이 직접·참여민주주의에 대해서는 공격을 서슴없이 가한다. 정치인들이나 관료들은 직접·참여민주주의 제도에 대해 부정적인 인식을 감추지 않는다.

그러나 직접·참여민주주의에 대한 평가절하는 시민참여에 대한 평가절하이고, 주권자인 유권자들에 대한 평가절하이다. 보다 많은 유권자들이 참여해서 의사결정을 하는 것이 나쁘다면, 그것은 유권자들을 불신하기 때문이다. 오히려 보다 많은 시민들이 참여해서 문제를 해결해 나가는 것은 더 좋은 의사결정을 가능하게 한다. 물론 직접민주주의나 참여민주주의에도 문제가 없는 것은 아니다. 그러나 그런 문제들은 수정되고 보완되어 가면 되는 문제들이다.

　민주주의에 대한 고정된 인식은 우리 사회에 민주주의가 더 깊게 뿌리내리지 못하게 하는 장애요소가 되고 있다. 민주주의는 늘 발전해가야 하는 것이고, 민주주의 발전에는 상상력이 필요하다. 민주주의 혁신은 늘 이런 상상력에 의해 이루어져왔다. 그래서 현실도 따라가지 못하는 진부한 이론보다는 현장의 창조적 실험이 더 중요할 수 있다.
　더구나 지금은 '대의민주주의의 위기'가 피부로 느껴지는 시대이다. 투표율은 낮고, 정치에 대한 불신은 극에 달해 있다. 이런 현실을 극복할 수 있는 유일한 대안은 시민들의 참여뿐이다. 참여 경험을 통해서만 시민들은 무관심과 냉소에서 벗어나 정치에 대한 희망과 신뢰를 볼 수 있을 것이다. 그래서 시민들에게 참여 기회와 통로를 보장하는 직접·참여민주주의가 중요하다.

　이 책은 직접민주주의, 참여민주주의에 대한 이론을 소개하기보다는 그에대한 한국사회의 경험을 정리한 책이다. 우리나라도 지방자치 영역은 직접민주주의적인 제도들이 조금씩 도입되어 왔다. 그리고 제도의 틀 내에서 또한 제도의 바깥에서 다양한 시도들이 있어 왔다. 주민발의, 주민투표, 주민소환, 주민소송, 주민참여예산... 이런 제도들이 차츰 도입되면서 이제 직접·참여민주주의는 책에서만 볼 수 있는 것이 아니라, 직접 우리 주위에서 경험할 수 있는 것이 되었다. 그리고 경험을 통해 앞으로 나아가야 할 방향도 모색해 볼 수 있을 것이다.
　이 책은 그런 취지에서 쓴 것이다. 짧다면 짧을 수 있는 그간의 경험들을 통해 한국사회의 직접·참여민주주의가 나아가야 할 방향을 모색해 보자는 것이 이 책을 쓰게 된 취지이다.
　책의 구성 부분별로 내용을 소개하면 아래와 같다.
　1장에서는 직접·참여민주주의의 의미와 한국사회에서의 그 흐름을 간략하게 소개했다. 우리나라에 직접민주주의적인 제도가 최초로 도입된 것은 2000년 주민발의제도가 도입되면서부터이다. 그 이후에 여러 제도들이 순차적으로 도입되었고, 지방자치단체 차원에서도 주민참여예산과 같은 새로운 시도들이 일어났다. 이런 흐름들을 1장에서 정리했다.

  2장에서는 주민발의, 주민투표, 주민소송, 주민소환, 주민참여예산의 경험들을 정리했다. 2장에서 소개한 사례들 중에는 제도화가 이루어지기 전에 주민운동 차원에서 진행되었던 사례들도 있다. 특히 주민투표의 경우에는 오히려 제도화 이전의 사례들에서 진정한 직접·참여민주주의의 힘과 역동성을 느낄 수 있다.

  3장에서는 한국의 직접·참여민주주의의 발전 과제를 정리했다. 그동안의 경험들을 통해 각각의 제도들이 가진 문제점과 한계들이 드러났다. 그런 점들을 극복하고 직접·참여민주주의가 보다 더 발전하기 위해서는 제도적 개선이 필요하다. 특히 주민투표제도 개선이 시급하게 필요하다. 중요한 정책결정 사항을 주민들의 투표에 의해 결정하는 주민투표제도는 스위스 직접민주주의의 핵심이다. 그러나 우리나라에서는 잘못된 「주민투표법」으로 인해 제도가 사실상 사문화된 상황이다. 또한 국가 차원에서도 직접·참여민주주의 제도를 도입할 필요성이 있다. 이 문제는 앞으로 있을 헌법개정에서 중요하게 다루어져야 할 의제이다. 소수의 엘리트들이 정책결정을 좌우하면서 나타나는 문제들을 우리는 너무나 많이 보고 있다. 이제는 뭔가 변화가 필요한 시점이다.

  한편 우리나라에서 직접·참여민주주의가 이 정도 수준까지라도 올 수 있었던 것은 시민사회의 역할이 컸다. 아마 앞으로도 시민사회의 역할이 중요할 것이다. 아쉬운 것은 정부나 정치권의 역할이다. 이제는 정부나 정치권이 시민들의 참여에 대한 부정적인 인식을 버리고 직접·참여민주주의 확대를 위해 나서야 한다. '참여가 의사결정의 질을 높인다'는 상식을 이제는 받아들여야 한다.

  이 책의 집필은 민주화운동기념사업회 지원을 받게 된 것이 직접적인 계기가 되었다. 이 책이 나올 수 있도록 여러모로 지원해 준 민주화운동기념사업회

관계자분들께 감사드린다. 그리고 전국 각지에서 풀뿌리민주주의를 실현하기 위해 노력하고 있는 분들께 감사드린다. 이 책은 그 분들의 땀을 정리한 것일 뿐이다.

2009년 12월

하승수, 이 호, 김 현

목차

책머리에 4

1장 | 직접·참여민주주의와 한국 사회

1 대의제 민주주의의 한계와 직접·참여민주주의 ··················· 13
2 한국 직접·참여민주주의 관련 흐름 ······························· 16
3 지방자치 주민참여제도 도입 현황 ································ 19

2장 | 한국 직접·참여민주주의 현황

1 주민발의 ·· 25
  • 사례 1 : 부천시 담배자동판매기설치금지 조례 ················· 31
  • 사례 2 : 광명시 도시계획조례 개정 주민발의 ··················· 34
  • 사례 3 : 과천시 보육조례 개정 주민발의 ······················· 37
  • 사례 4 : 학교급식 지원조례 주민발의 ·························· 42
2 주민투표 ·· 60
  • 사례 1 : 경기도 고양시 주상복합건물 건축 관련 주민투표 사례 ········ 67
  • 사례 2 : 부안 방폐장 유치 찬반 주민투표 ······················· 72
  • 사례 3 : 청주·청원 통합 관련 주민투표 ························ 82
  • 사례 4 : 제주도 행정구조 개편에 관한 주민투표 ················ 87
  • 사례 5 : 중·저준위 방사성 폐기물 처리장 유치 찬반 주민투표 ········ 95
3 주민소송 ·· 103
  • 사례 1 : 도봉구 의정비 환수소송 ······························· 112
  • 사례 2 : 성북구 업무추진비 주민소송 ··························· 121
  • 사례 3 : 청양군 주민소송 ······································ 129

4 주민소환 ··· 139
　　　• 사례 1 : 경기도 하남시 주민소환투표 ································· 145
　　　• 사례 2 : 제주도지사 주민소환투표 ···································· 155
　　　• 사례 3 : 시흥시 주민소환 ·· 162
　　　• 사례 4 : 광진구 주민소환 ·· 166
　　5 주민참여예산 ·· 170
　　　• 사례 1 : 광주 북구 주민참여예산제 ···································· 179
　　　• 사례 2 : 울산 동구 주민참여예산제 ···································· 186
　　　• 사례 3 : 대전 대덕구 주민참여예산제 ································ 192
　　　• 사례 4 : 충남 천안 대안 복지예산 만들기 ··························· 198

3장 | 한국 직접·참여민주주의의 발전과제

　　1 한국 직접·참여민주주의에 대한 총괄적 평가 ······················· 215
　　2 직접·참여민주주의 발전을 위한 과제 ································· 220

참고문헌 228

찾아보기 235

1장

직접·참여민주주의와 한국 사회

대의제 민주주의의 한계와 직접·참여민주주의　1

한국 직접·참여민주주의 관련 흐름　2

지방자치 주민참여제도의 도입 현황　3

1

대의제 민주주의의 한계와 직접·참여민주주의

    대한민국 헌법에서는 '주권재민' 원리를 선언하고 있다. 즉 헌법 제1조 제1항은 "대한민국은 민주공화국이다"라고 규정하고 있으며, 제2항은 "대한민국의 주권은 국민에게 있고, 모든 권력은 국민으로부터 나온다"라고 규정하고 있다.
    이러한 '주권재민' 원리는 그것이 구체적으로 어떻게 실현될 수 있는지가 중요하다. 이에 대해 헌법은 선거권과 피선거권[1]을 중심으로 언급하고 있다. 이는 대한민국 헌법이 '주권재민' 원리를 실현하는 방법으로 기본적으로는 대의제민주주의를 채택하고 있음을 보여준다. 대한민국의 모든 권력이 국민으로부터 나오지만, 이를 구체적으로 실현하는 방식은 선거제도를 통해 가능하다는 것이다. 헌법 제72조에서 국민투표제도에 대해 규정하고 있지만, 국민투표의 발의권한이 대통령에게만 있기 때문에 시민에게 주도권이 보장되어 있지는 않다[2]. 따라서 헌법 제72조의 국민투표가 직접민주주의 제도라고 보기는 어렵

---

[1] 헌법 제24조는 "모든 국민은 법률이 정하는 바에 의하여 선거권을 가진다"라고 규정하고 있고, 제25조는 "모든 국민은 법률이 정하는 바에 의하여 공무담임권을 가진다"라고 규정하고 있다.
[2] 헌법 제72조는 "대통령은 필요하다고 인정할 때에는 외교·국방·통일 기타 국가안위에 관한 중요정책을 국민투표에 붙일 수 있다"라고 규정하고 있다. 이와는 별개로 헌법 제130조에서는 헌법개정안에 대해서는 국민투표를 거치도록 규정하고 있다.

다. 또한 헌법 제26조에 청원권에 관한 규정이 존재하지만, 부탁하고 탄원하는 의미에 그치는 것이므로 적극적인 의미를 부여하기는 어렵다. 따라서 대한민국 헌법은 대의제 민주주의를 골자로 하고 있다고 볼 수밖에 없다.

이러한 대한민국 헌법의 태도는 주권재민 원리를 실현하는 방안으로는 매우 소극적인 것으로 볼 수 있다. 이에 따르면 일상적으로 정치적 의사결정과정을 할 수 있는 자격을 갖춘 이들은 선거를 통해 선출된 소수의 정치 엘리트들로 제한되기 때문이다.

이러한 대의제 민주주의가 '주권재민' 원리를 제대로 실현시키고 있는지에 대해서는 의문이 제기되고 있다. 또한 대의제 민주주의에 정당성을 부여하는 중요한 논리인 탁월성의 논리(the principle of excellence)에 대해서도 문제제기가 되고 있다. 대의제 민주주의에서 가장 중요한 절차라 할 수 있는 선거제도는 "선출되는 사람이 선출하는 사람보다 사회적으로 더 뛰어나야 한다는 원리를 암묵적으로 가정"(하승우, 2006, 38)하고 있다. 그러나 실제로는 선거로 선출되는 사람이 선출하는 사람보다 사회적으로 더 뛰어나다는 것이 입증되지 못하고 있다.

중요한 것은 자질이라기보다 오히려 정보와 권한의 문제라고 할 수 있다. 만약 시민들에게 정보와 권한만 주어진다면 시민들은 선출된 대표자들보다도 더 현명한 판단을 내릴 수도 있다. 이러한 가능성은 직접민주주의의 여러 사례들을 통해 실제로 입증되고 있다. 또한 1990년대 후반부터는 인터넷을 통해 풍부한 정보가 일반 대중들에게도 쉽게 전달될 수 있게 되었다. 그에 따라 다중(multitude) 또는 영리한 군중(smart mob)이라 불리는 새로운 정치 주체들이 출현하고 있다.

그러나 대의제 민주주의의 문제점과 한계를 지적하는 것이 대의제 자체를 부정하려는 것은 아니다. 다만, 대의제 민주주의 하에서도 시민들의 직접 참여권을 보다 강화함으로써 '주권재민' 원리를 실현시켜야 한다는 것이다. 순수한 대의제 민주주의 하에서 소수 정치 엘리트들에게 독점되어 있던 주요 정보에 대한 접근 권한, 정치적 의제의 설정권, 실질적인 결정권을 시민들에게도 분배해야 한다는 것이다. 그럴 때 시민들은 실질적 주권자가 될 수 있다. 그리고 이러한 직접·참여민주주의3)의 확산은 시민들의 정치적 무관심을 극복할 수 있는 유력한 대안이기도 하다.

---

3) 직접민주주의, 참여민주주의에 대해서는 다양한 정의가 가능하다. 시민발의와 시민발의에 의한 국민투표만이 직접민주주의라고 보는 견해도 있지만, 주민소환 등을 포함해서 보다 폭넓은 의미로 직접민주주의를 바라보는 견해도 있다. 브라질 포르투알레그레(Pôrto Alegre)의 주민참여예산제를 직접민주주의의 한 갈래로 보는 견해는 직접민주주의를 실현하는 수단으로 추첨제, 국민투표제, 시민총회 등 다양한 형태가 있을 수 있다고 본다(마리옹 그레·이브 생또메 2005, 46-47).
한편 참여민주주의는 더욱 다양한 의미로 사용될 수 있는 개념이다. 참여민주주의를 국민발안, 국민투표, 주민투표, 주민발안 등의 직접민주주의를 포괄하는 개념으로 보는 견해도 있다(주성수 2006a, 41). 이에 따르면 시민들의 직접적인 참여에 기초하는 직접민주주의, 시민들의 신중한 심사숙고와 토의에 초점을 맞춘 심의민주주의(deliberative democracy), 인터넷의 발전에 따라 점점 실현가능성이 높아지고 있는 전자민주주의(digital democracy), NGO 등 자발적 결사체의 역할을 중시하는 결사체민주주의(associative democracy) 등을 모두 현대 참여민주주의 형태들이라 할 수 있다(주성수 2006b, 22).
이 글에서는 개념에 대한 논의를 주로 하려는 것이 아니기 때문에, 편의상 직접·참여민주주의라는 용어를 사용한다. 이는 선거가 아닌 보다 직접적인 방식으로 시민들이 정치적 의사결정과정에 참여하는 것을 포괄하는 의미이다.

2
한국 직접·참여민주주의 관련 흐름

현대 한국사회에서는 군사독재정권이 이어지면서, 민주화운동의 핵심 과제가 대의제 민주주의라도 제대로 실현될 수 있게 하는 것이었다. 이는 1987년 6월 민주화운동에서 가장 핵심적 구호가 '대통령 직선제 쟁취'였던 것을 보아도 잘 알 수 있다.

1987년 이후 민주화가 진행되면서 한국에서도 다양한 시민운동이 성장하기 시작했다. 수많은 시민단체들이 만들어졌고, 이들은 사회적으로도 큰 영향력을 발휘하기 시작했다. 이러한 시민사회의 성장은 시민들이 단지 대표자를 선거로 선출하는 것에 만족하지 않고, 사회적 문제들에 대해 참여하기 시작했음을 의미했다. 그리고 1961년 군사쿠데타로 중단되었던 지방자치가 1991년부터 부활하면서 지역에서도 시민사회가 성장하기 시작했다.

그러나 1990년대는 시민들의 참여가 제도적으로 보장된 수준이 매우 낮았다. 선거를 제외하고는 시민들의 목소리를 의사결정에 반영할 수 있는 직접 참여 제도가 없었다. 지방자치가 부활했지만, 주민들의 직접 참여를 보장하는 제도는 전혀 도입되지 않았다. 한국 지방자치법은 일본 지방자치법의 영향을 많이 받았지만, 유독 일본 지방자치법에 존재하는 주민참여제도만은 예외였다. 일본 지방자치법에 존재하는 주민소환, 주민감사청구, 주민소송 등의 제도는 한국 지방자치법에 전혀 도입되지 않았던 것이다.

이런 상황에서 제도적으로 보장된 것은 아니지만, 시민들이 국가나 지방자치단체 의사결정에 참여하고 영향력을 미치려는 시도들은 계속되었다. 때로는 미디어를 활용하고 서명운동, 정부나 의원들에 대한 압력행사 등의 수단들이 동원되었다. 또한 정부나 의회에 대한 일상적 감시활동들도 전개되었다. 제도가 도입되지 않은 상황에서 주민들 스스로 '자치적인 주민투표'를 시도하기도 했다. 이런 시도들은 제도적으로 보장되지 않은 참여를 통해 정책결정과정에 영향을 미치려는 것이었다.

그러다 1990년대 후반부터 제도 변화가 일어나기 시작했다. 1998년부터 「공공기관의 정보공개에 관한 법률」이 시행되었는 데, 이는 시민들이 정보를 얻을 수 있는 수단이 제도적으로 보장되었음을 의미한다. 정보 없이는 참여가 있을 수 없기에, 정보공개제도 도입은 시민들의 참여를 확대하는 중요한 기반이 되었다.

또한 지방자치 영역에서 주민들의 직접 참여를 보장하는 제도들이 점차 도입되기 시작했다. 2000년 3월부터 지방자치법에 주민감사청구제도와 주민발의제도(조례의 제정 및 개·폐청구제도)가 도입되었다. 그리고 2003년 12월 지방분권특별법이 제정되면서 제14조 제1항에서 "국가 및 지방자치단체는 주민참여를 활성화하기 위하여 주민투표제도·주민소환제도·주민소송제도의 도입방안을 강구하는 등 주민 직접참여제도를 강화해야 한다"라는 조항을 두었다. 그에 따라 주민투표제도가 2004년 7월부터, 주민소송제도가 2006년 1월부터, 주민소환제도가 2007년 5월부터 도입·시행되었다. 그리고 지방자치단체 조례를 통해 주민참여예산제도 도입되기 시작했다.

그러나 이러한 제도 변화는 주로 지방자치 영역에서 일어났다. 국가 차원의 큰 제도적 변화는 없었다. 단지 「부패방지 및 국민권익위원회의 설치와 운영

에 관한 법률」제6장에 국민감사청구제도가 도입되었을 뿐이다.4)

---

4) 국민감사청구제도는 공공기관의 사무처리가 법령위반 또는 부패행위로 인하여 공익을 현저히 해하는 경우에, 19세 이상의 국민으로 하여금 300명 이상의 서명을 받아 감사원에 감사청구를 할 수 있게 하는 제도이다. 국민감사청구가 이루어지면 국민감사청구심사위원회에서 감사를 실시할 것인지 여부를 결정하게 된다.

3
지방자치 주민참여[5]제도 도입 현황

형식적으로 보면, 한국 지방자치에 도입된 주민참여제도는 다양해 보인다. 주민감사청구, 주민발의, 주민투표, 주민소송, 주민소환, 주민참여예산제 등이 일단 도입되어 있기 때문이다.

〈표 1〉 한국 주민참여제도 도입 현황

주민참여제도	시행일	법적 근거
주민감사청구	2000. 3.	지방자치법 제16조
주민발의	2000. 3.	지방자치법 제15조
주민투표	2004. 7.	주민투표법
주민소송	2006. 1.	지방자치법 제17조
주민소환	2007. 7.	주민소환에 관한 법률
주민참여예산	2004. 3.	조례에서 도입되기 시작 ➡ 지방재정법 제39조에 근거마련

---

[5] 주민참여제도는 지방자치단체 주민이 지방자치단체 의사결정에 관해 직접 의사표시를 하거나 의사결정 주체로 참여할 수 있는 제도를 말한다.

이 제도들 각각의 개념에 대해 간략하게 설명하면 아래와 같다.

우선 '주민감사청구'란 주민들의 집단적 서명에 의해 법령에 위반되거나 공익을 현저히 해한다고 인정되는 사안에 대해 감사를 청구할 수 있는 제도이다.

'주민발의'란 지방자치단체의 조례 입법과정에 시민들이 참여할 수 있도록 하는 제도이다. 즉, 시민들이 일정한 수 이상의 서명을 갖춰 청구를 하면 해당 지방자치단체 조례를 제정하거나 개정 또는 폐지하는 안건을 지방의회에 제출할 수 있게 한 것이다.

'주민투표'란 지방자치단체의 중요한 정책 결정 사항을 주민 투표에 부쳐 결정하도록 하는 제도이다. '주민투표'를 청구할 수 있는 주체는 주민이어야 하는 것이 원칙이나, 한국의 경우 지방자치단체장이나 지방의회, 심지어 중앙행정기관이 주민투표 발의과정을 주도할 수 있도록 되어 있다.

'주민소송'이란 지방자치단체의 위법한 재무회계행위에 대해 주민이 소송을 제기하여 그러한 행위를 예방 또는 시정할 수 있도록 한 제도이다.

'주민소환'이란 일정 수 이상 주민의 집단서명으로 선출직 지방공직자의 해임 여부를 묻는 주민투표 실시를 청구할 수 있고, 실시된 투표에서 투표자 과반수가 찬성할 경우에는 선출직 공직자를 임기 중에 해임시킬 수 있는 제도이다.

'주민참여예산'이란 지방자치단체 예산편성과정에 주민들이 참여하여 의견을 제시할 수 있도록 보장하는 제도를 말한다.

위의 제도들 중에서 '주민발의'는 의제설정권을 시민들에게 부여한 것이라는 의미를 갖는다. 그리고 '주민투표'도 주민들에 의해 발의가 될 경우에는 주민들의 주도성이 보장될 수 있다는 의미가 있다.

한편 '주민소환'은 선출직 공직자의 해임이라는 강력한 효과를 통해 권력을 통제할 수 있는 제도로서 중요한 의미를 가진다. 한편 주민감사청구, 주민소송은 지방행정을 감시하고 견제하는 의미가 강한 제도라고 할 수 있다.

'주민참여예산'의 경우에는 지방자치단체 예산편성 과정에 주민들 참여를 보장하려는 것이므로 상당히 적극적인 의미를 가진 참여제도라고 할 수 있다.

위 제도들 중에서 주민감사청구제도는 감사를 청구하는 주체가 주민이기는 하지만, 실제로 감사를 실시하는 주체가 주민이 아닌 상급 행정기관이라는 점에서 직접·참여민주주의의 의의가 다른 여타 참여제도에 비해 미흡한 편이다.

2장에서는 대표적인 주민참여제도라 할 수 있는 주민발의, 주민투표, 주민소송, 주민소환, 주민참여예산을 중심으로 우리 사회 직접·참여민주주의의 현황을 살펴보고자 한다. 현황을 살펴볼 때 제도의 내용뿐만 아니라 실제 운영 상황에 대해서도 살펴보고자 한다. 앞서 한국 사회 주민참여제도가 형식적으로는 다양하게 도입되었다고 표현했지만, 이러한 제도들의 도입 그 자체만으로 직접·참여민주주의가 활성화되었다고 볼 수는 없다. 그보다는 이러한 제도들이 실제 어떤 내용과 절차로 설계되었는가, 그리고 이 제도들이 시민들의 참여를 얼마나 활성화시켰으며, 실제로 어떻게 활용되고 있는가의 여부 등이 직접·참여민주주의 활성화와 발전에 더욱 중요한 변수가 될 것이다.

그리고 3장은 현황에 대한 평가를 바탕으로 향후 직접·참여민주주의의 발전을 위한 과제는 무엇인가에 대해 살펴보고자 한다.

2장

한국 직접·참여민주주의 현황

주민발의 1

주민투표 2

주민소송 3

주민소환 4

주민참여예산 5

1
주민발의

1) 의의

주민발의 제도의 정식 명칭은 "조례 제정 및 개폐청구 제도"이다. 이 제도는 지방자치법 제15조에 근거를 두고 있다. 이 조항은 19세 이상 주민이 일정한 수 이상 주민서명을 받아 해당 지방자치단체의 조례를 제정하거나 개정하거나 폐지할 것을 청구할 수 있도록 하고 있다. 이 제도는 일본 지방자치법에 존재하는 주민발의 제도를 본떠서 도입한 제도로서, 선거로 선출된 대표자가 안건을 상정하는 것이 아니라, 주민들이 직접 조례안을 발의할 수 있게 한 것이다.

2) 요건

주민발의를 하기 위해서는 일정한 수 이상 주민(19세 이상)들 서명이 필요하다. 서명 숫자는 일정한 범위 내에서 지방자치단체 조례로 정하게 되어 있다. 시·도와 인구 50만 이상 대도시에서는 19세 이상 주민 총수의 100분의 1 이상 70분의 1 이하, 시·군 및 자치구에서는 19세 이상 주민 총수의 50분의

1 이상 20분의 1 이하 범위에서 지방자치단체 조례로 정하고 있다.

일정한 사항에 대해서는 주민발의를 할 수 없게 하고 있는데, 그것은 ① 법령을 위반하는 사항, ② 지방세·사용료·수수료·부담금의 부과·징수 또는 감면에 관한 사항, ③ 행정기구의 설치·변경에 관한 사항 또는 공공시설의 설치를 반대하는 사항이다. 그러나 이처럼 주민발의 대상에서 제외되는 사항을 광범위하게 규정한 것은 비판을 받고 있다. 특히 '행정기구의 설치·변경에 관한 사항이나 공공시설의 설치를 반대하는 사항'과 관련된 조례를 주민발의 할 수 없도록 제한한 것은 문제시되고 있다. 이런 사항들이야말로 주민들의 생활이나 해당 지방자치단체 사무에 상당한 영향을 미칠 수 있는 사안들이기 때문이다.

3) 주민발의 절차

주민발의를 하기 위한 절차는 아래의 [그림 1]과 같다. 아래 그림에서 보듯이 주민발의는 청구인 대표자를 선정하고 대표자증명서를 교부받음으로써 시작된다. 그리고 서명을 받기 시작하는 데, 서명은 청구인 대표자나 대표자로부터 위임을 받은 수임인이 받을 수 있다. 서명을 받는 기간은 광역지방자치단체 경우에는 지방자치단체장이 대표자증명서 교부의 취지를 공표한 날부터 6개월간이고 기초지방자치단체의 경우에는 3개월간이다.

서명을 받은 후에는 청구인 명부를 제출하고 청구인 명부가 요건을 충족한 것으로 판단되면 지방자치단체장은 청구를 수리하고 청구수리 후 60일 이내에 조례(안)을 의회에 제출해야 한다.

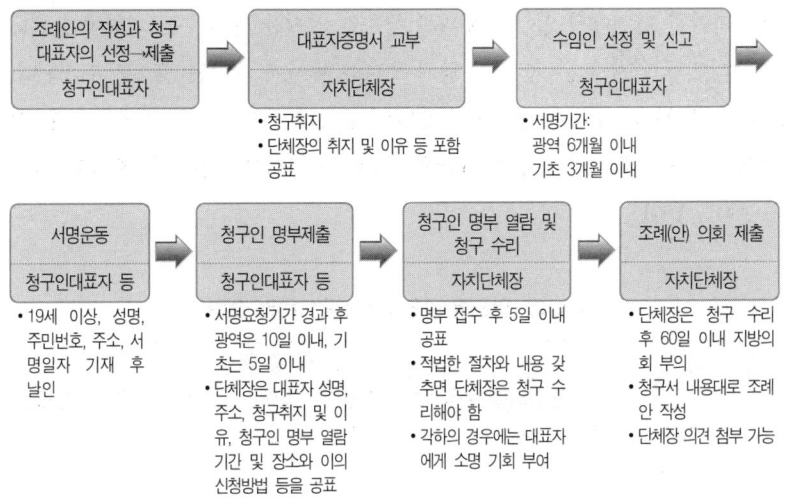

[그림 1] 주민발의 절차

4) 전체적인 제도 운영 현황

주민발의제도가 처음으로 도입된 2000년부터 2008년 말까지 총 158건의 주민발의가 진행되었다. 아래의 〈표 2〉는 주민발의 된 조례안에 대한 처리 결과를 보여준다. 〈표 2〉에서 보듯이 원안의결이 18건, 수정의결이 18건이고 부결이 17건이다. 그리고 각하가 12건, 철회가 4건, 폐기가 8건이다. 그리고 '진행 중'으로 표시된 건은 81건이다[6].

이렇듯 꽤 많은 수의 주민발의가 이루어지고 있다. 그러나 문제점도 드러나고 있다. 〈표 2〉에서 각하와 철회, 그리고 폐기로 표시된 건을 모두 합친 24건은 지방의회에서 제대로 심의도 되지 않았다. 특히, 폐기된 안건의 경우에는 주민발의안에 대한 의회의 심의조차 이루어지지 않은 채 보류되었다가, 의회 임기 종료와 동시에 자동 폐기된 경우들이 많다. 또한 행정안전부가 '진행 중'

---

[6] 행정안전부 통계는 매년 청구 현황 조사 시점에 근거한 통계이기 때문에 진행 중인 건수가 많은 것으로 나타나고 있다.

이라 파악한 안건에서 일부는 통과된 경우도 있지만, 상당수는 의회에서 제대로 심의조차 되지 않은 채 의회 임기 종료와 동시에 폐기된 것으로 추정된다. 2002년 6월부터 2006년 6월까지 주민발의 된 119건 조례안을 조사한 결과, 임기만료로 자동 폐기된 조례가 26건에 달했다는 사실이 이를 잘 보여준다(하승수 2007, 150).

〈표 2〉 연도별 주민발의 안건 처리 현황

연도별	구 분	계	청 구 결 과						
			원안의결	수정의결	부결	각하	철회	폐기	진행중
계	합 계	158	18	18	17	12	4	8	81
2000	시 도	1				1			
	시군구	3			2	1			
2001	시 도	-							
	시군구	12	2	1	2	3	2	2	-
2002	시 도								
	시군구	2	-	-	-	1	-	1	-
2003	시 도	10	3	1	-	-	-	1	5
	시군구	39	5	4	3	4	-	2	21
2004	시 도	4	-	-	-	-	-	1	3
	시군구	25	2	5	1	-	-	-	17
2005	시 도	1	-	-	-	1	-	-	-
	시군구	40	3	1	6	1	-	-	29
2006	시 도	-							
	시군구	7	1	1	-	-	-	1	4
2007	시 도	1	-	-	-	-	-	-	1
	시군구	8	0	4	2	-	2	-	-
2008	시 도	1		1					
	시군구	4	2	-	1	-	-	-	1

출처 : 행정안전부

이처럼 주민들의 집단적인 서명을 받아 제출된 조례안이 제대로 심의조차 되지 않는 것은 문제가 있다.

한편 주민발의 된 조례의 내용을 보면, 대부분 삶의 문제와 구체적으로 연결된 것들이 많다. 전체 주민발의 건수의 60% 이상이 학교급식 관련 조례였다. 그 뒤를 이어 도시계획 관련 조례와 주거 및 상수도 시설 관련 조례가 많이 발의 되었다.

〈표 3〉 주민발의 내용 집계[7]

내 용	건수(비율)
학교급식 관련 조례	98(62.0)
주거 및 상수도 시설 등	12(7.6)
시민참여 관련, 시민감사관제, 주민소환제 등	9(5.7)
도시계획 관련 조례	17((10.8)
영유아 보육 관련 조례	11(7.0)
의정비 관련	2(1.3)
기타	9(5.7)
계	158(100.0)

이는 비교적 최근 이루어진 주민발의 조례안의 내용을 보아도 잘 나타난다. 2006년에는 주민발의가 총 7건 있었는데, 그 중 5건이 학교급식과 관련된 것이었고, 1건은 의료원 설립에 관한 것, 그리고 나머지 1건은 군민참여기본조례였다.

2007년 경우에는 총 9건의 주민발의가 진행되었는데, 학교급식 관련 조례가 3건, 영·유아 보육 관련 조례 1건, 의료원 설립 관련 조례 1건 등이다. 2008년에는 총 5건의 주민발의가 있었는데, 이 중 2건은 지방의원 보수(의정비) 지급 관련 내용이었고, 나머지 3건은 각각 자녀 교육비 지원에 관한 조례, 리·통·

---

7) 박현희, (2008), "한국의 직접 민주주의 제도 도입과 운영현황", 부르노 카우프만 外, 『직접 민주주의로의 초대』, 리북, 322쪽 자료에 최근 통계 추가하여 재구성

반장 실비변상에 관한 조례, 여성농업인 육성지원에 관한 조례였다.

　주민발의 중 '학교급식조례'가 가장 많은 수를 차지하고 있는 것은 시민사회의 활발한 조례제정운동과 연관이 깊다. 학교급식조례 주민발의 운동은 전라남도에서 시작되어 〈학교급식 네트워크〉라는 전국적인 시민사회 네트워크 조직을 통해 확산된 사례이다. 주민발의가 2003년부터 급증하게 된 것도 실은 '학교급식조례제정운동'이 전국으로 확산된 것에 기인한다.

　학교급식 조례는 2003년 40건, 2004년 19건, 2005년 31건이 청구되었는데, 이는 같은 시기 주민발의 건수의 각각 81.6%, 65.5%, 75.6%를 차지한다. 발의된 '학교급식 조례' 주요내용은 국내 농산물 또는 친환경농산물을 학교급식에 공급하도록 하고, 이에 들어가는 재원을 지방자치단체가 지원하게 하는 것이었다. 이러한 학교급식조례제정운동을 통해 실제로 많은 지방자치단체에서 '학교급식 조례'가 제정되었다. 또한 이 운동은 조례제정을 거쳐서 국가적인 법률개정도 이끌어냈다.

　이처럼 시민들의 호응을 크게 얻어 성공적인 조례제정 성과를 거둔 사례들은 시민들의 생활과 밀착한 주제들에 대해 주민발의를 시도한 경우들이다. 주민발의를 청구하는 주체도 특정 집단의 경제적 이해를 대변하는 이들보다는 지역 시민사회단체와 진보정당 등이 결합하고 주민들이 참여한 경우가 많았다. 특히 학교급식 관련 조례제정운동은 지역사회 시민사회운동단체와 진보정당이 농민단체 등의 이해관계자들과 협력하여 성공을 거둔 사례이다.

　이렇듯 주민발의제도는 시민들이 자신들의 정책적 대안을 제도화시키는 과정을 보장한다는 점에서 직접·참여민주주의로서 의의가 크다고 할 수 있다. 그리고 비교적 활발하게 이용되고 있는 제도이기도 하다.

　주민발의제도가 한국에서 어떻게 활용되고 있는지를 좀 더 생생하게 살펴보기 위해서는 실제로 지역에서 주민발의를 통해 조례를 제정한 사례들을 살펴 볼 필요가 있다. 아래에서는 주민발의제도를 활용한 대표적인 몇 가지 사례를 살펴보고자 한다. 다만 첫 번째 사례인 '부천시 담배자동판매기설치금지 조례' 경우는 주민발의제도가 도입되기 이전에 이루어진 사례지만, 우리나라 최초로 시민들의 참여를 통해 조례제정을 시도한 사례이기에 먼저 소개하고자 한다.

5) 사례 1 : 부천시 담배자동판매기설치금지 조례

① 배경 및 내용

부천시 담배자동판매기설치금지 조례(이하 '담배자판기조례')는 주민발의로 제정된 것이 아니다. 그럼에도 주민발의 사례로 이를 소개하는 것은 이 조례제정운동이 우리 사회에서 시민들의 직접 참여를 통해 조례를 제정한 최초 사례였기 때문이다. 이 조례제정운동은 시민들이 직접 조사와 대안제시, 그리고 조례안 작성 등의 역할을 수행하였기에 시민들의 직접 참여를 통한 조례제정이라는 의의를 충분히 살린 것으로 평가된다. 시민들이 참여한 조례제정운동은 부천시의회를 설득·압박하여 조례를 제정하도록 하는 가장 강력하고 직접적인 힘이 되었으며, 결국 성공을 거두었다. 또한 상위법령의 근거가 없다는 문제도 시민들이 직접 그 근거를 만들기 위한 활동을 전개함으로써 결국 상위법의 근거까지 확보하는 성과를 거두었다.

이 조례제정운동이 시작된 배경은 매우 단순했다. 청소년들 흡연문제에 대해 관심을 갖고 이를 시정할 필요성이 있다고 인식한 부천 YMCA 생활협동조합 조합원 한 명이 이 문제를 생활협동조합의 중요한 활동으로 삼자는 제안을 했다. 이는 당시 부천 YMCA 생활협동조합이 지역사회의 문제까지 자신들의 관심 영역을 확대시키며 활성화되어 있었다는 것과도 무관하지 않다. 하지만, 문제 제기 초기에는 다른 조합원들로부터 회의적인 반응들이 많이 나왔다. 다른 조합원들의 경우, 문제점이 있다는 것에는 동의했지만, 이 문제를 어떻게 해결할 수 있는지에 대해 자신이 없었던 것이다. 게다가 당시에는 지방자치가 실시된 지 얼마 되지도 않았고, 주민발의와 같은 직접 참여제도가 전혀 도입되지 않았던 때였다. 하지만, 부천 YMCA 등대생협에서는 당시 처음으로 설치된 지방의회에 조합원 중 한명을 출마시키고 당선시킨 경험이 있는 등 지역 내에서 매우 활발한 활동을 전개했다. 또한 이로 인해 지역 내 그 어느 집단보다 지역 활동에 대한 자신감도 높았다. 따라서 애초 문제를 제기한 조합원의 강력한 요청과 조합원들 지원을 받으며 당시 부천시의원으로 활동하던 C씨 등의 지원으로 조례를 제정하자는 논의가 이루어지기 시작했다.

주민들이 제정하고자 하는 조례 내용은 담배자판기 설치 및 운영을 금지한다는 것이다. 이는 「청소년 보호법」을 통해 청소년들에게 담배 판매가 금지되어 있음에도, 많은 청소년들이 담배자판기를 통해 아무런 제약 없이 담배를 구입하고 있었기 때문이다.

② 전개 과정

부천시 담배자판기 조례제정운동은 부천 YMCA 등대생협 조합원들이 중심적 역할을 하여 일구어낸 성과이다. 이 등대생협은 생활문화분과와 교육환경개선분과, 매스컴 분과, 환경분과로 구성되어 생활협동조합의 고유한 활동뿐만 아니라 일상적으로 지역사회 문제를 해결하기 위한 활동을 수행하고 있었다. 그러던 중 1991년 7월 부천 YMCA 산하 청소년 상담실 자원상담자 모임인 '디딤돌 어머니 모임'에서 학교와 통학로 인근 유해시설에 대한 조사를 실시했다. 조사 내용은 관내 각급 학교의 주요 통학로 주변에 위치한 유해시설, 오락실, 유흥업소, 영화 및 비디오 선전 포스터 등에 대한 것이다. 이후 그 다음 달인 8월에 등대생협 한 조합원이 청소년들이 담배자판기를 통해 아무런 제약 없이 담배를 구입하는 문제를 시정하기 위한 활동을 강력하게 제기했다.

이러한 문제제기는 교육환경개선분과를 통해 공식 의제로 제기되었고, 이에 같은 해 11월에 교육환경개선분과원들에 의해 부천시 소재 42개 학교 주변에 설치된 담배자판기의 정확한 위치와 판매되는 담배 종류를 조사했다. 그리고 다음 해인 1992년 1월에는 담배자판기 이용 실태를 조사했다. 그 결과, 이용자의 약 24%가 청소년이라는 것이 밝혀졌다.

이러한 실태조사를 바탕으로 담배자판기 설치를 금지하는 조례제정운동이 시작되었다. 부천시 의회는 이 활동 초기 시민들의 조례제정청원이나 방문 등에 대해 냉담하게 반응하는 등 부정적인 반응을 보였다. 그리고 이러한 조례제정이 "법령의 범위 내에서"라는 「지방자치법」 제15조[8])의 내용에도 어긋난다는 입장이었다. 즉, 부천시가 단독으로 담배자판기 설치를 금하는 조례제정권이 없다는 것이다.

이에 주민들은 중앙정부에 대해 「청소년 보호법」을 근거로 지방자치단체에서 담배자판기 설치를 제한할 수 있는 조례제정위임권을 요청했다. 또한 이를 위해 재무부에 공개민원을 제기했다. 또한 시민들은 시의회에 대해 청원과 의원에게 엽서 보내기, 시의원 방문 등의 활동을 전개했다. 그리고 서명운동, 가두 캠페인, 언론을 통한 홍보 등 다양한 방법을 통해 이 문제를 시민들에게 홍보했고, 시의회에 설득 및 압력을 행사하는 행동을 전개했다. 이러한 시민들의 직접 참여와 직접 행동을 통해 마침내 1997년 9월 담배자판기 설치를 제한하는 조례를 제정할 수 있었다.

③ 성과

부천시 담배자동판매기설치금지 조례는 지방자치제도가 시행된 지 얼마 되지 않았고, 주민발의제도가 도입되기 이전에 시민들의 주체적인 문제제기와 직접행동을 통해 조례를 제정한 우리나라 최초 사례라는 점에서 그 의의가 크다. 이 운동이 성공을 거둘 수 있었던 가장 큰 이유는 교육환경개선이라는 모든 시민들이 동의할 수 있는 생활상의 요구에서 출발했다는 점에 있다. 이와 더불어, 이 운동을 추진하기 위한 주체인 시민조직이 강한 의지를 보였다는 것도 마찬가지로 이 운동이 성공할 수 있었던 가장 중요한 이유 중 하나이다.

---

8) 현 「지방자치법」 제22조

즉, 조직된 주체와 시민들 동의가 성공의 가장 큰 요인이었다는 것이다.

이 사례의 성과는 단지 부천시에만 한정되지 않는다. 부천시 조례 제정 이후, 서울 강남구, 부산광역시, 인천 동구, 인천 남동구, 안양시, 원주시, 천안시 등이 유사한 조례를 제정했다. 또한 천안시는 '성인만이 출입하는 업소' 이외에는 담배자판기를 설치할 수 없도록 보다 명확히 규정한 조례를 제정했다. 이 사례의 성공 이후로 전국 모든 담배자판기는 성인 인증을 거친 후에만 구입이 가능하도록 하는 조치가 취해졌다. 이는 부천시라는 하나의 지역에서 이루어진 사례가 우리 사회 전체에 영향력을 미치는 성과로 발전하였음을 의미한다. 따라서 이 사례는 비록 우리 사회에 주민발의제도가 도입되기 이전에 진행되고 성과를 거둔 것이었지만, 직접·참여민주주의 사례로서 매우 모범적인 것이라 할 수 있다.

6) 사례 2 : 광명시 도시계획조례 개정 주민발의

① 배경 및 내용

이 사례는 주민발의제도가 도입된 이후 최초로 주민발의가 이루어졌던 사례다.

경기도 광명시에서 도시계획조례 개정운동이 일어난 가장 큰 배경은 「도시계획법 시행령」 개정에 따라 광명시에서 도시계획조례를 개정하면서 일반 숙박시설 및 위락시설을 주거지역으로부터 30m만 떨어지면 되도록 규정한 것 때문이었다. 이러한 이격거리를 규정한 것은 시민 주거환경과 교육환경을 보호하기 위한 것이었지만, 일반 숙박시설과 위락시설이 공원·녹지 또는 지형지물로 의해 주거지역과 차단되지 않은 상태에서 30m 거리만 떨어뜨린다고 하는 것으로는 실질적인 주거환경과 교육환경을 보호할 수 없다는 것이 시민들의 생각이었다.

그리고 광명시 조례개정은 당시 기타 경기도 지역 상황과도 차이가 있어 더욱 문제가 되었다. 경기도 고양시에서 러브호텔 난립에 대한 주민들 문제제기가 있었던 이후에, 경기도 부천시와 인천광역시 계양구, 경기도 과천시, 성남시 등은 자체적으로 숙박업소 규제지침을 만들었으며, 경기도 고양시와 성남시 등에서는 준농림지역 내 숙박업소 건축을 금지하는 등 주거환경을 보호하려는 노력을 기울이던 때였다. 또한 당시 경기도 부천시의 경우에는, 시장 의지로 그 이격거리를 300m로 발의했고, 안산시는 150m, 성남시는 숙박시설 150m, 위락시설 30m 이격거리를 두는 것으로 조례를 발의한 상태였다. 그러나 이에 반해 광명시에서는 이격거리를 30m로 제한했으며, 30m보다 더 떨어뜨리는 데에 소극적인 입장이었다. 이에 대해 시민들은 행정 당국이 실질적인 주거환경과 교육환경을 보호하려는 의지가 부족했다고 판단했고, 이는 유해시설이 주거지역에 들어서는 것을 막으려는 시민들의 공익적 요구와 사적재산권을 보호하려는 행정 당국의 긴장 관계로 표출되었다.

이 조례개정운동은 광명시 시정지기단과 광명지역 시민단체들이 함께 연대하여 전개했다. 이들은 숙박시설과 위락시설 등 유흥시설로부터 주거환경과 교육환경을 보호하기 위한 규정으로 불과 30m 이격거리를 설정한 것은 오히려 주거환경침해 소지를 높인 결과를 초래한다는 입장이었다. 특히 광명동의 경우 주거지역 안에 모텔 등 숙박시설과 위락시설이 밀집해 있어 해당지역 주민들로부터 민원이 끊이지 않는 곳이었다. 그 피해가 심각한 수준이었음에도 30m 이격거리를 규정한 것은 이러한 문제를 해결할 수 없다는 것이었다. 또한 이번 계기를 통해 앞으로 역세권 개발 등 광명시의 각종 개발사업에서 주민피해를 방지하고 일반 숙박시설 및 위락시설 난립을 규제할 필요성도 있었다.

이 운동을 주도한 광명시민단체협의회는 이러한 문제의식에서 도시계획조례 개정운동을 추진하기로 합의했다. 그 핵심적 내용은 도시계획조례를 통해 각종 숙박시설 및 위락시설과 주거지역의 이격거리를 50m로 늘리도록 규정하는 것이었다.

② 전개 과정

2001년 6월 광명시 임시의회는 광명시 도시계획조례를 만드는 과정에서 상업지구로부터 30m만 떨어지면 위락시설을 지을 수 있다는 것으로 조례가 통과시켰다. 이에 광명시민단체협의회는 조례개정을 추진하기로 하고 광명시를 숙박시설 및 위락시설 현황 등을 조사했다. 그 결과 광명시 광명동과 철산동, 하안동, 그리고 소화동 네 개 동에 숙박시설이 총 93개, 위락시설이 총 211개 있는 것으로 파악되었다.

특히 광명동은 대표적인 구시가지 형태 노선상업지역으로, 학교정화구역도 광명지역에서 가장 넓게 형성되어 있는 주택밀집지역과 학교밀집지역이다. 그럼에도 가장 많은 숙박시설과 위락시설이 위치해 있었다. 광명동에는 4개동 총 숙박시설의 85%인 79개, 총 위락시설의 55% 가량인 115개가 입지해 있었다. 도로변은 각종 위락시설이 입지해 있었고, 그 이면부 블록에는 러브호텔과 텍사스촌 등의 유흥시설이 주거지역과 바로 인접해 있었다.

이에 광명시민단체협의회에서는 각 단체 당 1,000명씩, 총 5,900명 서명을 받아 주민발의를 추진하기로 결의했다. 이들은 2001년 6월 11일에 광명시 주민발의를 위한 대표자증명서 교부신청을 했으며, 6월 14일에 증명서를 교부받았다. 그리고 곧바로 주민서명운동을 시작했다. 6월 25일부터 시작된 주민발의를 위한 서명운동은 애초의 목표를 훨씬 초과한 7,500여명 광명시민이 참여함으로써 주민발의를 위한 요건을 충족했다.

이 서명운동은 일반적인 서명운동과는 다르게 광명시민에 한해 서명할 수 있었으며 동별로 구분해서 주민등록번호를 적고 지장을 찍어야 했기 때문에 이를 주도한 시민들의 서명 작업은 매우 힘겹게 진행되었다. 그러나 서명운동을 추진하는 시민들은 아이들 손을 잡거나 유모차 등을 끌면서도 지나가는 시민들을 붙잡고 서명운동 취지를 설명하고 서명을 받는 방식으로 적극적인 서명운동을 전개했다. 그리고 이렇게 주민발의로 제안된 광명시 도시계획개정조례안은 결국 광명시의회에서 원안대로 의결되어 2001년 12월 27일자로 공포되었다.

③ 성과

　광명시 도시계획조례 개정운동은 시민단체들과 시민들의 직접 참여와 대안 제시를 통해 시민들의 주거환경과 교육환경을 지켜낸 대표적인 사례이다. 물론 그 내용이라고 하는 것은 30m 이격거리를 50m로 늘린 것으로, 20m를 늘린 것에 불과하다. 하지만 20m 이격거리 연장을 통해 주거환경과 교육환경을 실질적으로 보장할 수 있었다. 실제 조례개정 이후 광명시청 건축과 담당 공무원은 "조례가 바뀐 뒤 숙박업소 허가신청이 한 건도 없었다"고 증언하기도 했다. 주거지와 도로가 밀접한 광명시에서 '50m' 조례로 말미암아 사실상 숙박업소는 들어설 수 없게 되었던 것이다.
　무엇보다도 이 사례는 시민들 스스로가 직접 참여를 통해 일군 성과라는 점에서 그 의의가 매우 크다고 하겠다.

7) 사례 3 : 과천시 보육조례 개정 주민발의

① 배경 및 내용

　경기도 과천시 보육조례개정은 주민발의제도가 도입된 이후 보육과 관련해서 최초로 주민발의가 시도되었던 사례이다.
　2001년 당시 경기도 과천시는 주민참여, 주민자치운동을 하는 일단의 활동가들과 지역 시민들이 과천시 비전을 스스로 만들어 보자는 취지로 '과천 비전 만들기 모임'을 결성했고, 시민들의 교육 프로그램인 '시민자치학교'를 운영했다. 시민자치학교가 끝난 후 참여자들은 자신들 지역에서 구체적인 실천 활동을 전개하기 위해, 지역의 어떤 문제를 우선적으로 개선할 것인지에 대한 논의를 시작했다. 보육조례를 개정하자는 결정은 바로 이러한 과정에서 도출·합의되었다.

[과천시보육조례개정 주민발의를 위해 서명 받는 모습 | 김현 제공]

보육문제가 우리 사회에서 주요한 이슈로 제기된 것은 오래 전 일이다. 그러나 1998년 관악구에서 구립어린이집 운영실태 조사보고서가 발표되기 전까지는 보다 많은 이들이 편리하고 저렴하게 보육시설을 이용할 수 있도록 하는 데에만 관심이 높았다. 그러나 관악구의회 특별위원회가 구립어린이집 운영실태 조사결과를 발표하자, 보육문제에 대한 시민들의 시각은 더욱 넓어지기 시작했다. 조사보고서에서는 위탁과정의 비리 의혹, 각종 수당 횡령, 담당 공무원의 형식적인 관리감독, 교육철학 부재 등 다양한 문제가 지적되었다. 그럼에도 불구하고 이러한 문제들은 쉽게 변화하지 않았고, 보육시설에 자녀를 맡기는 시민들의 불안은 가시지 않았다. 이는 각 지방자치단체 홈페이지나 보육정보센터 홈페이지 게시판을 통해서도 잘 알 수 있었다. 과천시민들이 기존 보육조례를 개정하기로 한 것도 바로 이러한 문제들에 대해 심각한 우려를 한 것이었고, 그래서 이 문제를 우선적으로 해결해 보자는 것이었다.

보육조례 개정을 통해 얻고자 한 핵심적인 내용은 ① 정보의 공개, ② 시민참여 확대, ③ 공공시설 위탁과정 민주성 및 투명성 확보다. 정보 공개는 공립보육시설 위탁문제 등을 결정하는 위원회인 보육위원회 회의록을 녹취하여 이를 공개하도록 하는 것이었다. 또한 공립어린이집 위탁과 관련한 선정기준과 배점도 공개하도록 했으며, 보육발전기본계획 수립위원회 회의 내용도 공개하는 것을 원칙으로 하고 있다. 이러한 정보공개는 시민들의 요구가 있을 때 하는 소극적인 것이 아니라, 요구하지 않더라도 적극적으로 공표해야 한다는 것이다. 이를 통해 시민들은 과천시 보육정책 흐름을 쉽게 접할 수 있고, 보육정책과 관한 감시와 참여도 할 수 있게 된다.

'시민참여 확대'는 기존 공청회나 간담회 등이 시민들로 하여금 자신들의 의견을 충분히 제기하는 데에 미흡했기 때문에 강조되었다. 그리고 보육과 관련된 지방자치단체 심의기구인 보육위원회 위원선임 기준 및 절차도 명확하지 않았다. 이런 문제점을 개선하기 위해 개정조례안에서는 보육위원회에 일반시민의 참여를 확대했으며, 실질적인 권한강화를 통해 그 위상을 높이고자 했다. 구체적으로 개정 보육조례안은 보육위원회에 참여하는 인원 구성에 있어, 관련 전문가와 보육시설 대표, 보육시설 종사자, 보육시설에 아동을 맡기는 보호자, 그리고 관련 공무원이 각각 3인 이상이어야 한다고 규정하였다. 또한 13인 이상으로 구성되어 있는 보육위원회에서 보육시설 대표와 공무원 수가 각각 전체 위원 수의 1/5을 초과할 수 없도록 규정했다.

또한 공립 보육시설을 위탁하는 조건으로 '시설운영위원회' 설치 및 운영을 의무화했다. 시설운영위원회는 학교운영위원회에 준하는 역할을 하며, 과반수를 보호자 대표로 설정함으로써 시민참여 원칙을 반영했다. 그리고 보육발전기본계획 수립위원회에도 시민참여를 확대했으며, 특히 계획을 수립하는 단계에서 주민들을 대상으로 보육에 관한 수요 및 욕구조사를 실시하도록 명문화했다.

또한 보육시설 위탁과정의 민주성과 투명성을 확보하기 위하여 개정조례안에서는 보육위원회 심의를 거쳐 수탁자를 선정하도록 했고, 3년 위탁기관이 끝난 이후에도 다시 보육위원회의 심의를 거쳐 재위탁 여부를 결정하도록 했다.

② 전개 과정

당시 법령에 의하면, 보육조례를 주민발의하기 위해서는 20세 이상 시민 1,200명 이상의 서명을 받아야 했다. 이 숫자는 인구가 7만 명인 과천시에서는 적지 않은 숫자였다.

그러나 '보육'이라는 주제는 당장의 사회적 이슈가 아니더라도 아이를 낳아 기르는 사람들에게는 대단히 중요한 관심의 대상이었으므로, 주민발의 요건을 충족하기 위한 서명 작업은 시민들의 상당한 호응을 얻을 수 있었다. 또한 당시 과천시는 보육이나 교육과 관련된 모임들이 다른 지역에 비해 많았다. 과천에는 3개의 공동육아협동조합이 있었고, 공동육아 방과후 과정도 운영되고 있었다. 또한 발도로프 교육을 준비하는 모임도 있었다. 이처럼 보육과 관련된 자생적 조직들이 존재했다는 것은 보육조례 개정운동에 중요한 토대로 작용했다.

주민발의를 위해 지역시민들은 2001년 9월 20일에 처음으로 조례개정운동을 위한 간담회를 개최했다. 이 간담회를 통해 보육조례 개정운동에 대한 최종 합의를 거친 후 곧바로 10월 6일 수임인단 발기인대회를 과천중앙공원 야외무대에서 개최했다. 그리고 10월 8일부터 16일까지 수임인 신청자를 모집하기 시작했다. 수임인으로 신청한 과천시민 수는 140여 명에 달했으나, 최종적으로 과천시청에 접수한 수임인 수는 130명으로 결정되었다. 수임인 신청이 마감된 날 이 운동을 주도했던 활동가와 지역 시민들은 '과천시 보육조례개정운동본부'를 정식으로 결성했다.

수임인 모집이 끝난 10월 17일에 조례 개정 청구서를 과천시에 제출했으며,

그 다음 날 청구인 대표자 증명서를 발급받았다. 그리고 23일에는 1차로 130명 수임인(대표자 서명요청권한 위임) 신고서를 과천시청에 제출하여 신고증을 발급 받았다. 그 후 청구인 서명운동이 시작되었는데, 본격적인 서명운동은 2001년 11월부터 시작하여 12월 17일까지 약 한 달 정도 진행되었다. 이렇게 해서 모인 청구인 서명 수가 1,656명으로, 이는 과천시 기준 1,200명을 훌쩍 넘는 수였다. 그리고 서명운동이 끝난 이틀 후인 12월 19일 이 청구인 명부를 과천시에 제출했다.

이러한 형식적 절차만으로 보육조례 개정 작업이 성공한 것은 아니었다. 운동본부는 이후 2002년 2월과 3월에 각각 과천시 사회복지과 공무원들과의 간담회와 시의원과의 간담회를 실시했다. 그리하여 마침내 2002년 3월 13일에 주민발의 보육조례개정안이 과천시 의회에 상정되었고, 그 다음날 의회에서 통과되었다.

이 과정이 결코 순탄하게 진행된 것은 아니었다. 전체적으로 과천시민들의 폭넓은 참여를 통해 진행된 주민발의 조례안 자체에 대해서는 행정 당국 또는 이해당사자들도 공식적으로 반발하지는 않았다. 그러나 조례의 내용 중 몇 가지에 대해서는 수정해 달라는 요구가 있었는데, 그것은 투명성에 관한 부분이었다. 즉, 보육위원회 회의록을 녹취하여 적극적으로 공표하라는 내용이 문제가 되었다. 공무원들로서는 회의 내용을 녹취하고 이를 공개하는 것 자체에 추가적인 업무 부담을 느꼈고, 이전까지 회의 내용을 대외에 공개한 적이 없던 터라 이에 대해서도 역시 부담을 느끼고 있었다. 그러나 조례개정안에서도 「공공기관의 정보공개에 관한 법률」에 규정된 비공개 대상 정보는 제외하도록 하고 있었으므로, 이 조항을 근거로 개인의 사생활을 침해할 수 있는 내용은 제외된다고 하여 시의원들과 공무원들을 설득할 수 있었다.

③ 성과

과천시 보육조례개정운동의 가장 큰 성과는 보육 문제와 관련하여 최초로 주민발의에 의한 조례개정에 성공했다는 것이다. 그리고 그 효과는 과천시민들의 보육문제가 조금씩 개선되는 것으로 나타났다. 보육과 관련된 예산이 늘어났고, 시의 정책에서 보육문제가 차지하는 비중도 상승했다.

하지만, 보육조례가 개정된 이후 조례의 내용이 제대로 이행되고 있는지, 제도나 운영상의 문제점은 없는지 등에 대한 지속적 모니터링이 이루어지지 않은 것은 한계로 지적된다. 그럼에도 이 사례는 여러 가지 면에서 많은 성과를 거둔 것으로 평가할 수 있다. 그러한 성과 중에서 가장 중요한 것은 지역사회 문제에 관심을 가지고 직접 참여하려는 시민 주체가 새롭게 확산·형성되었다는 것이다. 당시 주민발의운동에 참여했던 공동육아 협동조합 조합원들, 한살림 생활협동조합 조합원들, 과천시 시민단체 회원들은 이후 과천에서 지속적으로 생활과 밀접한 풀뿌리운동들을 시도하고 있다.

그리고 이 사례는 지역사회에서 시민들의 생활과 밀접한 '보육'이라는 주제를 통해 주민발의를 성공시켰고, 이때 조례 개정운동을 한 주체들이 2002년 지방선거 당시 과천시장후보 초청토론회를 개최하는 등 생활 문제를 정치 의제로 다루려는 노력으로 이어졌다는 측면에서 시민참여 생활정치의 가능성을 보여주었다고 평가된다.

마지막으로, 이 사례는 다른 지역에도 많은 영향을 끼쳤다. 과천의 성공사례는 이후 여러 사례발표와 관련 논문, 보고서 등을 통해 폭넓게 공유되어 다른 지역의 주민발의운동에 참고가 되었다.

8) 사례 4 : 학교급식 지원조례 주민발의

① 배경 및 내용

학교급식을 지원하기 위한 조례제정운동이 처음으로 제기된 지역은 인천시 강화군이다. 강화군은 2002년 2월부터 농민단체들이 앞장서 학교급식 식재료 문제를 해결하기 위해 지방자치단체의 재정지원이 필요하다는 문제를 제기했다.

이어 전라북도 시민사회단체들은 조례제정운동을 통해 이 문제를 해결하려는 시도를 최초로 전개했다. 2002년 5월 전북 23개 단체들이 모여 운동본부를 구성하고 법률 전문가의 자문을 거쳐 최초로 조례안을 만들어 전라북도 교육위원회에 조례제정을 요구한 것이다.

이후 부산과 광주, 전라남도 등의 광역지방자치단체에서 운동본부가 출범했고, 이와 동시에 전국 기초자치단체에서도 급식 관련 조례를 제정하기 위한 운동본부들이 속속 출범했다. 그 후 2003년 11월에는 학교급식 관련 제도 마련을 위한 전국 조직인 〈학교급식법 개정과 조례제정을 위한 국민운동본부〉가 오랜 토론과 논의 끝에 결성되었다.

이처럼 학교급식 지원과 관련한 조례제정운동이 전국적으로 추진된 데에는 학교급식과 관련한 문제가 심각하다는 인식이 사회적으로 확산되었던 배경이 있었다. 학교급식을 통한 식중독 집단발병 사건들이 끊임없이 발생하여, 전체 식중독 환자 가운데 학교급식을 통해 발생한 식중독 환자의 비중이 1996년 19.4%에서 2001년 70.0%로 급증할 정도였다.

물론 이러한 문제는 최근까지 꾸준히 발생하고 있다. 2003년 3월에는 서울 시내 위탁급식 중·고등학교 13개교에서 1,557명의 집단 식중독 사고가 발생했으며, 2006년 6월에도 다시 서울을 중심으로 수도권지역 위탁급식학교 46개교에서 3,613명의 대형 식중독 사고가 발생했다.

최근에는 이러한 사고가 발생한 원인에 대해서도 속속 밝혀지고 있다. 지난 2006년 4월에는 수협중앙회에서 수입산 수산물 원산지를 국내산으로 표기했고, 이물질(집게벌레, 녹슨 못, 파리 등)이 들어간 식자재와 색깔이 변한 생선, 역겨운 냄새와 곰팡이 등이 있는 수산물을 서울·경기지역 644개교에 수년간 납품해 온 사실이 드러났다. 또한 2006년 6월 수도권 학생 집단 식중독 발발의 원인은 중국산 깻잎에 의한 것으로 밝혀지기도 했다. 2007년 5월 충북·청주 지역 30여 개 초·중·고등학교에 저가의 수입산 소, 돼지고기가 국내산으로 둔갑하여 납품되었고, 과도한 농약과 방부제 사용 등 안전하지 않은 값싼 수입산 식재료가 학교급식에 과다 사용된 것이 밝혀졌다. 또한 위해성 논란이 끊이지 않는 가공식품의 각종 첨가물, 항생제, 성장촉진제가 과다 투여된 축산물과 수산물 등이 학교급식 식재료로 사용되었음이 밝혀졌다.

이러한 문제는 단순히 식중독과 같은 단기간 문제로만 끝나지 않았다. 학생들의 불규칙한 식사와 편식, 패스트푸드 의존도가 점점 심각해짐으로써 성장기 비만 아동 비율이 전체의 1/3 수준에 도달한다는 것이 보고되었다. 그리고 환경 호르몬 범람으로 인한 여러 부작용, 아토피, 천식, 비염 등으로 고생하는 아동들이 증가하고 있었다.

이에 따라 건강한 식재료로 만드는 안전한 학교급식 필요성이 사회적으로 확산되었다. 그리하여 정부 재정지원을 통해 건강하고 안전한 학교급식을 보장하기 위한 제도를 마련하고자 하는 운동이 전국적으로 확산된 것이다. 이러한 조례제정운동의 핵심적 내용은 크게 두 가지라고 할 수 있다. 첫째는 안전한 우리 농산물(가급적 친환경 농산물)을 사용하자는 것이고, 둘째는 학교급식 시스템을 직영으로 전환해야 한다는 것이다.

첫 번째로 지적한 안전한 우리 농산물 사용과 두 번째로 지적한 직영전환 문제는 매우 밀접한 연관을 갖는다. 지금까지 학교급식과 관련하여 발생한 식중독 사건의 사례를 보면 이를 잘 알 수 있다. 2000년부터 2007년까지 8년간 식품의약품안전청의 학교 식중독 사고 통계를 분석해 보면, 식중독 발생건수 비율은 직영급식보다 위탁급식에서 2001년 4.4배, 2003년 13.4배, 2005년 3.1배, 2006년 10.3배, 2007년 3.9배 많은 것으로 나타났다. 즉, 8년간 누적평균을 살펴보면, 위탁급식이 직영급식보다 식중독 발생비율이 5.3배 더 많았음을 알 수 있다(배옥병 2009, 6).

이는 그만큼 위탁급식 위생관리가 소홀했음을 보여준다. 그러나 이는 단순한 위생관리만의 문제가 아니다. 위탁급식의 경우, 영리를 추구하는 사업자가 학교급식에 참여하는 방식이기 때문에 저가 식재료와 수입산 식재료, 그리고 가공식품을 과다하게 사용할 가능성도 있다. 이러한 주장들의 근거는 최근 들어 속속 드러나고 있다. 2007년 서울·부산·대구·인천·광주·대전·울산·경기 등 8개 광역시·도내 4,576개 초·중·고등학교를 대상으로 1학기 중 급식에 사용한 쇠고기 원산지를 조사한 결과, 국내산 쇠고기 사용비율이 직영급식은 95.3%인 반면에 위탁급식은 10.4%로 나타났다. 이는 위탁급식에서 가격이 저렴한 수입 식재료를 많이 사용하고 있음을 의미한다.

이밖에 학교급식 지원 조례는 무상급식의 확대, 학교급식지원심의위원회 심의권, 영·유아 보육시설에 대한 지원 등을 강조하고 있다.

학교급식 지원 조례는 2009년 1월 현재 16개 광역지방자치단체에서 제정되었다. 기초지방자치단체 경우에는 160여 개 지역에서 조례가 제정되었으며, 이 중 100여개가 주민발의에 의해 의한 것이다(배옥병 2009, 9).

여기에서는 최초 주민발의에 의한 학교급식지원조례인 전라남도 사례를 자세히 살펴보고자 한다.

② 전개 과정

전라남도에서 학교급식 지원조례가 최초로 주민발의에 의해 제정된 데에는 앞에서 설명한 안전하고 건강한 학교급식 문제뿐만이 아니라 농산물 개방 등의 여파에서 생존하기 위한 농민들의 요구도 작용했다. 전라남도에서 학교급식 지원조례를 제정하기 위한 운동본부에 참여한 단체들은 지역 시민사회단체와 농업단체, 교육단체뿐 아니라 기성 정당도 포함되었다.

운동본부를 발족하던 운동초기에는 약 175개 단체였으나, 최종적으로는 230여 개 단체가 참여하는 범 지역 차원의 운동조직으로 발전했다. 이들 단체 중에는 이질적인 성격의 단체들이 망라되어 있었지만, 공통 이해관계와 공익적 사업이라는 점에서 함께 참여하게 되었다.

2002년 11월 한 민주노동당 도의원의 학교급식 지원조례 제정을 요구한 도정질의로부터 전라남도 학교급식지원조례 주민발의운동은 시작되었다. 이후 11월 6일에는 그 취지에 공감하는 175개 단체와 인사들이 모여 〈급식개혁과 우리농산물 이용을 위한 학교급식조례제정 전남운동본부(준)〉(이하 '운동본부(준)')를 결성했다. 이 운동본부(준)를 결성하기 위해 민주노동당은 전라남도 내 각 단체들에게 이메일과 홈페이지 등을 통해 공개제안서를 발송했다. 그리고 각 단체별 운영위원회 단위에 참여하여 그 취지를 설명하고 운동본부에 참여하도록 설득하는 활동을 벌였다.

이렇게 해서 결성된 운동본부(준)는 급식실태에 대한 설문조사를 벌였고, '학교급식은 우리 농산물로' 등의 현수막을 들고 10박 11일간 남도 순례대행진을 하며 급식조례제정운동을 홍보했다. 2003년 2월에는 운동본부에 참여하는 단체들이 226개로 늘었으며, 운동본부가 정식으로 발족했다. 운동본부가 발족한 이후에는 두 차례에 걸친 전남도민 대토론회 개최 등으로 주민들에게 해당 조례의 필요성과 정당성을 설명하는 작업을 벌였다.

이러한 과정을 거친 후 2003년 3월 7일에 주민발의 조례제정을 위한 대표자 증명교부 신청을 했고, 그 한 달 보름 만인 4월 24일에 49,549명의 청구인 서명을 받았다. 전라남도의 경우, 주민발의를 위한 청구인 서명요건은 32,000명이었으므로 그 기준을 훨씬 뛰어넘는 숫자의 서명을 받았던 것이다. 이에 전라남도는 2003년 상반기 동안 운동본부와 여러 차례 토론회와 협의 등을 거쳐 2004년부터 학교급식과 전라남도 농업발전을 위해 이 정책을 실시하겠다는 합의를 하기에 이르렀다.

전라남도에서 이처럼 적극적으로 나선 것은 당시 운동본부에 현역 정치인들과 유력자들까지 다수 참여할 정도로 열기가 뜨거웠기 때문이다. 당시 전라남도 교육위원회 의장과 목포시의회 의장, 나주시장, 전라남도의회 의장, 화순군수, 담양 군수 등이 지도·자문위원으로 참여하고 있었고, 조례특위위원으로 두 명의 전라남도 의회 의원이 참여하고 있었다.

하지만 조례안 내용 중에 문제점이 발견되었다. 그것은 "국내와 지역에서 생산되는 농수산물"을 학교급식으로 공급한다는 것이 WTO 협정에 위배될 수 있다는 것이었다. 이에 그 부분을 "우수 농산물"로 변경했다. 그리고 우수농산물의 정의를 내리기 위해 농산물 품질관리법, 친환경농업육성법, 수산물 품질관리법에 존재하는 규정 등을 근거로 삼았다.

또한 이 조례안이 교육위원회 고유 권한을 침해할 우려가 있고 도지사와 교육감 간에 업무가 중복되는 등 혼란이 우려된다는 문제 제기가 있었다. 이에 따라 도지사는 학교급식소요경비 일부를 지원하고, 학교급식지원심의위원회 운영을 포함한 전반적인 학교급식 운영에 관해서는 교육감이 담당하도록 관련 규정을 수정했다. 이러한 과정을 거쳐 조례안은 전라남도 의회를 통과하였다.

그러나 행정자치부는 학교급식조례안이 교육자치 업무이기 때문에 지방자치단체에서 급식비 지원을 할 근거가 없다는 이유로 재의결하도록 반려했다. 이에 운동본부는 행정자치부를 항의 방문했고, 이에 행정자치부 차관으로부터 관련법을 개정하겠다는 약속을 받아내기에 이르렀다. 또한 행정자치부 재의결 통보에도 불구하고 전라남도 의회는 2003년 10월에 애초 통과시킨 조례안을 재의결했고, 도지사는 10월 20일에 이 조례의 제정을 공포했다. 그 후 12월 31일에는 학교급식법 시행령이 행정자치부 차관의 약속대로 개정되어, 조례를 통한 지방자치단체의 학교급식 지원이 제도적으로 가능하게끔 바뀌었다.

조례가 공포된 이후 운동본부와 전라남도는 학교급식 지원의 구체적 방안을 마련하기 위해 세 차례 간담회를 가졌다. 그리고 2004년 4월 현물지원 원칙을 바탕으로 한 시행규칙을 공표했다. 이어서 4월 13일에 개최된 제1차 학교급식심의위원회의 결정에 따라 7월 1일부터 전라남도가 학교급식 지원을 위해 124억 원의 예산을 지출하게 되었다.

③ 성과

전라남도의 학교급식조례가 주민발의로 제정된 이후, 2005년에는 전라남도 도지사가 친환경농산물 5개년 계획을 제시함과 더불어 운동본부와 사전협의를 통해 '학교급식식재료 친환경농산물 지원 로드맵'을 제시하기에 이르렀다.

이 같은 성과는 전라남도 지역에만 국한되지 않았다. 이 주민발의 성공에 힘입어 전국에서 학교급식 관련 조례제정이 이루어졌으며, 이 중 주민발의에 의한 것도 100여 개에 이를 정도로 확산되었다. 이러한 노력을 통해 지방자치단체의 학교급식 지원체계와 지원예산은 점차로 확대·안정되고 있다.

또한 전라남도 주민발의 조례제정 성공은 안전하고 건강한 학교급식을 위해 우수한 우리 농산물 또는 친환경농산물을 사용해야 한다는 사회적 인식을 넓히는 데 기여했다. 그리고 우리 농산물과 우리 농업을 지켜야 한다는 인식 확대에도 기여했다.

특히 주민발의를 통한 조례제정 성공 경험은 100여 개 지역에서 수백만 명의 시민참여를 이끌어 냈다. 이는 학교급식조례제정 운동에서 단순한 학교급식에 관한 문제해결뿐만이 아니라, 지역주민들의 자치역량을 강화하고 이를 통해 스스로 삶의 질을 향상시키고자 하는 생활정치의 영역을 확대·강화시켰다는 의의도 찾아볼 수 있게 했다.

그리고 지역에서 시민들의 직접 참여를 통한 이러한 노력은 중앙정부의 태도를 변화시키는 성과도 거두었다. 2006년에는 학교급식법이 전면 개정되었으며 2009년 8월에 다시 개정되었다. 2006년 말에는 교육인적자원부에서 학교급식과 관련한 종합대책을 마련했다. 종합대책의 주요한 내용은 ① 학교급식 운영의 내실화 ② 학교급식의 안전성 확보 ③ 우수 식재료 사용 확대 ④ 영양관리 및 식생활 지도 강화 ⑤ 정부·자치단체의 지원 확대 ⑥ 학교급식 지도·감독시스템 개선 등이다.

또한 중앙정부는 각 지방자치단체에 '표준조례준칙안'을 만들어 전달했다. 그 핵심 내용으로 첫째, 학교급식 지원의 범위를 식품비뿐만 아니라 운영비와 시설·설비비로 확대하고, 우수 식재료 내용을 구체적으로 명시했다. 둘째, 학교급식 지원대상을 기존의 초·중·고에서 유치원 및 보육시설까지 확대할 수 있도록 했다. 셋째, 지방자치단체장 소속 하에 학교급식지원심의위원회를 구성·운영토록 함으로써 학교급식 지원과 관련한 중요사항을 심의하도록 했다. 넷째, 학교급식지원센터를 설치·운영하기 위한 규정을 마련했다. 다섯째, 학교급식 지원현황 및 지역의 농·축·수산물 생산과 공급관련 정보를 홈페이지 등에 투명하게 공개하도록 규정했다.

2008년 12월 현재 전국 230개 지방자치단체 중 76.5%에 해당하는 177개에 학교급식 지원과 관련한 조례가 제정되었다9). 이들 모두가 주민발의에 의한 것은 아니라 하더라도, 이러한 성과는 결국 시민들의 직접 참여를 통해 이루어진 것이라 할 수 있다. 따라서 전라남도에서 시작한 학교급식지원조례 주민발의운동은 우리 사회의 직접·참여민주주의를 확대·강화시키는 데 크게 기여했다고 평가할 수 있다.

9) 그 외 사례들

앞서 소개한 사례들 외에도 성공적인 주민발의 사례들은 많다. 서울시 강북구 의회에서는 2008년 9월 의정비 조례 개정안이 의결되었다. 이는 지방의회가 의원 자신들의 의정비를 경쟁적으로 인상하는 것에 대해서 주민발의를 통해 시정을 시도한 사례이다. 개정 조례 내용은 2007년 대폭 인상한 의정비를 22% 가량 삭감하는 내용을 담고 있다. 이 조례 개정을 위한 주민발의에는 강북구 시민 7,000여 명의 서명이 필요했다. 그리고 그러한 시민들의 의사표출은 결국 강북구의회에서 '강북구 의원 의정비 인하 조례개정안'이 만장일치로 통과되는 성과를 거두었다.

경기도 연천군에서는 지난 2007년 7월 '연천군 주민참여 기본조례'를 주민발의로 통과시켰다. 이 조례제정은 2006년 1,214명의 주민 서명으로 발의된 것으로, 청구 이후 1년 만에 약간 수정되기는 했지만 조례가 통과되는 결실을 맺은 사례이다. 이 조례는 연천군민 모두가 군정발전을 위한 의견을 제시할 수 있는 권리와 의무를 가진다고 규정하고 있다. 이를 위해 회의공개 원칙과 각종 위원회에 대한 군민참여 보장, 주민참여예산, 군정시책 토론 청구, 군민

---

9) 학교급식전국네트워크 홈페이지, http://www.schoolbob.org/bbs/view.php?id=bobpds&page=1&sn1=&divpage=1&sn=off&ss=on&sc=on&select_arrange=headnum&desc=asc&no=39

의견조사 등 주민참여를 보장할 수 있는 여러 제도 도입을 명시하고 있다.

경기도 성남시에서는 지난 2006년 3월 '성남 시립병원 설치조례'가 주민발의를 통해 제정되었다. 이는 2003년 성남시 인하병원과 성남병원이 잇달아 폐업하면서, 관내 종합병원이 하나도 없게 된 것에 대해 성남시민들이 이에 대한 대책을 요구하는 차원에서 이루어졌다. 이를 위해 성남시민 1만 8천 5백여 명이 서명에 참여했으며, 3년간 세 차례 시도 끝에 조례가 제정되었다. 이 조례로 인해 성남시는 시유지 1만평에 2011년 개원을 목표로 500병상 규모의 종합병원을 건립할 계획이다.

앞서, 전라남도 학교급식 조례안에 대한 소개와 함께 전국적으로 많은 지방자치단체에서 학교급식 관련 조례가 주민발의 등을 통해 제정되었음을 설명한 바 있다. 그 외에도 주민발의를 통해 학교급식 관련 조례를 제정한 또 하나의 대표적 사례로는 제주도 친환경급식조례 제정을 들 수 있다. 이 조례를 제정하기 위해 제주도 내 55개 사회단체가 '친환경 우리 농산물 학교급식연대'를 구성했고, 제주도민 1만 1천여 명의 서명을 받아 2004년 1월 제주도의회에 제출하여 그 해 5월 도의회 의결을 이끌어 냈다. 이 사례는 단순히 학교급식문제 개선에만 영향을 미친 것이 아니었다. 이 조례 통과 후 제주도 내에서 친환경 농산물 재배농가수가 대폭 증가했다.

2004년 4월에는 광주광역시에서 주민발의에 의해 '주민소환조례'가 통과되었다. 하지만, 이 조례에 대해서는 상위법에 근거가 없다는 이유로 소송이 제기되었고, 결국 대법원에서 무효 확정 판결을 받았다. 그렇지만 이러한 노력은 결국 국회에서 「주민소환에 관한 법률」이 통과되는 데 크게 기여한 것으로 평가받고 있다. '주민소환조례'에 대한 주민발의 자체가 성공하지 못했지만, 오히려 법을 바꾸는 계기가 되었다는 점에서 그 의의를 찾을 수 있다.

그 외에도 안산시에서는 '지방자치단체장 판공비 공개 조례'를 주민발의로 제정했고, 전남 순천시에서는 '지방의원 공무 국외연수 평가위원회 조례'를 주민발의로 통과시켜 낭비성 해외연수를 막을 수 있는 제도적 장치를 만들기도 했다.

10) 제도 시행 과정에서 드러난 문제점과 성과

① 주민발의 제도 시행에서 나타난 문제점

지금까지 주민발의제도가 시행되면서 많은 문제점들이 노출되었다. 그것은 제도 자체의 문제점에 기인하는 경우와 행정 및 지방의회 운영에 의한 문제로 나눌 수 있다. 물론 이 두 가지는 서로 분리된 것이 아니다. 그리고 이 두 가지 중 한 가지만을 개선함으로써 지금까지 도출된 많은 문제들이 모두 해소될 수 있는 것도 아니다.

여기서는 지금까지 우리나라에서 주민발의제도를 시행하면서 나타난 문제점들을 구체적인 사례를 들어가며 살펴보고자 한다. 지금까지 드러난 대표적인 문제점들을 크게 네 가지로 요약해 보면, ① 시민들의 의견을 반대하지는 않지만 실질적으로 무시하는 문제, ② 부적절한 사유로 인한 각하 결정의 문제, ③ 주민발의안 청구과정에 대한 방해 행위의 문제, ④ 시민의사를 무시한 조례안 수정 문제를 꼽을 수 있다.

ㄱ) 시민의사 무시 - 결정 없이 자동폐기

주민발의안에 대한 의사결정 권한을 가진 지방의회가 주민발의안을 거부하기 위해 사용하는 가장 일반적인 방식이 임기만료까지 결정을 하지 않고 미루다가 임기 만료와 함께 자동 폐기하도록 하는 방법이다.

실제로 2002년 6월부터 2006년 6월까지 주민발의된 119건의 조례안을 조사한 결과, 임기만료로 자동 폐기된 조례가 26건에 달했다는 사실은 시민의사 무시가 빈번히 일어난다는 것을 잘 보여준다. 또한 행정안전부에서 파악한 현황 자료에서 가장 많은 수를 차지하는 '진행 중'인 건수들 중 상당수는 이와 같은 절차를 거쳐 자동 폐기된 것으로 추측된다.[10]

---

10) 이러한 추측의 한 근거로, 2005년의 경우 전국적으로 총 41개의 주민발의안이 제출되었으나, 이 중 수정된 것을 포함해 의결된 것이 4건이고, 부결·각하·철회가 8건, 진행 중인 것이

2006년까지 서울시 자치구들에서 발의되었던 12건의 학교급식조례와 보육조례중 7건이 자동폐기 되었다. 이는 주민발의안에 서명한 6만 6천여 명의 서울시민 의견이 묵살되었음을 의미한다. 이런 현상은 부산에서도 별반 다르지 않았다. 부산의 경우, 2006년까지 14건의 학교급식조례와 보육조례에 대해 7개 자치구(사하구, 남구, 금정구, 진구, 사상구, 수영구, 영도구)에서 의회 심의를 보류한 채 임기를 넘겨 자동 폐기되었고, 이 조례안에 서명한 부산 시민들은 4만 8천여 명이었다.

〈표 4〉 지난 지방의회(2002.6-2006.6) 시기 자동폐기된 주민발의안

조 례 명	주민발의 조례 주요내용	서명인
원주시보육조례안	영유아 및 장애아, 방과후 아동의 보호와 교육의 질 향상, 보육의 공공성 확보, 보호자의 사회 경제적 활동을 지원	10,231
경기도오산시학교급식지원조례안	학교급식 재료에 우리 농산물을 사용하고, 학교급식을 단계적으로 무상급식 실시, 위탁급식을 직영화함으로써 식중독 사고예방	2,774
구리시공직자소환에관한조례안	시장,시의원에 대한 주민소환에 관한 사항을 정하는 조례를 제정	3,403
의령군학교급식비지원에관한조례안	성장기 학생의 건강과 신체 발달을 도모하고 우리 농산물의 소비촉진을 위해 학교급식 경비 지원	888
의령군학교급식비지원에관한조례안	친환경 국내산 농산물 등을 학교급식에 우선 사용, 학생의 건전한 심신발달 개선도모 등	866
창녕군학교급식지원에관한조례안	성장기 학생의 건강과 신체 발달을 도모하고 우리 농산물의 소비촉진을 위해 학교급식 경비 지원	2,247

29건에 달하는 것으로 행정안전부 자료에서 드러났다. 2005년 말에는 지방의회의 임기가 6개월여밖에 남지 않았던 시점이었음을 고려하면, '진행 중'이라 파악된 것들 중 상당수가 자동폐기된 것으로 추측할 수 있다.

조례명	주민발의 조례 주요내용	서명인
부산광역시 사하구 학교급식 지원에 관한 조례안	국내 농축산물의 학교급식 식재료 우선 사용, 직영급식의 확대, 단계적 무상급식 실시	8,400
부산광역시금정구 학교급식에 관한 조례안	국내 농축산물의 학교급식 식재료 우선 사용, 직영급식의 확대, 단계적 무상급식 실시	8,000
부산광역시남구 학교급식에 관한 조례안	국내 농축산물 학교급식 식재료 우선 사용, 직영급식의 확대, 단계적 무상급식 실시	7,312
부산광역시부산진구 학교급식 지원에 관한 조례안	국내 농수산물의 학교급식 식재료의 우선 사용, 직영급식의 확대, 단계적 무상급식	8,610
부산광역시사상구 학교급식 지원에 관한 조례안	국내 농축산물의 학교급식 식재료 우선 사용, 직영급식의 확대, 단계적 무상급식 실시	7,219
부산광역시수영구 학교급식지원조례안	국내 농축산물의 학교급식 식재료 우선 사용, 직영급식의 확대, 단계적 무상급식 실시	4,206
부산광역시영도구 학교급식 지원에 관한 조례안	관내 초중고등학교 및 특수학교와 영유아 교육기관의 학교급식에 따른 경비 지원, 국내에서 생산되는 친환경 농수축산물 사용	4,404
금천구학교급식비지원조례안	우리농산물 및 친환경농산물 사용, 시설·설비의 지원 등(직영운영)	6,334
서울특별시 노원구학교급식지원에관한조례안	학교급식 지원을 통한 학생의 건강한 신체발달 도모, 급식시설 및 설비 개선	10,889
서울특별시 강북구영·유아보육조례안	보육시설점검 연 2회 확대, 구립어린이집 동별 1개소 확대, 보육정보센터 설치	7,250
서울특별시 서대문구 학교급식지원조례안	학교급식법시행령 제7조에 의거 서대문구 관내학교급식을 지원함으로써 성장기 학생의 심신발달, 농산물 소비촉진, 지역경제 발전에 이바지 등	7,570

조례명	주민발의 조례 주요내용	서명인
서울특별시마포구학교 급식지원에관한조례안	학교급식에서 안전한 우리 농산물 사용 지원, 학교급식 직영 유도	8,500
서울특별시양천구 보육시설운영및지원에관한조례안	아동들의 인권이 보호되고 학부모들의 참여가 보장되며, 보육종사자들의 처우가 개선되어 안심보육, 참여보육, 공공보육을 실현	8,500
용산구학교급식지원조례안	민간위탁을 직영화로 전환, 질 좋은 농산물을 급식재료로 활용, 구청장이 예산을 지원	4,759
울산중구학교급식지원조례안	관내 초중고 학교급식의 질 개선과 우수 농산물 급식지원에 관한 조례제정 청구	5,900
인천광역시동구 학교급식지원에 관한 조례안	성장기 학생들의 건전한 심신 발달을 위해 품질이 우수한 친환경 농수축산물의 안정된 공급을 위한 조례 제정	2,701
인천광역시서구 학교급식지원에관한조례안	학교급식의 합리적 운영 원칙을 마련하여 급식의 안정성과 질을 개선하고 인천광역시 서구와 서부교육청의 행정과 재정 지원확대를 위한 제도적 근거 마련	9,220
인천광역시중구 학교급식지원에관한조례안		2,605
영광군쌀생산유통조정위원회 및쌀농가소득보전직불제운영조례안	쌀시장 개방으로 인한 농민 피해 보상 지원	1,363
완주군학교급식조례안		

* 자료 : 함께하는시민행동, (2006), 『"2002-2006 주민발의조례보고서』
(http://www.joinbudget.net/board/guide_manual2/947)

ㄴ) 부적절한 사유를 근거로 한 각하 결정

서울시 은평구와 대전시 서구 조례심의위원회는 각각 9,450명과 17,148명의 주민이 청구한 학교급식지원에 관한 조례안에 대해 각하결정을 내렸다. 이로 인해 주민들이 청구한 급식조례는 의회에 회부되지도 못한 채 폐기되었다.

서울시 은평구 학교급식지원조례는 '서울시 조례의 위임이 없다'는 이유로, 대전시 서구의 학교급식지원조례는 대법원 판결에 따른 국산농산물 조항을 문제 삼아 각하시켰다. 하지만 서울시 은평구와 대전광역시 서구를 제외한 타 지방자치단체에서는 이를 각하사유로 보지 않고 모두 의회에 부의했다.

서울시 은평구의 논리('서울시 조례의 위임이 없다')에 따른다면, 지방자치단체는 상위법령에서 위임된 사무나 업무만을 조례로 제정할 수 있다는 것이다. 이는 지방자치단체 조례제정권한을 스스로 매우 좁혀서 해석하겠다는 것이다. 그러나 주민발의 대상에서 제외되는 부분[11]이 아니라면 주민발의는 어떤 문제에 대해서도 가능하다. 또한 학교급식지원은 이미「학교급식법」에서 지방자치단체의 책임을 명시하고 있어 서울시의 급식조례 제정 여부와 관계없이 조례 제정이 가능한 사안이었다. 따라서 서울시 은평구에서 주민발의된 조례안을 각하한 것은 법리적으로도 납득할 수 없는 결정이었다.

그리고 주민발의 조례안에 일부 문제가 있다고 하더라도 지방의회에서 의결을 하기 전까지는 하나의 안에 불과한 것이다. 따라서 주민발의 조례안에 포함된 문구를 문제 삼아서 조례안 자체를 각하한 대전시 서구 사례도 납득하기 어렵다. 경기도 평택시에서도 비슷한 문제가 있었는데, 이와 관련한 시의회 회의록(제4대 제81회 자치행정위원회 제1차(2004년 2월 25일 수요일) 회의록)에 따르면 "행정자치부 및 한국법제연구원에 질의한 결과 위법 부당한 사항이 있더라도 지방자치단체장은 조례를 작성해서 지방의회에 부의하도록 하라는 회신을 받은 바가 있습니다"라고 밝히고 있다. 따라서 주민발의한 조례안에 대해서는 청구주민 수나 서명자의 결격사항 등 청구절차상의 문제가 아니고서는 그에 대한 판단과 가부의 결정을 의회에 맡기는 것이 타당하다. 그럼에도 불구하고 조례 내용상 문제로 각하를 결정한 것은 주민의사를 무시한 과도한 결정이라 할 수 있다.[12]

---

11) 법령위반 사항과 지방세, 사용료 부담금의 부과 징수 또는 감면에 관한 사항, 그리고 행정기구의 설치, 변경에 관한 사항 또는 공공시설의 설치를 반대하는 사항
12) 이러한 문제점을 개선하기 위해 정부는 조례 청구서가 각하될 경우 소명기회를 부여할 수

ㄷ) 주민발의 자체를 무력화하는 행위

주민발의를 추진하고 있는데, 지방자치단체장이 동일 사안에 대해 조례를 발의하는 사례가 발생하고 있다. 그리고 지방자치단체장이 발의한 조례안이 지방의회를 통과함으로써 진행 중인 주민발의를 무의미하게 만들어버리고 있다. 그렇게 되면 주민발의를 위한 서명운동은 중단될 수밖에 없다.

어떤 지방자치단체는 학교급식조례를 주민발의로 준비하는 과정에서 구의원들이 주민의견을 크게 훼손한 수정 조례안을 제출하여 통과시킴으로써 주민발의 과정을 무력화시킨 경우도 있었다.

주민발의는 시민들이 참여를 통해 자신들에게 필요한 제도를 직접 만들어 가고자 하는 참여민주주의 과정이다. 따라서 이러한 과정은 당연히 지방자치단체장이나 지방의회가 격려하고 활성화시킬 필요가 있는 것이다. 그럼에도 시민들의 자발적 참여 과정을 진행 중에 무력화시키는 것은 직접·참여민주주의의 의미를 훼손하는 것이라고 할 수 있다.

ㄹ) 시민의사를 무시한 조례안 수정

지난 지방의회 임기 중 발의된 123건의 주민발의 중 44%가 넘는 54건의 주민발의안들이 지방의회 심의 중 수정되어 의결되었다. 이처럼 수정·의결된 주민발의안 중에는 학교급식조례들이 많았다.

또한 부산시 시민들이 발의한 '부산시 영·유아 및 아동 보육조례'안에서는 영양사, 보육교사 등 보육시설 현장에서 근무하는 보육종사자와 보육시설장을 구분해 보육위원회를 골고루 구성하도록 규정하였는데, 부산시가 시의회에 이 보육 조례안을 상정하면서 "보육시설장도 넓은 의미에서 보육종사자에 포함된다"며 보육시설장과 보육종사자 구분을 없앴다. 그리고 "보육위원회가 시장의

있도록 하고, 주민발의안에 대한 수리 또는 각하를 심의·의결하는 조례·규칙심의회 위원을 5인 이상으로 구성하도록 했으며, 변호사, 교수, 시민단체대표 등으로 위원이 구성될 수 있도록 보완했다.

자문기관이기 때문에 공개모집 방식은 시장 고유권한을 제한하고 행정 낭비의 요소까지 있다"며 공개모집 조항도 삭제한 일이 발생했다. 이에 대해 시민들은 지금까지 보육위원회 구성이 관행적으로 보육시설장만으로 구성되어 왔기 때문에 균형 있는 참여를 위해 보육시설장과 보육종사자를 구분하여야 한다고 요구했다. 그리고 보육위원회 위원에 대한 공개모집도 필요한 내용이라며 원안 통과를 요구했으나 결국 받아들여지지 않고 수정·통과되었다.13)

② 주민발의제도의 성과

앞에서 살펴본 바와 같이, 우리나라 주민발의제도는 그 시행 과정에서 여러 문제점들을 노출해 왔다. 그러나 주민발의제도가 시행되면서 다른 성과들도 나타나고 있다.

기본적으로 대의 민주주의 체제 아래서는 정치·사회적 의사결정이 선출된 대표자들에 의해 이루어진다. 그러나 의사결정 권한의 문제보다 더욱 심각한 것은 시민들이 스스로 정치·사회적 의제를 공식적으로 제기할 수 없다는 것이다. 즉, 선출된 사람들이 의제를 독점하는 상황에서는 시민들이 자신들의 이해와 욕구를 표출할 기회마저 봉쇄되어 있다는 것이다. 그런 점에서 주민발의는 시민들이 직접 정치·사회적 의제를 설정하고 제기할 수 있도록 한다는 점에서 그 의미가 큰 제도라고 할 수 있다.

실제로 주민참여 제도들 중에서 주민발의가 그 빈도에 있어 가장 많은 수를 차지하고 있다. 그러나 이 제도가 갖는 구조적 한계는 시민들이 제기한 의제를 시민들이 직접 결정하지 못한다는 데에 있다. 즉, 주민투표의 경우 주민들이 직접 제기한 의제(주민투표를 청구한 의제)를 주민들이 다시 투표를 통해 직접 결정할 수 있지만, 주민발의는 시민들이 의제를 제안함에도 그 결정은 다시

---

13) 이러한 문제가 불거지자 정부에서는 주민발의청구시 청구 대표자가 조례 제·개·폐안을 함께 제출토록 하고, 자치단체장이 주민조례 청구안을 수리한 경우 지방의회에 부의할 조례안을 작성토록 하는 규정을 삭제한 시행령을 개정하였다.

선출된 사람들에게 의존할 수밖에 없다는 것이다. 따라서 엄밀하게 구분하면, 현재의 주민발의 제도는 완전한 직접민주주의 제도라고 할 수는 없다.

그럼에도 시민사회가 주민발의를 통해 시민들의 참여를 확대하려는 시도를 하는 이유는 주민발의를 성립시키기 위한 그 과정 자체가 시민들의 참여를 통해 대의기구에 대한 실질적 압력을 직접적으로 가할 수 있는 통로가 되고 있기 때문이다. 실제로 주민발의를 통해 제기된 조례 제·개정안이 원안통과 또는 수정 통과된 것들을 보면, 그 중 다수가 해당 지방의회 또는 지방자치단체장으로부터 심각한 문제제기를 받았다. 부천시 담배자판기설치금지 조례 경우에도, 담배자판기를 운영하는 자영업자들의 이해를 반영한 반론이 '상위법 근거 부재'라는 논리를 빌어 제기되었고, 과천시 영유아보육조례 개정에 있어서도 회의록 공개 등과 관련한 공직자들의 저항이 있었다. 이는 다른 사례들에서도 대부분 나타나는 현상이다.

이러한 저항은 제·개정 또는 폐지하려는 조례안의 내용이 일부 이해당사자들의 이해와 충돌하기 때문이라고 해석할 수 있다. 그러나 대부분 반대쪽 이해당사자들은 사적 이익과 공적 이익의 충돌에서 사적 이익을 관철시키려는 경향이 강한 편이었다. 그리고 이들 대부분은 직·간접적으로 기존 정치 및 행정 권력과 일정 정도 긴밀한 관계를 맺고 있었다. 따라서 이를 단순한 이해관계 충돌로 보기보다는 지역 토착권력세력의 이익이 공적 이익과 충돌되는 지점에서 발생하는 갈등이라 보는 것이 더욱 적절할 수 있겠다.

이러한 문제들로 인하여 주민발의 된 많은 조례안들이 조례로 자리 잡지 못한 채 폐기될 수밖에 없었다. 그러나 주민발의는 기본적으로 시민들이 자신들의 정치적 영향력을 조직했다는 의의도 갖는다. 그러므로 이는 제도정치 공간에서 이루어지는 의사결정에도 강력한 영향력을 미칠 수밖에 없다. 성공적 사례의 대부분이 내용적으로 지방의원 등 의사결정권한을 지닌 이들에게 실질적 지지를 받지 않았음에도 지방의회 심의를 통과했다는 사실을 통해서도 이를 잘 알 수 있다.

또한 2000년 제도가 도입된 이후 2008년 말까지 주민발의 된 총 158건의 조례안 중 명확히 부결된 비율은 17건에 불과하다. 나머지는 요건에 맞지 않아 각하되거나 의회에서 고의로 심의를 하지 않는 등을 통해 주민발의 조례안을 무력화시킨 경우로, 명확한 부결보다 그 비율이 훨씬 높다. 이를 역으로 생각해 보면, 주민발의를 통해 제안된 조례안을 기성세력들이 공개적으로 거부하지는 못했다고 해석할 수도 있다.

결국, 주민발의는 그 자체로서 여러 가지 한계를 가진 제도이다. 하지만, 시민들에 의한 의제 제기와 이를 통한 시민들과의 공감대 확산, 그리고 서명운동 등을 통한 직접참여라는 과정을 거침으로써 시민들의 정치적 의사를 결집하는 의미를 지닌다. 그리고 이는 공식적인 의사결정 권한을 부여받은 이들에게 커다란 정치적 영향력을 행사할 수밖에 없다. 따라서 주민발의는 문제를 효과적으로 해결하는 수단보다는 시민들의 정치적 참여를 조직한다는 점에서 그 의미가 큰 제도라고 할 수 있다.

때문에 단기적으로는 실패한 사례들에서도 시민들은 자신들의 정치적 목소리를 결집한 경험을 축적할 수 있었다. 그런 점에서 해당 주민발의안의 단기적 성공과 실패를 넘어, 주민발의를 진행시키는 그 과정 자체가 실천적 민주시민교육의 장으로 기능했다고 볼 수 있다. 그리고 이러한 소중한 경험을 한 이들만도 지금까지 거의 140만 명에 달하고 있다.

2
주민투표

1) 주민투표의 의의와 법제정 과정

주민투표(referendum)는 지방자치단체의 중요한 정책결정사항을 주민들의 투표로 결정하는 제도이다. 한국에서 주민투표에 관한 제도적 근거가 처음 마련된 것은 1994년 3월의 일이다. 당시에 개정된 「지방자치법」 제13조의2 제1항에서는 "지방자치단체의 장은 주민에게 과도한 부담을 주거나 중대한 영향을 미치는 지방자치단체의 주요 결정사항 등에 대하여 주민투표에 부칠 수 있다"고 규정하고, 제2항에서는 "주민투표의 대상·발의자·발의요건, 그 밖에 투표절차 등에 관한 사항은 따로 법률로 정한다"고 규정했다. 그러나 따로 만들기로 한 주민투표법은 10년 가까이 제정되지 못했다.

한편 주민투표법이 제정되지 않은 상황에서도 주민투표가 실시되기도 했다. 지방자치단체장의 주도하에 지방자치단체 간 통합에 관한 주민투표와 지역 내 시설 설치 및 이전에 관한 주민투표들이 실시된 사례들이 있다. 대표적으로 강화군의 인천시 편입과 관련한 주민투표(1994년), 여수시와 여천군의 통합과 관련한 주민투표(1997년) 등이 있었다. 또한 시설의 설치 또는 이전과 관련한 주민의견을 수렴하기 위해 지방자치단체장이 주민투표를 실시하는 사례들도 있었다. 화장장 설치에 관한 주민투표, 케이블카 설치에 관한 주민투표 등이 실시되기도 했다.

한편 주민들이 자체적으로 주민투표를 실시하는 사례들도 있었다. 비록 법적인 구속력을 갖지는 못했으나 시민들이 자신들의 삶이나 지역공동체와 관련된 의견을 표출함으로써 상당한 정치적 영향력을 발휘한 사례들도 있다. 그 대표적인 사례로는 2000년 3월 치러진 경기도 고양시 55층 주상복합건물 건축 추진에 대한 주민투표와 2004년 2월 14일 치러진 전라북도 부안군 중·저준위 방사성 폐기물 처분장 유치 관련 주민투표를 들 수 있다.

경기도 고양시 주민투표는 주민들 스스로 자주관리로 치러진 주민투표였다. 주민투표 대상은 고양시에서 신축을 추진하려고 하는 55층 주상복합 건물 의 신축 여부였다. 인근 주민들이 반대를 하였음에도 고양시에서 건물 신축을 강행하려고 하자, 주민들이 스스로 자치적인 주민투표를 실시한 것이다. 당시 4,523세대 주민들이 참여한 주민투표 결과 43.3%의 투표율을 보였고, 88.08%의 주민들이 반대했다. 결국 55층 주상복합 건물 신축은 보류되었다.

한편 전라북도 부안군의 주민투표는 부안군수가 독단적으로 '중·저준위 방사성폐기물처분장'(이하, 방폐장) 유치를 신청한 것 때문에 비롯되었다. 당시에 많은 주민들이 군수의 독단적인 결정에 대해 반발하고 저항했지만, 정부는 이를 경찰력을 동원해서 강경 진압했다. 그래서 부상자 350여 명, 구속자 31명이 발생했다. 이 과정에서 문제해법의 하나로 주민투표를 실시하는 것이 검토되었으나, 정부는 이를 거부했다. 이에 전국 시민사회와 부안 주민들이 협력해 독자적인 주민투표를 실시하기로 하여, 2004년 2월 14일에 주민투표를 실시했다. 이 주민투표에는 전체 유권자의 72%가 참여했으며, 투표 참여자의 91% 이상이 반대의사를 표명했다. 이러한 주민투표 결과는 법적 구속력이 전혀 없는 것이었지만, 부안군 주민들의 의사가 명확히 표출된 마당에 정부는 더 이상 사업을 강행할 수 없었다.

이처럼 주민투표법이 제정되지 않은 상황에서 여러 주민투표들이 추진되었지만, 주민투표의 대상, 절차, 효력 등에 관한 법률이 존재하지 않았으므로 많은 문제점들이 있었다. 그러다가 노무현 정부가 들어선 이후 주민투표법 입법이 추진되어 2003년 12월 29일 「주민투표법」이 국회를 통과하여 2004년 7월부터 시행되게 되었다. 그러나 이 주민투표법은 입법과정에서 시민단체들로부터 많은 비판을 받았다. 주민투표법이 주민참여라는 측면에서는 매우 미흡하다는 것이었다. 특히 문제가 된 점은 주민들이 주민투표 실시를 청구하기가 너무 어렵게 되어 있다는 것과 주민투표의 한 유형인 중앙요구형 주민투표[14]는 주민투표제도의 취지에 맞지 않는다는 것이었다.

2) 두 가지 종류의 주민투표

주민투표는 주민들에게 과도한 부담을 주거나 중대한 영향을 미치는 지방자치단체의 주요 결정사항을 주민이 직접 결정함으로써 지방자치행정의 민주성과 책임성을 제고하고 주민복리를 증진하기 위한 대표적인 직접·참여민주주의 제도이다. 그러나 한국의 주민투표법은 전반적으로 주민투표 발의과정에서 주민들의 주도권을 보장하지 않고 있다.

현행 「주민투표법」에서 규정된 주민투표는 두 가지 종류이다. 하나는 지방자치형 주민투표이고, 다른 하나는 중앙요구형 주민투표이다.

지방자치형 주민투표는 지방자치단체의 권한에 속하는 사항에 관한 주민투표로, 지방의회 또는 지방자치단체장과 함께 해당 지역 주민들에게도 그 청구권이 있다. 그리고 주민투표법 제24조에 의하면, 이러한 주민투표의 결과는 해당 지방자치단체장과 지방의회에 대해 구속력을 갖는다(주민투표법 제24조). 즉 지방자치단체장 및 지방의회는 주민투표 결과 확정된 내용대로 행정·재정상의 필요한 조치를 취하여야 할 의무가 있다.

---

[14] 주민투표법에서는 '국가 정책에 관한 주민투표'로 표현하고 있으나, 여기에서는 주민투표 실시 요구 주체가 중앙정부라는 점에 주목하여 '중앙요구형 주민투표'라는 표현을 쓰고자 한다.

중앙요구형 주민투표는 국가 정책에 관한 주민투표이다. 이는 중앙정부의 실시요구에 의해서만 주민투표가 시작될 수 있으며, 그 결과에 대한 법적 구속력이 인정되지 않는다. 즉 주민투표의 결과는 자문적 효력만이 있을 뿐이다.

이처럼 현행 주민투표법에 의해 규정된 이 두 가지 주민투표 간에는 주민투표의 대상, 절차 효력 등에 있어서 많은 차이가 있다. 그런데 이 두 가지 주민투표 중에서 중앙요구형 주민투표는 직접·참여민주주의라 보기 힘들다. 중앙정부만이 주민투표 실시를 요구할 수 있기 때문이다. 이런 경우에는 주민투표가 정부 정책추진을 정당화하는 수단으로서만 이용되기 쉬운 반면, 국가정책 추진문제에 대해 주민들의 의견을 수렴하는 수단으로써 역할을 하기 힘들다. 중앙정부가 거부하면 주민들의 입장에서는 주민투표를 추진할 방법이 없기 때문이다. 실제로 2007년 제주특별자치도에서는 해군기지 설치 문제에 관한 주민투표 실시를 요구하는 주민들이 있었지만, 중앙정부가 이를 거부했기 때문에 주민투표가 추진되지 못했던 사례가 있었다.

따라서 직접·참여민주주의 제도로서의 주민투표라고 한다면, 위 두 가지 주민투표 중 지방자치형 주민투표만을 의미하는 것으로 보아야 한다. 그리고 보다 엄격하게 본다면, 지방자치형이라 하더라도 지방자치단체장이나 지방의회가 일방적으로 제기하는 주민투표보다는 주민들에 의해 제안된 주민투표가 직접·참여민주주의 제도로써 적절하다고 할 수 있다.

3) 주민투표의 대상

중앙요구형 주민투표는 지방자치단체의 폐치·분합이나 구역변경, 주요 시설의 설치 등 국가정책 수립에 관해서 주민의 의견을 듣기 위하여 실시된다.

그리고 지방자치형 주민투표는 주민에게 과도한 부담을 주거나 중대한 영향을 미치는 지방자치단체의 주요 결정사항으로서 그 지방자치단체의 조례로 정하는 사항에 대해 실시될 수 있다. 다만, 아래와 같은 광범위한 사항은 주민투표 대상에서 제외하고 있다.

① 법령에 위반되거나 재판 중인 사항
② 국가 또는 다른 지방자치단체의 권한 또는 사무에 속하는 사항
③ 지방자치단체의 예산·회계·계약 및 재산관리에 관한 사항과 지방세· 사용료·수수료·분담금 등 각종 공과금의 부과 또는 감면에 관한 사항
④ 행정기구의 설치·변경에 관한 사항과 공무원의 인사·정원 등 신분과 보수에 관한 사항
⑤ 다른 법률에 의하여 주민대표가 직접 의사결정 주체로서 참여할 수 있는 공공시설의 설치에 관한 사항(다만, 지방의회가 주민투표의 실시를 청구하는 경우에는 그러하지 아니하다).
⑥ 동일한 사항(그 사항과 취지가 동일한 경우를 포함한다)에 대하여 주민투표가 실시된 후 2년이 경과되지 아니한 사항

4) 주민투표의 과정

주민투표의 경우에는 발의가 매우 중요하고, 발의과정에서 누가 주도권을 행사하느냐가 중요하다.

현행 주민투표법에 따르면, 지방자치형 주민투표도 세 가지 과정을 거쳐서 주민투표가 발의될 수 있다. 첫째는 지방자치단체장이 지방의회의 동의를 얻어 직권으로 주민투표를 실시하는 경우이다. 이 경우에 지방자치단체장은 지방의회 재적의원 과반수 출석과 출석의원 과반수 동의를 얻어야 한다. 두 번째는 지방의회가 지방자치단체장에게 주민투표 실시를 청구하는 경우다. 이 때 재적의원 과반수의 출석과 출석의원 3분의 2 이상 찬성이 필요하다. 세 번째는 주민들이 집단적 서명을 받아 주민투표 실시를 청구하는 경우다. 이를 위해서는 19세 이상의 선거권이 있는 주민들인 주민투표 청구권자 총수의 20분의 1 이상, 5분의 1 이하 범위 안에서 지방자치단체 조례로 정하는 수 이상의 서명으로 해당 지방자치단체장에게 주민투표를 청구해야 한다.

그리고 중앙요구형 주민투표의 경우에는 중앙행정기관의 장이 지방자치단

체장에게 주민투표 실시를 요구하면 지방자치단체의 장이 지방의회의 의견을 들어 주민투표 실시여부를 결정하는 절차로 이루어진다.

주민투표가 발의 되면, 주민투표 실시는 선거관리위원회에서 관리하게 된다. 주민투표과정에서는 투표운동을 할 수 있는데, '투표운동'이란 주민투표에 부쳐진 사항에 관하여 찬성 또는 반대하게 하거나 주민투표에 부쳐진 두 개 사항 중 하나를 지지하게 하는 행위를 말한다. 투표운동은 주민투표 발의일부터 주민투표일 전일까지 할 수 있다.

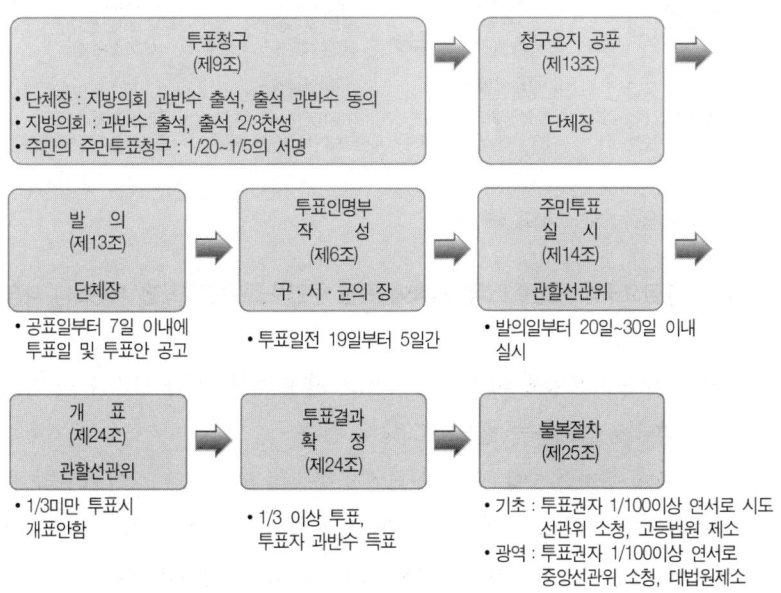

출처 : 행정안전부, 『주민직접참여제도의 이해』, 5쪽

[그림 2] 지방자치형 주민투표의 과정(주민투표법 제7조)

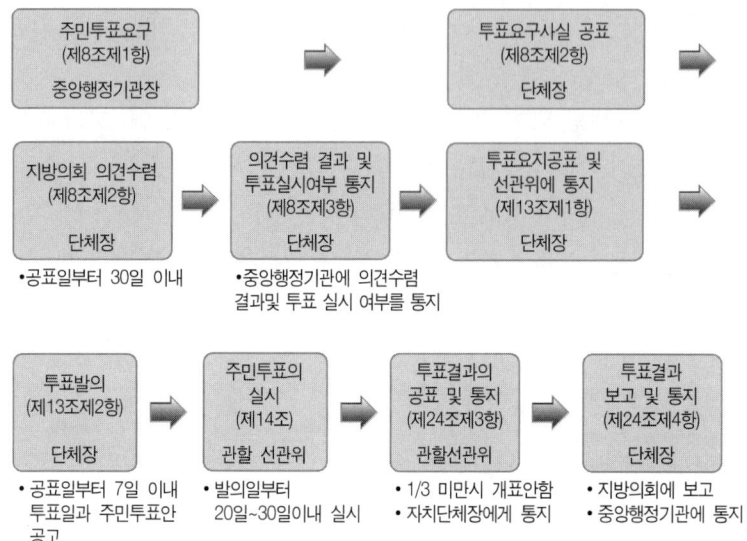

출처 : 행정안전부, 앞의 자료, 5쪽

[그림 3] 중앙요구형 주민투표(국가정책에 관한 주민투표)(주민투표법 제8조)의 과정

투표는 특정한 사항에 대하여 찬성 또는 반대 의사표시를 하거나 두 가지 사항 중 하나를 선택하는 방식으로 하게 된다.

주민투표에 부쳐진 사항은 주민투표권자 총수의 3분의 1 이상의 투표와 유효 투표수 과반 득표로 확정된다. 다만, 전체 투표수가 주민투표권자 총수의 3분의 1에 미달되는 경우에는 개표를 하지 않도록 규정하고 있다.

5) 주민투표제도 도입을 전후한 사례 개괄

앞서 언급한 것처럼 주민투표제도가 도입되기 이전에도 주민투표가 실시된 사례들이 있었다. 대표적인 사례로 경기도 고양시에서 고층주상복합건물 건축과 관련해 주민투표를 했던 사례와 전라북도 부안군에서 방폐장 유치 관련 주민투표를 했던 사례가 있다. 이 사례들에 대해서는 아래에서 자세하게 소개한다.

주민투표 제도가 도입된 이후 주민투표법에 따른 주민투표는 세 차례 실시되었다. 2005년 7월 27일에 실시된 제주도 행정구조 개편에 관한 주민투표, 2005년 9월 29일에 실시된 충청북도 청주시와 청원군의 통합에 관한 주민투표, 2005년 11월 2일 경상북도 경주시 등 4개 지방자치단체에서 동시에 실시된 중·저준위 방사성 폐기물 처리장 유치에 관한 주민투표가 그것이다.

이 세 건의 주민투표는 모두 중앙요구형 주민투표로 실시되었다. 반면 주민들의 청구에 의해 실시된 주민투표는 주민투표법이 시행된 지 5년이 지났지만, 단 1건도 없었다. 아래에서는 주민투표법 시행 이후에 치러진 세 건의 주민투표 사례에 대해서도 각각 살펴보고자 한다.

6) 사례 1 : 경기도 고양시 주상복합건물 건축 관련 주민투표 사례

① 배경 및 내용

1999년 무렵 경기도 고양시는 러브호텔 난립 문제로 몸살을 앓고 있었다. 당시 '학교보건법'은 학교 경계선 200m 내에 호텔이나 여관, 여인숙 등의 숙박시설을 금지하고 있었으나 학교환경위생정화위원회의 심의를 거친다면 허용이 가능하도록 단서조항을 두고 있었다.

고양시 학교환경위생정화위원회는 이 같은 단서조항을 적용하여 러브호텔 신축을 허용하게 되는데, 이때부터 고양 지역사회는 술렁이기 시작했다. 당시 러브호텔 난립을 풍자한 우스갯소리는 '사랑이 넘치는 우리나라'였을 정도로 러브호텔이 우후죽순으로 건설되고 있었다. 주민들은 러브호텔 불허를 요구하며 강하게 대응했고[15], 결국 고양시 건축조례 개정과 도시계획법 등의 개정이

---

15) 러브호텔 문제를 대응하기 위해 주민들은 자발적으로 모임을 가졌다. 특히 러브호텔이 집중되어 있는 백석, 마두, 탄현, 대화동 주민은 수시로 모임을 열고 공동주택을 논의하면서 시장과의 면담, 시정질의 등 청원형 운동을 벌였다. 1999년 하반기에 탄현동과 마두동 일대에 또다시 10여 곳의 러브호텔이 건축허가를 받게 되자 2000년 3월 대화동 주민과 고양여성민

이루어지면서 일단락 됐다16).

　러브호텔 문제가 고양시 시민사회의 최대 화두가 되었을 즈음, 시민들의 감정에 기름을 부었던 사건은 고양시가 55층 주상복합건물을 허가한 것이었다. 고양시는 일산 신도시를 비롯한 7군데 택지개발로 1995년을 전후해 인구 유입이 본격화됐다. 일산 신도시 개발에 맞춰 정부는 자족기능을 확보한다는 차원에서 출판단지 부지를 일산신도시에 마련했으나, 출판조합과 가격협상 과정이 무산됨으로써 출판단지는 파주시로 이전하게 된다. 토지공사는 출판단지 건립이 어려워지자 그 부지에 아파트 건립을 승인해 줄 것을 고양시에 요청했다. 이곳에 확보된 부지는 총 3만 3천 평이었다. 토지공사가 고양시에 주상복합용도로 변경 요청을 시작한 시기는 1995년 3월 27일이었고, 이후 4차례나 용도변경 요구가 있었다. 그러나 1999년까지 고양시는 7차례 부동의 결정을 내렸다. 고양시는 이때까지 주상복합건물에 대해 부정적인 입장을 보였다.

　2000년에 들어서자, 고양시는 토지이용변경에 대한 토론회를 개최하면서 주상복합건물을 지을 수 있도록 용도를 변경하려는 의지를 보이기 시작했다. 지역발전을 가져온다는 것이 그 명목이었다. 이 토론회를 통해 주민들은 주상복합건물이 들어선다는 소식을 처음으로 접하게 되었다.

　55층 주상복합건물 건축에 긍정적인 입장을 취했던 그룹은 지역 상공인들과 바르게살기운동 등의 단체, 그리고 동정자문위원회, 통장단 등이었다. '백석동 개발추진위원회'는 이들에 의해 만들어졌다. 그러나 대다수 주민들은 55층 건물이 들어선다는 사실을 거의 인지하지 못하고 있었다. 이런 상황에서 문제의식을 지닌 몇 몇 고양시의원들은 충분한 여론조사와 이를 토대로 한 주민투

우회가 주축이 되어 러브호텔 반대추진위원회를 처음 구성했다. 이어 각 동별 대책위원회가 결성되고 8월에는 주민대표와 7개 시민단체가 연대해 고양시 러브호텔 및 유흥업소 난립저지공동대책위원회를 구성했다.(주선미·한인숙, "공론장과 지방정치", 한국행정학보, 제36권, 2002 참조)

16) 제도적인 차원에서 고양시 건축 조례가 아파트 단지 100m 이내에는 숙박업소가 들어설 수 없도록 개정되었고, 준농림지에는 관광호텔 이상의 숙박시설만 들어설 수 있도록 조례를 개정하는 성과를 거두었다. 상위법도 자극하여 자연녹지지역에서 숙박업소건축이 전면 금지되는 도시계획법도 개정되었다.

표를 제안하기도 했다. 당시에는 아직 주민투표법이 제정되지 않았지만, 법적 구속력이 없는 주민투표를 지방자치단체장이 자체적으로 실시하는 것은 가능한 상황이었다. 그러나 고양시장은 이를 거부하고, 주상복합 건립에 관한 주민공람을 실시하게 된다. 주민공람의 결과, '백석동 개발추진위원회'가 2만 5천 명의 찬성의견서를 냈고, 백석동입주자대표협의회가 6천 명의 반대의견서를 냈다.

고양시는 이러한 결과를 상당수 주민들이 55층 주상복합건물을 찬성한다는 것의 명분으로 삼았다. 그러나 의견서 제출 과정에는 많은 문제점이 노출되었는데, 첫째 주민공람의 요지는 55층 주상복합건물이 아니라 유통업무시설폐지 및 학교시설 결정으로 공고되었으며, 둘째 '백석동 개발추진위원회'가 주민들을 대상으로 서명 받은 명목은 '고속버스터미널 유치' 서명이었으며, 셋째 찬성측 서명용지에서 외지인의 서명, 중복서명 등이 발견됨으로써 의견수렴 과정의 정당성이 크게 훼손되었다. 이에 따라 주민 7,000여 명은 55층 주상복합건물의 문제점을 제기하며 청원서를 제출하지만, 고양시의회는 고양시의 입장에 손을 들어주었고 이에 반발한 주민들은 최후 수단으로 주민투표 실시를 결정하게 되었다.

② 주민투표 전개 과정

주상복합건물이 들어서게 될 백석동 주민들은 2000년 7월, 주민총회를 통해 자주관리 주민투표를 실시할 것을 의결했다. 주민투표 일정은 2000년 8월 28일부터 9월 4일로 총 8일간의 일정으로 계획되었다. 시간을 충분히 설정한 이유는 행정기관의 도움이 불가능했기 때문에 충분한 홍보와 투표참여율을 높이기 위해서였다. 당시 백석동은 17개 아파트 단지에 4개 단독주택블록으로 구성되어 있었으며, 세대수는 모두 10,448세대였다. 투표소도 단지와 블록 별로 설치했다. 투표 형식은 다음과 같다.

〈표 5〉 고양시 주민투표 형식

기명 방식	주소, 성명, 주민등록번호를 기재. 찬/반 표시
투표 자격	세대별 19세 이상의 성인 5명까지 투표 참여 가능
투표 및 개표 방식	시민단체, 동대표, 부녀회, 통장으로 개표인 구성하여 철저히 신원 확인

주민투표추진 측은 주민들이 투표 기회를 상실하지 않도록 충분히 홍보했으며, 주민투표용지를 가가호호 배포하기도 했다. 주민투표에 소요된 비용은 생각보다 많지 않았는데 현수막, 투표용지 및 안내지, 운영비 등 모두 99만 원에 불과했다. 이는 시민단체 분담금, 후원금 등으로 충당했다. 투표결과, 투표율은 43.3%로 전(前)해에 실시된 보궐선거(1999년 8월) 투표율 23.1%보다 2배 가까운 참여율이었다. 9,911명이 투표에 참여하여 찬성은 1,114명(11.24%), 반대는 8,730명(88.08%), 기권 및 무효는 67명으로 90% 가까운 백석동 주민들은 55층 주상복합 건물을 반대한다는 결과를 도출했다. 각 단지와 블록별 투표 결과는 아래 표와 같다.

〈표 6〉 고양시 55층 주상복합 찬·반 주민투표 지역별 결과

투표소	전체 세대	투표세대	투표수	찬성	반대
백송 1단지	222	142(64%)	346	29	316(91.3%)
백송 2단지	831	356(41%)	831	64	763(91.8%)
백송 3단지	862	445(51.6%)	954	71	881(92.3%)
백송 5단지	786	581(73.9%)	1,426	36	1,379(96.7%)
백송 6단지	456	220(48.2%)	450	28	419(93.1%)
백송 7단지	617	232(37.6%)	509	53	452(88.8%)
백송 8단지	604	577(95.5%)	1,190	109	1,074(90.2%)
백송 9단지	462	282(61%)	638	67	563(88.2%)
백송 10단지	152	96(63.2%)	209	22	183(87.5%)
흰돌 1단지	299	88(29.4%)	190	12	178(93.6%)
흰돌 2단지	276	241(87.3%)	519	13	506(97.5%)

투표소	전체 세대	투표세대	투표수	찬성	반대
흰돌 3단지	816	406(49.8%)	939	256	669(71.2%)
흰돌 4단지	1,141	380(33.3%)	613	184	425(69.3%)
흰돌 5단지	628	193(30.5%)	434	93	340(78.3%)
흰돌 6단지	200	135(67.5%)	311	13	297(95.5%)
흰돌 7단지	101	96(95%)	101	5	96(95%)
단독 주택	2,000	114(5.7%)	251	59	189(75.3%)

아파트 단지의 경우, 동대표나 부녀회, 관리사무소 등이 세대별로 투표용지를 배포했고, 주로 관리실에 투표소를 설치했다. 소극적으로 반응했던 단지도 있었지만 대부분의 아파트 주민들은 매우 적극적으로 투표에 참여했다.

단독주택의 경우는 아파트와 달리 주민투표관리위원회가 직접 세대별로 투료용지를 배포했다. 그러나 대부분 원룸 1인 1세대여서 문이 잠겨 있는 경우가 많았다. 가두방송 등을 통해 투표를 유도하였으나, 아파트단지에 비해 투표율이 낮았다.

③ 성과

고양시의 자주관리 주민투표는 매우 의미 있는 사건이었다. 투표율만 보더라도 전체 세대 중 43.3%가 참여하여 높은 참여도를 보였다.

투표 과정에서 '백석동개발추진위원회' 등이 주민투표에 참여하지 말라는 유인물을 세 차례나 대량 배포하여 물의를 일으켰고, 백석동 동사무소는 통·반장에게 투표용지를 배포하지 말라고 주문했던 점을 고려하더라도 주민들의 참여율은 매우 높은 편이었다.

투표 과정은 비교적 민주적이었다고 볼 수 있다. 공정성 시비를 가리기 위해 주민투표추진 측은 투표용지에 주소와 성명, 주민등록번호를 기입하게 함으로써 부정투표논란을 불식시키고자 했다.

고양시 주민투표는 우리 사회에 주민투표제도와 주민소환제도의 필요성을 제기한 사건이기도 했다. 주민공청회나 여론조사 등을 한 번도 실시하지 않은 상황에서 주상복합 건립을 독단적으로 추진했던 단체장을 소환하자는 주민들의 목소리가 높았지만 제도적 근거가 없었기 때문에 주민들의 목소리가 묻힐 수밖에 없었다. 주민투표의 경우도, 제도적 미비함으로 자주관리 주민투표에 그칠 수밖에 없었다. 주민투표의 결과 대다수 주민들이 반대를 했지만, 제도적 구속력이 없다는 점에서 한계로 드러났다.

주민투표 과정에서 지방자치제도가 가지고 있는 문제점이 드러나기도 했다. 주민들의 대표기관인 의회의 결정사항이 단체장 개인의 뜻에 따라 무시됨으로써 '약의회-강시장' 현상이 두드러지게 나타났고, 마땅히 공개되어야 할 행정 정보도 공개되지 못하기도 했다. 또한 '업자자치'라는 말이 유행할 정도로 건설업자와 이해집단간의 유착이 지방자치를 훼손한다는 비판이 높았고, 관변 조직은 여전히 행정부의 들러리 역할에 앞장섰다는 비판에 자유로울 수 없었다. 이렇듯, 지방자치제도가 시행되고 있었음에도 불구하고 지역 수준은 예전의 관행을 크게 벗어나지 못하고 있었다. 이런 점에서 고양시 백석동 주민투표는 지방자치 현실을 극명하게 드러낸 사례였고, 이러한 현실을 극복하기 위한 바람직한 지방자치제도 방안을 제시하는데 큰 역할을 했다.

7) 사례 2 : 부안 방폐장 유치 찬반 주민투표

① 배경 및 내용

'주민 스스로가 행하는 주민에 의한 정치행위'로서 부안의 주민투표는 한국 주민자치운동사의 한 획을 긋는 중요한 전환점이었다고 해도 과언이 아니다. 동 단위 규모에서 주민투표를 진행했던 고양시 백석동과는 달리 부안 주민투표는 군민 전체를 대상으로 실시했다는 점에서 그 규모에 차이가 있다.

방사성폐기물처분장(이하 방폐장) 부지 선정문제는 이미 안면도와 굴업도에서 내홍을 겪은 경험이 있었고, 결과적으로 정부의 잘못된 판단으로 모두 백지화되고 말았다. 두 곳 모두 방폐장 건설을 공권력을 동원해 밀어붙이려는 정부에 맞서 격렬한 주민들의 저항이 따랐으며, 이로 인해 사회 주요 이슈로 부상되기도 했다. 무엇보다 정부가 간과했던 것은 주민들의 의견수렴 과정이었다. 방폐장 건설 필요성만 강조했을 뿐, 바다를 중심으로 생계를 유지하는 주민들 삶을 소홀히 여겼던 것이다. 이러한 (지방)정부의 잘못된 절차는 부안에서도 그대로 재현되었다.

2003년 2월, 정부는 방폐장 후보지 4곳을 발표하게 되고 산업자원부를 통해 방폐장을 유치하는 지역에 2조 원 가량의 지역개발 재원을 투자하겠다는 의지를 보였다. 보통 지역개발 재원의 규모가 발표되면 후보지 지역은 들썩이게 되는데 그 규모가 상당하기 때문이다. 지역개발 재원은 일종의 당근이었다. 문제의 촉발은 부안군수가 일으켰다. 방폐장 유치를 반대해왔던 부안군수가 하루 만에 입장을 바꿔 2003년 7월 11일 방폐장 유치 기자회견을 하면서 지역사회가 술렁이기 시작했다. 3일 후, 부안군수는 산업자원부에 방폐장 유치신청서를 제출하게 되고, 산업자원부는 10일 후 부지선정위원회를 통해 부안군 위도면 치도리 일대를 방폐장 부지로 확정·발표하게 되었다. 2주 정도 되는 짧은 시간에 국가적 중대 사업이 결정된 것이다. 문제는 주민들의 동의를 구하지 않고 일방적으로 방폐장 유치를 신청한 부안군수의 독단적 결정에 있었다. 심지어 부안군의회가 방폐장 유치 신청을 부결하였음에도 불구하고 부안군수는 자신의 주장을 밀어붙였다. 결국 이러한 일련의 흐름은 부안군민들의 감정을 자극했고, 산업자원부 발표 이틀 후 주민들의 집회와 시위가 시작되었다.

주민들의 저항은 격렬했다. 대규모 집회는 물론이고 해상시위, 고속도로 차량시위, 학생 등교거부 운동, 187일간의 촛불집회, 전북도청까지 3보일배 등 시간이 갈수록 걷잡을 수 없이 저항 수준이 높아져 갔다. 상황이 급박해지자 정부와 방폐장 반대대책위는 '부안지역 현안 해결을 위한 공동협의회'(이하 '부안 공동협의회')를 구성하기로 전격 합의했다. 몇 차례 논의가 진행되는 과정에 '부안 공동협의회'에 참여했던 '민주사회를 위한 변호사 모임' 최병모 회장은 주민투표를 통해 문제를 해결하자고 제안하게 된다. 방폐장 반대대책위는 내부 진통 끝에 주민투표를 받아들였다.

그러나 정부는 주민투표 방식에는 기본적으로 동의하나 행정 절차와 총선을 이유로 금명간 실시는 어렵다는 입장을 밝혔다. 결국 '부안 공동협의회'를 통해 제안된 주민투표는 정부의 난색으로 거부된 격이었다. 이에 주민들의 저항은 더욱 거세졌다. 주민과 공권력은 충돌할 수밖에 없었고 부상자가 속출하게 되었다. 방폐장 건립을 추진하려는 정부 입장도 큰 부담이었지만, 무엇보다 생계를 내던지고 반대운동에 가담할 수밖에 없는 주민들의 처지는 더욱 곤란했다. 결국 주민들은 정부가 받아들이지 않았던 주민투표를 독자적으로 추진하자는 데 의견을 모았고 2003년 12월, 객관적이고 공정하게 주민투표를 관리해 줄 '주민투표관리위원회'를 시민사회가 꾸려줄 것을 호소하게 된다.

② 전개 과정

부안 방폐장 반대대책위의 호소에 시민사회가 발 빠르게 대응했다. 시민사회, 종교계, 학계 인사들이 모여 '부안 방폐장 유치 찬·반 주민투표관리위원회'(이하 '부안주민투표관리위원회')를 구성하고, 공식적으로 2004년 1월 15일 발족 기자회견을 갖게 된다. 그로부터 10일 후, '부안주민투표관리위원회'가 현판식을 가진 후 주민투표 공고가 이루어졌다.

그러자 방폐장 유치를 찬성했던 '범부안국책사업추진연맹'과 부안군수는 각각 '부안주민투표관리위원회'와 '핵폐기장·핵발전소 추방 범부안군민대책위'를 상대로 주민투표시행금지가처분 신청을 제기하게 된다. 가처분신청이 제기된 후, 10여 일이 지나 전주지방법원은 "이 사건 주민투표는 주민들이 스스로 실시하는 사적 주민투표"라며 "핵폐기장 유치에 관한 부안 군민들의 의견을 알아보기 위한 여론조사의 성격을 가진다"는 입장을 밝혔고, 법적효력은 없지만 "부안군수와 정부에 대하여 부안군민의 여론을 알리는 역할을 함으로써 정책

[부안 위도에서 활동했던 '주민투표관리위원회'의 모습 | 류정령 제공]

수립에 참조가 될 수 있고, 여기에 '정치적 의미' 또는 '사실상의 효력'을 부여할 수 있다"고 밝히면서, 찬성 측이 제기한 가처분 신청을 기각하했다.

이런 결정에도 불구하고 찬성 측에서는 주민투표를 거부해야 한다는 유인물을 대량 배포하기도 했지만, 법원의 기각결정은 주민투표 추진 측의 정당성을 인정한 결과였기 때문에, 주민투표가 탄력을 받고 진행될 수 있었다. 부안 경찰서는 주민투표관리위원회를 보호하기 위해 24시간 사무실 주변에 상주하며 경비에 들어갔고, 법원의 기각결정 이후 투표소 및 개표소 경비에도 협조가 가능했다. 또한 투표소로 학교를 사용할 수 있게 되기도 했다. 그러나 부안군 선거관리위원회는 주민 간의 대립이 있고 다가올 총선에 사용될 물품이 파손될 우려가 있어서 지원이 불가능하다는 답변을 했다. 어쩔 수 없이 주민투표관리위원회는 투표함, 기표대, 기표봉 등을 자체 제작할 수밖에 없었다. 이런 과정을 거쳐 2004년 2월 14일, 부안 주민투표가 차질 없이 진행되었다. 주요 과정을 정리하면 아래와 같다.

> 〈주요 일정〉
> 2004. 1. 15. '부안 방폐장 유치 찬·반 주민투표관리위원회' 발족 및 기자회견
>   1. 25. '부안 방폐장 유치 찬·반 주민투표 관리위원회' 현판식. 주민투표 공고
>   1. 26. 부안군수 기자회견. 범부안국책사업추진연맹 주민투표금지가처분신청
>   1. 27. - 2. 9. 부안 13개 읍·면 방폐장 유치찬반 토론회 개최
>   2. 1. 투표인명부 작성 완료
>   2. 2. 투표인명부 열람 개시
>   2. 4. 부재자 투표용지 및 공보 우편발송
>   2. 5. 투표소, 투표용지, 투표방법 공표
>   2. 6. 부재자투표함 설치, 부재자 투표용지 접수 시작
>   2. 10. 투표인명부 열람 마감
>   2. 11. 투·개표 참관인 및 사무원 모집 종료
>   2. 12. 투표인명부 확정 및 인쇄
>   주민투표금지가처분신청 기각
>   2. 13. 투표소 설치, 투표운동 종료, 부재자투표 접수 종료
>   2. 14. 주민투표일

약 한 달 동안 진행된 주민투표관리위원회 활동은 차질 없이 원활하게 진행된 것으로 평가된다. 주민투표 절차는 '부안주민투표관리위원회'가 자의적으로 판단해서 설계한 것이 아니다. 2004년 7월부터 시행될 예정이었던 주민투표법과 선거법 절차에 의거해서 설계되었다. 그렇기 때문에 '부안주민투표관리위원회'는 절차상의 공정성을 확보하였다고 강조하였다.

투표운동 기간을 20여 일 동안 보장했고, 주민투표를 알리는 공고문을 부착했다. 야간 옥외집회는 자체적으로 금지하는 등 절차상의 시비를 최대한 줄였다. 특히 당시는 주민투표법이 시행되기 전이었기 때문에, '부안주민투표관리위원회'는 이번 자주관리 투표를 통해 모범적인 선례를 남기고자 했다. 13차례 읍·면별 토론회를 개최했던 이유가 바로 여기 있었다. 비록 방폐장 찬성 측은 토론회에 참여하지 않았지만, 매회 200-500명 내외 주민들이 참여하는 등 높은 관심을 보였다.

③ 주민투표의 실제

부안 주민투표는 법이 제정되기 이전에 치러진 민간에서 추진한 주민투표였지만, '부안주민투표관리위원회' 등을 중심으로 한 주민투표 추진 측의 준비 과정은 매우 짜임새 있고 공정했다는 평가를 받고 있다. 아래의 〈표 7〉은 주민투표의 실제 준비과정을 표로 정리한 것이다.

〈표 7〉 부안 주민투표의 실제

항 목	주요 내용
투표소	- 일반 주민들의 불편과 혼란을 없애기 위해 투표소 37개 설치 (2002년 대선 당시 40개 설치)
투표용지	- 글을 읽는데 어려움이 있는 유권자를 위해 찬반란에 색깔을 넣음. 즉 찬성은 파란색, 반대는 노란색. - 그러나 부재자 투표의 경우는 바탕색을 넣지 않음.
투표인 명부	- 1월 25일 공고일 기준으로 1984년 2월 14일 이전 출생자(만20세)를 주민투표권자로 함. - 여러 가지 사유로 투표할 수 없는 자는 1월 30일까지 부재자신고 접수를 받아 우편으로 투표. - 행정기관의 도움 없이 자원봉사자들이 각 가정에 전화를 하거나 직접 방문을 통해 '실거주자 기준'으로 투표인명부 작성. - 2월 2일부터 10일까지 투표인명부 열람.
부재자투표	- 공직선거 및 선거부정방지법 제37조 내지 제46조의 규정을 준용. - 1월 30일까지 부재자 신고 접수. 2월 4일 투표안내문과 투표용지 발송. - 부재자신고 수는 총 2,808명, 그 중 투표한 부재자는 1,436명으로 51.14%의 투표율.
투표소 설치	- 투표일 전날인 2월 13일 오후에 각 투표소 별로 설치.
투표 관리	- 일반선거와 유사하게 투표관리위원장 2인, 투표관리위원, 투표사무원, 참관인 등이 수행. - 투표관리업무를 위해 투표관리요령이라는 책자 700부 인쇄 및 배포.
개표 관리	- 부안 및 전북지역 교사 100여 명이 개표사무원과 개표참관인으로 참여.

항목	주요 내용
자원봉사	- 투표와 개표, 홍보 등에 2,000여 명의 자원봉사 참여. - 부안군민 뿐 아니라 외부 시민사회단체의 자발적이고 능동적인 참여가 특징. 행정 도움 없는 '자원봉사자들에 의한 주민투표'였음.
투표소관리위원장	- 총 37개 투표소에 각각 지역인사 1인과 변호사 1인으로 구성.
홍보	- 대변인과 사이버홍보팀으로 구성, 온・오프로 다양하게 홍보. - 주민투표관리위원회 홈페이지 운영, 뉴스레터 발송, 언론 활용, 배너달기, 편지 쓰기 등 다양한 수단 활용.
모금	- 현장 방문 성금, 통장 후원, 온라인 후원, 시민사회단체 후원, '후원의 밤'을 통한 후원 등 계획했던 재정에 차질은 없었음. - 총 수입 59,714,136원, 총 지출 52,887,637원. 남은 잔액 (6,826,499원)은 토론회, 백서 발간 등으로 사용.

④ 주민투표의 결과

부안주민투표는 보통 선거 절차와 유사하게 진행됐다. 2004년 2월 14일 오전 6시부터 오후 6시까지 12시간 동안 투표 진행이 이루어졌고, 방폐장 예정지였던 위도를 제외하고 차분한 분위기 속에서 주민투표가 마무리됐다.

〈표 8〉 부안 주민투표 결과

총 투표권자수	최종 투표자수	유치 찬성	유치 반대
52,108명	37,540명(72.04%)	2,146명(5.72%)	34,472명(91.83%)

총 37,540명 투표자 중, 방폐장 유치를 찬성한 주민은 2,146명으로 5.72%, 반대한 주민은 34,472명으로 91.83%를 기록해 절대 다수의 부안군민들은 방폐장 유치를 반대하는 것으로 나타났다. 무효는 922명이었다.

3만 4천여 명의 반대표는 전체 유권자수 52,108명에 대한 비율로도 66.15%를 차지하는 수치로, 전체 부안군민 과반수가 방폐장 유치에 반대한다는 것을 보여주었다.

투표율도 군민들의 높은 관심을 보인 것으로 나타났는데, 역대 선거 투표율과 비교해보면, 지난 2000년 16대 총선에서는 62.2%, 2002년 지방선거에서는 69.1%, 2002년 대선은 73.4%로 총선과 지방선거에 비하면 월등히 높은 투표율을 보였고, 대선과 비슷한 수치를 보여주었다. 방폐장에 대한 주민들의 높은 관심도를 보여준 대목이다. 개표가 마무리되었던 2월 14일 자정, '부안주민투표관리위원회'는 결과발표문을 통해 주민투표의 의미를 아래와 같이 정리했다.

> "..........이로써 우리는 한국의 주민자치, 지방자치의 역사에서 새로운 장이 쓰여 졌음을 선언합니다. 우리는 또한 이 순간 새로운 참여민주주의 시대가 열렸음을 선언합니다. 주민들의 자주적인 관리에 의한 주민투표가..........행정기관에 의한 투표보다 더 철저하고 더 공정하고 더 평온하게 진행됨으로써, 이제 앞으로 다가올 분권과 자치의 시대로 가는 길에서 더 없이 훌륭한 지침이 되고 교과서가 되었다고 확신합니다. 오늘 부안은 한국의 민주주의를 다시 썼습니다."

그러나 방폐장 예정지였던 위도면[17])의 경우는, 위도면 지역발전협의회 주민 7-80여 명이 투표소를 점거하면서 투표행위가 이루어지지 못했다. 원활한 투표 진행을 위해 경찰력을 투입하자는 목소리도 있었지만, '부안주민투표관리위원회'는 경찰력이 투입될 경우, 주민 간의 갈등이 심화될 것을 우려하면서 찬성 측 주민들을 설득하는 것으로 결정했다. 그럼에도 불구하고 투표가 끝나는 시점인 오후 6시까지 찬성 측 주민들은 투표소를 점거했고, 끝내 투표는 이루어지지 못했다. 이렇게 해서 위도면을 제외한 36개 투표소와 부재자 투표는 성공적으로 마무리 되었다.

⑤ 성과

부안 위도에 방폐장을 건설하겠다는 정부의 발표는 벌집을 쑤신 것과 같은

---

17) 위도는 부안 격포항에서 배로 40여 분 걸리는 거리에 있다. 진리, 치도리, 대리, 식도리 등 4개의 리(里)로 구성되어 있다.

[부안 위도면 지역발전협의회 소속 주민들의 투표소 점거 모습 | 류정령 제공]

것이었다. 주민들은 생업을 내려놓고 반대운동을 벌였고, 그 과정에서 부상자가 속출했으며, 지역 공동체가 엄청난 타격을 받았다. 350여 명의 부상자가 발생했고, 31명이 구속되었으며, 불구속 기소자가 61명에 달하는 등 부안 지역사회는 이전에 없었던 큰 혼란을 겪었다.

한때 '부안공동협의회'를 통한 정부·주민 간 논의 과정에서 정부는 주민투표를 긍정적으로 검토한 바 있었다. 이런 긍정적인 분위기는 부안 문제가 조속히 해결될 것이란 기대를 높이기도 했다. 그러나 정부의 주민투표에 대한 입장은 소극적으로 바뀌고 말았다. 부안 방폐장 문제가 또 다시 깊은 수렁에 빠지는 듯 했다. 주민들은 무엇인가 선택하지 않을 수 없었다. 자주관리 주민투표는 이런 고민 속에서 도출되었다. 주민들은 공정성 시비를 불식시키기 위해, 시민사회, 종교계, 학계 등에 객관적이고 공정하게 관리해 줄 '부안주민투표관리위원회'를 구성해줄 것을 요청했던 것이다.

다행히 '부안주민투표관리위원회'에 의해 2004년 2월 14일 치러진 주민투표는 큰 차질 없이 마무리 되었고, 그 과정을 통해 부안주민들은 평화적인 방법으로 자신들의 의사를 표출할 수 있었다. 그리고 이로써 부안에서 방폐장 유치 문제는 큰 고비를 넘기게 되었다.

이러한 부안 주민투표의 의미는 적지 않을 것이다. 첫째, 주민자치 역량이 돋보이는 사건이었다. 주민투표의 실무적 주체는 외부 시민사회단체와 종교단체가 중심이 된 '부안주민투표관리위원회'였지만 실질적인 준비 과정은 수많은 부안주민들의 자원 활동에 힘입은 바가 컸다. 투표 당일의 투표관리 인력은 전원 자원봉사자들이었고 투표 과정에서 진행된 우편발송, 투표준비 및 개표 준비 등에 수많은 자원봉사자들의 참여가 있었기에 가능했다. 둘째, 무엇보다 방폐장 문제가 일단락된 것도 큰 의미를 지닌다. 주민들의 반발 농도가 짙어짐에 따라 공권력의 대응도 격해지는 상황에서 주민투표는 평화적인 방법으로 해결될 수 있다는 희망과도 같았다. 대다수 부안주민이 반대한다는 뜻을 보여주었던 주민투표 결과는 정부가 어떠한 판단을 내리든, 방폐장 문제가 사실상 일단락 된 것을 의미했다. 결국 정부도 주민투표 결과를 받아들이고 방폐장 건립을 포기하게 된다. 셋째, 국책사업에 대한 절차적 민주주의를 제기한 것도 큰 성과라고 할 수 있다. 이번 부안 방폐장 문제는 더 이상 평화로운 공동체를 파괴하면서 무리하게 국책사업이 추진되어서는 안 된다는 교훈을 남겼다. 중요한 사업일수록 주민들의 공론을 충분히 수렴할 필요가 있다는 지적이다. 국책사업의 절차가 민주화되고 나아가 무리한 정책 추진은 국민적인 저항에 부딪친다는 것을 확인한 사건이었다.

물론 이러한 성과 이면에는 해결해야 할 과제도 남아 있다. 부안주민 간의 갈등 해소가 가장 큰 과제다. 수년이 흐른 지금도 방폐장을 유치하려던 세력과 반대했던 세력 간의 갈등은 여전히 풀리지 않고 존재한다. 표면적으로는 방폐장을 유치하려는 세력과 반대하는 세력 간의 갈등이었지만, 궁극적인 면에서는 피폐한 지역사회를 어떻게 발전시킬 것인가와 맞물린 근본적인 물음이었다. 생태적이고 평화로운 발전을 염원하는 이들이 있는 반면, 대규모 개발도 필요하다는 입장을 가진 사람들도 있다. 이는 부안 뿐 아니라 한국사회를 지배하는 논쟁 지점이다. 이러한 물음을 슬기롭게 극복하는 것은 평화로운 공동체를 유지하기 위해서도 필요한 과정일 것이다.

8) 사례 3 : 청주·청원 통합 관련 주민투표

① 배경 및 내용

충청북도 청주시와 청원군은 생활권이 동일하여 통합해야 한다는 주장이 계속 제기되어 왔던 지역들이다. 실제로 청원군이 청주시를 둘러싼 형태로 행정구역이 설정되어 있다. 그래서 2005년 9월 29일 충청북도 청주시와 청원군의 통합에 대한 찬반을 묻는 주민투표가 실시되었다.

이 주민투표는 청주시와 청원군의 건의에 의해 중앙정부가 주민투표 실시 요구를 하는 과정을 거쳐서 이루어졌다. 그러나 그 과정에서 찬성, 반대의 목소리가 엇갈리면서 갈등이 초래되었다.

통합 찬성 측은 경찰서, 소방서, 시내버스, 택시 구역 등 생활권과 문화권이 이미 통합되었다는 것을 통합 근거로 들었다. 즉 실질적인 통합의 길을 걷고 있음에도 불구하고, 두 개의 행정체계로 나눠진 것은 비용낭비며 이러한 현실을 외면하는 것이 행정의 비효율을 지속화할 수밖에 없다는 것을 주장했다.

그러나 반대 측은 오히려 거대 시로 편입됨으로써 농촌 행정의 위축을 가져오고 농민들이 더욱 소외될 수밖에 없다고 보았다. 특히 행정의 위계상, 각종 혐오시설이 청주시보다는 청원군으로 유입될 가능성이 크며 주민들의 불편은 더욱 가중된다는 입장이었다.

청주·청원 통합은 지난 1994년에도 한 차례 추진된 바가 있었다. 당시에는 청주·청원뿐만 아니라 중앙정부의 의지에 따라 전국적으로 행정구역 통합 흐름이 있었다. 이러한 흐름 속에서 청주·청원군도 통합 대상이었는데, 주민투표법이 제정되어 있지 않은 상황이어서 주민의견조사 형식을 빌림으로써 통합 찬반을 가렸다. 당시 설문조사에 의한 주민의견조사 결과는 청주시민의 절대적인 찬성이 있었지만, 청원군민의 반대로 무산되었다[18]. 어느 한 지역의 반대가 있으면 통합할 수 없다는 것이 큰 원칙이었기 때문이다.

〈표 9〉 1단계 시·군 통합 당시 주민의견조사결과 ('94. 4. 15 - 5. 7)

통합대상		세대수	회수매수	유			무효	비고
				소계	찬성	반대		
충 북	청주시	144,424	120,682 (83.6%)	118,857	90,932 (76.5%)	27,925 (23.5%)	1,825	통합 무산
	청원군	32,981	29,444 (89.3%)	29,052	9,92 (34.3%)	19,080 (65.7%)	392	

자료 : 남기헌, "청주·청원 재통합운동을 위한 몇 가지 전략", 「지속가능한 청주청원 공동발전 비전만들기」 토론회 자료집, 2007.

② 전개 과정

2000년대 들어서 통합 논의를 주도한 층은 언론과 지역 시민단체였다. 주요 언론은 청주·청원 통합에 대한 사회적 여론을 환기시켜 왔고, 충북참여자치시민연대, 청주환경운동연합, 충북지역시민단체연대회의 등이 청주·청원통합에 대한 이슈를 주요사업으로 결정함으로써 지역사회 공론화를 이끌었다. 반면 지방자치단체나 지방의회는 정치적으로 민감한 사안이었기 때문에[19] 통합 논의에서는 한 발 뒤로 물러나 있었다.

물론 선거철이 되면 청주·청원통합문제가 이슈가 되기도 했다. 그러다가 다시 통합논의가 급물살을 타게 된 계기는 반대를 주장해오던 청원군수가 통

---

[18] 청주시민의 찬성률은 76.5%였는데 반해, 청원군민의 찬성률은 34.3%에 그쳤다.
[19] 지역 통합 및 분할은 결국 선거구를 바꾸기 때문에 선거와 직접적 관련이 있는 정치인들에게는 이해당사자라 할 수 있다.

합논의를 받아들이면서부터였다. 이러한 배경에는 청주시와 청주시의회가 '청원-청주 통합에 따른 이행결의문'을 공표한 것이 직접적인 계기였는데, 이 이행결의문은 통합이 되더라도 청주시는 지역균형발전을 도모하겠다는 약속과도 같은 것이었다. 미온적인 입장을 취하던 청원군수는 결의문이 공표되자, 조건부 찬성을 하게 되고 통합논의에 대한 물꼬를 트기 시작했다. 이런 흐름에 힘입어 2005년 5월, 범시민사회단체들이 '청주·청원하나되기운동본부'를 창립했다. 그리고 청주시와 청원군은 여론조사 결과[20]를 바탕으로 2005년 7월 28일, '청주·청원통합을 위한 합의문'을 채택하고 통합이행을 위해 공동노력을 다짐했다.

〈청주·청원통합을 위한 합의문 일부〉

첫째, 청주시와 청원군은 양 지역 주민들이 희망이 넘치고 함께 잘 살 수 있는 도·농 통합시를 만들기 위해 시·군의회의 의견을 수렴해서 통합 찬반 여부를 묻는 주민투표를 9월중 실시토록 추진한다.

둘째, 청주시와 청원군의 통합으로 두 지역의 공동발전을 도모하고, 청원군이 종전에 누리던 행정상, 재정상의 이익이 상실되거나 새로운 부담이 추가되지 않도록 하기 위해 다음 사항을 이행하기로 한다...

셋째, 청주시와 청원군은 통합시의회에 농업·농촌발전상임위원회 설치와 예산결산특별위원회 위원의 동수 구성은 물론 합의이행을 보장하기 위하여 제시된 의원 정수가 동수가 되도록 최대한 노력한다.

넷째, 청주시와 청원군은 통합으로 인한 두 시군의 공동발전을 도모할 뿐만 아니라 충청북도와 다른 시·군의 번영에도 도움이 되도록 최선을 다한다.

다섯째, 주민투표 실시 후 통합시 준비단 구성과 운영 및 기타 제반사항은 시장·군

20) '청주청원통합실무추진단'은 2005년 7월22-25일 4일간, 한국갤럽에 의뢰하여 청주시민과 청원군민 각각 1,000명씩을 설문조사하게 되는데, 청주시민은 90.4%, 청원군민은 57.4%가 통합에 찬성한다는 결과가 나왔다(배용환, "정책형성의 비교연구", 한국정책학회보 제15권 4호, 2006.).

> 수 합의하에 결정한다.
>
> 2005년 7월 28일
>
> 청주시장 한 대 수 / 청원군수 오 효 진

합의문이 채택된 날, 청주시・청원군은 충청북도를 거쳐 행정자치부장관에게 주민투표 실시를 건의했다. 충청북도는 자체 여론조사를 실시했고, 그 결과와 함께 자체 입장을 행정자치부에 접수했다. 그리고 행정자치부는 주민투표 실시 요구서를 청주시와 청원군에 발송하게 되고, 2005년 9월 8일 주민투표 발의가 공고되었다. 그리고 같은 달 29일 청주・청원 간 통합에 대한 주민투표가 실시되었다. 주요일지는 아래와 같다.

> 2005년 5월 3일 : 청주 청원 하나 되기 운동본부 창립
> 5월 23일 : 청주시, 청원군 통합에 따른 이행결의문 발표
> 5월 31일 : 오효진 군수 통합 전제조건 5개항 제안
> 7월 28일 : 청주 청원 통합을 위한 합의문 서명
> 8월 12일 : 행자부, 주민투표 요구
> 8월 19일 : 청주시의회, 주민투표 찬성 의견 수렴
> 9월 6일 : 청원군의회, 주민투표 반대의견 제출
> 9월 8일 : 주민투표 발의
> 9월 29일 : 투표 결과 청원지역 반대 우세로 통합 무산

③ 결과와 영향

주민투표 결과, 두 지역의 찬・반이 서로 엇갈렸다. 청주시는 전체 유권자 44만여 명 중 15만여 명이 투표에 참여해 35.5%의 높은 투표율을 보였고, 찬성율도 90%를 넘었다. 이에 비해 청원군은 전체 유권자 9만여 명 중 3만 9천여 명이 참여(42.2%)하여 청주시보다 높은 투표율을 보였으나 찬성율이 46.48%에

불과해 결국 통합에 실패했다. 청원군의 반대율은 53.14%였다.

청주시는 지방자치단체를 비롯해 시민사회단체가 매우 적극적으로 통합 찬성을 주도했고, 그 결과는 투표에도 그대로 반영됐다. 반면, 청원군은 청원군 의회와 이장단의 반대운동에 비해 찬성 측 움직임은 거의 없었다. 이러한 분위기에서도 통합 찬성율이 46%를 기록한 것은 통합에 대한 군민들의 기대가 반영된 것이라고 볼 수 있다.

〈표 10〉 청주-청원통합을 위한 주민투표결과

구 분	투표인수	투표수	유효투표수			무효투표수	기권수	투표율(%)
			찬 성	반 대	계			
청주시	445,182	158,069	143,794 (91.3%)	13,699 (8.7%)	157,493	576	287,113	35.5
청원군	92,492	39,053	18,022 (46.15%)	20,752 (53.14%)	38,774	279	51,439	42.22

자료 : 남기헌, "청주·청원 재통합운동을 위한 몇 가지 전략", 「지속가능한 청주청원 공동발전 비전만들기」 토론회 자료집, 2007에서 수정·보완하여 인용.

한편 이 주민투표에서도 뒤에서 소개할 제주도의 행정구조개편 주민투표나 방폐장 유치와 관련된 네 지역 주민투표와 같이 주민투표 과정에서 여러 문제점들이 나타났다. 금권과 관권이 동원되었다는 점, 부재자투표와 관련된 부정의혹, 주민투표 찬반운동 제한 등의 문제점들이 지적되었다(정정목, 2006).

또한 주민투표제도 취지에 맞게 민주적이고 합리적인 공론장을 어떻게 만들 것인지도 과제가 되었다. 통합 혹은 현행 유지에 대한 진지한 토론과 공론이 이루어지기보다는 정치적 이해관계에 따른 관계자들의 이해득실 등 소모적인 논쟁이 진행되었던 문제점들이 있었다. 이 주민투표는 결과적으로 통합의 정당성을 확보하는데 실패함으로써 청주-청원 통합문제는 여전히 불씨를 남기게 되었다.

9) 사례 4 : 제주도 행정구조 개편에 관한 주민투표

① 배경 및 내용

주민투표법이 제정된 후, 이 법률에 의해 주민투표가 실시된 첫 사례가 제주도 행정구조개편에 대한 투표였다.

제주도는 1946년 전라남도에서 분리되면서 도(道)가 되었다. 당시 제주도는 북제주군, 남제주군의 2군으로 구성되었다. 그리고 1955년에 북제주군에서 제주시가 분리되었고, 1981년에 남제주군에서 서귀포시가 분리되면서 1도-4개 시·군 체제가 확립되었다(양영철 2005, 302).[21]

그리고 1998년부터 제주도와 중앙정부는 제주국제자유도시를 추진했고, 2002년 「제주국제자유도시 특별법」이 제정되기에 이른다. 이 특별법은 제주도를 사람·상품·자본의 이동이 자유로운 국제자유도시로 개발한다는 것을 표방하고 있었다.

국제자유도시 추진과정에서 1개의 광역지방자치단체와 4개의 기초지방자치단체의 2계층 체제에서 발생하는 고비용·비효율이 국제자유도시 추진에 장애가 된다는 의견들이 제기되었다.[22] 또한 2003년부터 '제주특별자치도[23]'에 관한 논의가 시작되고, 중앙정부가 추진하고 있던 지방행정체제 개편 논의와 맞

---

21) 참조
22) 양영철외, 『제주특별자치도의 이해』, 대영문화사, 2007, 38면 참조
23) "특별자치"라는 용어는 일반지방자치단체와 구분하기 위해 사용된 것이나, "특별자치"의 개념, 근거, 목적 등에 관해서는 많은 혼란이 존재하는 것이 현실이다. 정부혁신지방분권위원회가 2005년 5월 20일 발표한 「제주특별자치도 기본구상」'에서는 "특별자치도란 일반적인 도에 부여된 권한과는 달리 고도의 자치권의 부여된 도, 선도적인 지방분권을 시범적으로 시행하고 지역의 여건과 특성에 부합하는 특례가 인정되는 지역"이라고 정의하고 있고,「제주특별자치도 설치 및 국제자유도시 조성을 위한 특별법」 제1조 목적조항에서 "고도의 자치권이 보장되는 제주특별자치도를 설치하여 실질적인 지방분권을 보장하고"라고 규정하고 있기는 하다. 그러나 실제로는 고도의 자치권 보장은 아직 미흡한 실정이고, 일부 '시범분권'적인 제도들을 시행하고 있는 수준이다. 또한 "세종특별자치시" 등이 추진되면서 "특별자치"가 제주도 외의 다른 지역에서도 광범위하게 시행될 수 있는 성격의 것인지에 대해서도 의문이 제기되고 있다.

물리면서 행정구조 개편이 본격화되었다.

그러나 4개 시·군 체제는 행정 효율성을 떨어뜨린다는 지적, 생활권역의 변화나 광역화되고 있는 행정수요를 반영하지 못한다는 지적, 그리고 지역 간 불균형에 대해서도 제대로 대응하지 못한다는 것 등이 문제점으로 거론되어 왔다. 이런 문제의식이 제기되면서 제주도가 발표한 종합개발계획에도 행정구역개편의 필요성이 제기되기도 했다. 그러나 이러한 논의는 간헐적으로 제기되었을 뿐, 실행단계로까지는 이루어지지 않았다.

행정체제 개편논의를 위해 지방의회 의원, 시·군부단체장, 학계, 시민사회단체대표 등으로 2003년 1월 3일 구성된 제주도행정개혁추진위원회가 구성되었다. 그리고 제주도는 제주발전연구원 등에 의뢰하여 '제주형 자치모형 개발 등 행정개혁에 관한 연구용역'을 실시했다. 연구용역 결과 '점진적 대안'과 '혁신적 대안'이 제시되었다.

<연구용역팀이 제시한 '점진안'과 '혁신안'의 내용>

- 점진적 대안 : 현행 계층체제 유지, 운영시스템 개편(도↔시·군)

- 혁신적 대안24) : 단일 광역체제로 개편(제1안이 최적 안으로 제시됨)
  1안) 특별자치도 - 4개 행정시군(제주, 서귀포, 동제주, 서제주) - 읍면동
  2안) 특별자치도 - 4개 행정시군(제주, 서귀포, 북제주, 남제주) - 읍면동
  3안) 특별자치도 - 2개 행정통합시(제주, 서귀포)
  4안) 특별자치도 - 읍면동(시군 폐지)
  5안) 특별자치도 - 4개 행정시군(읍면동 폐지)

---

24) 사전적이 의미로써 '혁신'이란 용어는 현재 상태를 새롭게 변화시키는 것을 의미하는데, 대체로 새롭게 변화됨으로써 긍정적인 영향을 미칠 때 사용되곤 한다(위키백과). 제주도 주민투표의 대상이었던 '혁신안'의 경우도 현재의 행정구역체제를 변화시킨다는 의미에서 '혁신'이라는 단어를 사용하고 있으나, 현재의 행정구조보다 어떠한 긍정적 변화가 있는지 확실하지는 않다. 다만 그 용어가 주는 '새로운 긍정적 변화'라는 이미지가 주민들에게 긍정적으로 다가온 경향이 없지 않아 있을 것이다.

제주도는 연구용역팀에서 제시한 두 가지 안을 바탕으로 주민투표를 붙이게 되었다. '점진안'은 현행체제를 유지하면서 운영시스템을 개편하는 것이고 '혁신안'은 4개 시·군을 폐지하는 것을 골자로 해서 광역만 남는 단일계층화의 내용이었다. 행정 효율성을 우선으로 하면서 국제자유도시로의 면모를 갖추겠다는 것이 제주도의 발상이었다.

② 전개 과정

'제주도행정개혁추진위원회'가 구성됨으로써 행정구조개편이 본격화되었다. 그러나 행정구조개편을 추진했던 우근민 도지사가 선거법 위반으로 낙마하면서 행정구조개편은 다소 주춤하는 형국이었다. 그러나 곧이어 실시된 보궐선거에서 당선된 현 김태환 도지사는 우근민 전 도지사의 계획을 그대로 이어받아 특별자치도 실시를 선거공약으로 내세움으로써 행정구조개편은 탄력을 받게 되었다.

연구용역보고서가 제출된 후, 제주도는 도민의견 수렴과 홍보를 거쳐 2개의 대안을 마련했다. 점진안이라고 불리는 '현행유지안'은 자치단체장과 지방의원을 현행대로 직접 선출하고 도와 시·군의 기능과 역할을 조정하는 계획이었고, 혁신안이라고 불리는 '단일광역자치안'은 도를 하나의 광역자치단체로 개편하는 것을 골자로, 2개 시의 시장을 임명하고 시·군의회는 폐지하는 것이 핵심 내용이었다.

2005년 3월 '제주도 행정개혁추진위원회'는 이러한 안을 중심으로 주민투표를 결의하게 된다. 제주도는 이러한 안을 받아들여 2개월간의 홍보기간을 설정한 후, 도민 인지도가 50% 이상일 때까지 홍보를 계속한다는 방침을 세웠다.

결국 3차례 인지도 조사 끝에 5월 말, 70% 이상의 주민이 이를 인지하고 있다는 결과를 얻어 '제주도 행정개혁추진위원회'는 정식으로 제주도에 주민투표를 제안했고, 곧이어 제주도는 제주도의회가 심의해 줄 것을 요청하여 동의를 얻었다. 그리고 제주도는 2005년 6월 5일 주민투표 실시를 행정자치부 장관에게 건의하고, 행정자치부 장관은 같은 달 21일 주민투표법 제8조 제1항의 규정에 근거하여 제주도지사에게 주민투표 실시를 요구했다[25].

주민투표일은 7월 27일로 정해졌고, 주민투표 형식은 현행유지안(점진안)과 단일광역자치안(혁신적 대안) 중 선택하는 형식으로 치러졌다. 중앙정부는 국무회의를 통해 주민투표일을 임시공휴일로 지정하고, 주민투표 소요경비를 국고에서 지원하였다.

2005년 7월 27일 치러진 주민투표 결과, 제주도 전체에서는 전체 유권자의 36.7%가 참여하여 혁신안에 57.0%, 점진안에 43.0%가 찬성한 것으로 나타났다. 그러나 서귀포시와 남제주군에서는 점진안 득표율이 각각 56.4%와 54.9%에 이르러 오히려 점진안에 대한 찬성이 더 높았다.

〈표 11〉 제주도 주민투표 결과(2005. 7. 27.)

구 분	혁신안 찬성율	점진안 찬성율	투표율
서귀포시	43.6%	56.4	34.2%
남제주군	45.1%	54.9	40.1%
제주시	64.5%	35.5%	34.6%
북제주군	57.2%	42.8%	42.2%
제주도 전체	57.0	43.0	36.7%

자료 : 제주도 선거관리위원회

한편 주민투표 과정에서 여러 가지 논란이 제기되었다. 기초지방자치단체인 시·군의 폐지 여부를 묻는 주민투표임에도 불구하고 행정자치부 장관은 시장, 군수가 아닌 제주도지사에게 주민투표 실시를 요구했고, 의회의 의견수렴도 시·군·의회가 아닌 제주도의회에 했기 때문이다. 또한 주민투표 결과

---

[25] 국가정책에 관한 주민투표에 대해 규정하고 있는 주민투표법 제8조 제1항에서는 "중앙행정기관의 장은 지방자치단체의 폐지(폐치)·분합(분합) 또는 구역변경, 주요시설의 설치 등 국가정책의 수립에 관하여 주민의 의견을 듣기 위하여 필요하다고 인정하는 때에는 주민투표의 실시구역을 정하여 관계 지방자치단체의 장에게 주민투표의 실시를 요구할 수 있다"라고 규정하고 있다.

해석을 둘러싸고도 논란이 제기되었다. 폐지대상인 시·군 중에서 서귀포시와 남제주군은 폐지에 반대하는 의견(점진안)이 더 높은 찬성표를 얻었기 때문이다. 그럼에도 불구하고 제주도 전체에서 찬성이 많았다는 이유로 시·군을 폐지할 수 있는 것인지에 대해 문제제기가 되었다[26].

한편 주민투표 과정에서 헌법소원이 제기되기도 했다. 반대하는 기초지방자치단체들(제주시, 서귀포시, 남제주군)과 주민들이 2005년 12월 8일 헌법재판소에 헌법소원을 제기했기 때문이다. 당시 청구인들이 제기한 핵심요지는 첫째, 지방자치제도는 다수의 계층구조로 구성되는 것이 필요한데, 제주지역 내에서 모든 기초지방자치단체를 폐지하는 것은 지방자치제도의 본질을 침해·훼손하는 것이고, 둘째, 기초지방자치단체 폐지에 대하여 당해 시·군별 투표가 아니라 제주도 전체를 범위로 하여 주민투표를 실시하여 추진하는 것은 적법절차를 위반한 것이며, 셋째, 제주 지역 주민들의 기초자치단체장 및 기초의회 의원직에 대한 선거권 및 피선거권을 전면 박탈하는 것은 제주지역 주민들의 평등권, 행복추구권, 인간다운 생활을 할 권리 등을 침해한다는 것이었다.

이에 대해 헌법재판소는 2006년 4월 27일 재판관 9명 전원일치로 '기각' 결정을 내렸다. 헌법재판소의 판단요지는 아래와 같았다[27].

> (1) 헌법 제117조 제2항은 지방자치단체의 종류를 법률로 정하도록 규정하고 있을 뿐 지방자치단체의 종류 및 구조를 명시하고 있지 않으므로 이에 관한 사항은 기본적으로 입법자에게 위임된 것으로 볼 수 있고, 지방자치단체의 중층구조를 유지할 지 여부는 입법자의 입법형성권의 범위에 들어가는 것으로 보아야 하므로, 일정구역에 한하여 당해 지역 내의 지방자치단체인 시·군을 모두 폐지하여 중층구조를 단층화하는 것 역시 입법자의 선택범위에 들어가는 것이다.

---

26) 제주일보 2005. 8. 19.자
27) 헌법재판소 2006. 4. 27. 선고 2005헌마1190

(2) 제주국제자유도시 조성을 위해서는 도시계획·교통·상하수도·주택 등 기반기설의 확충과 광범위한 개발계획의 시행이 이루어져야 하므로 1도·2시·2군의 기존 제주도 행정체계로는 이와 같은 새로운 행정수요를 충족시키기 어려워 지방행정구조개편이 필요하며 자치단체인 시·군을 폐지하여 행정의 효율화를 달성하고 국제자유도시의 조성을 도모하려는 입법자의 판단이 부정확한 사실인식과 불합리한 예측을 근거로 한 것이라 할 수는 없다.

(3) 비록 기초자치단체의 폐지로 말미암아 주민들의 자치단체구성에 대한 참여기회가 일부 상실되었다 하더라도 그에 대한 보완책으로 광역자치단체 수준의 참여권이 확대되었고, 제주도가 중앙정부의 규율로부터 벗어나 폭넓은 자치권을 가지게 됨에 따라 실질적으로 주민들이 지역행정에 참여하여 영향을 미칠 수 있는 범위가 확대되었으므로, 주민들의 민주적 요구를 수용하는 지방자치제의 기능이 예전에 비하여 축소되었다고 볼 수도 없어 청구인들의 참정권인 선거권과 공무담임권이 제한된다 하더라도 그것이 현저히 자의적이고 불합리하여 기본권 제한의 입법적 한계를 벗어난 것이라고 할 수 없다.

(4) 주민투표의 투표대상인 혁신적 대안은 단순히 4개 시·군을 폐지하는 것뿐 아니라 기존의 자치단체인 제주도를 폐지하고 새로운 제주특별자치도를 설치하며 그 권한과 사무의 확대, 의회규모 확대 등 완전히 새로운 행정체계를 구축하는 것을 포함하고 있고, 나아가 폐지될 시·군 주민 전체가 제주도민 전체이기도 한 점에서 제주도에 의하여 투표가 실시된다 하여도 투표의 실질에 있어 차이가 없으며, 제주도 전역에서 투표가 행해진다 하더라도 투표결과 집계를 통해 전체 주민의 찬반비율 뿐 아니라 개별 지역별 찬반비율 역시 확인할 수 있으므로 폐지되는 자치단체 주민들의 의사를 확인한다는 기능적인 면에서도 차이가 없고, 자치단체의 폐지에 대한 이해관계자들의 의견개진의 기회부여는 문제가 된 사항의 본질적 내용과 그 근거에 관하여 이해관계인에게 고지하고 그에 관한 의견의 진술기회를 부여함으로써 그 진술된 의견이 국회에 입법자료를 제공하는 기능을 하도록 하면 족하며, 입법자가 그 의견에 반드시 구속되는 것으로 볼 수는 없으므로 제주도 전역에서 행해진 주민투표절차에 의하여 폐지되는 지방자치단체의 주민들의 청문권이 침해되었다고 볼 수 없다.

이처럼 헌법재판소가 헌법소원을 기각함으로써 자치계층 단층화를 둘러싼 법적 논란은 일단락되었으나, 헌법재판소 결정의 타당성에 대해서는 의문이 제기되기도 했다.

한편 법적인 측면뿐만 아니라 입법정책적인 타당성에 대해서도 TV 토론 과정 등을 통해 여러 문제점들이 제기되었다. 첫째, 효율성 증대 효과에 대해서도 의문이 제기되었다. 자치계층 단층화가 효율성을 가져온다는 것은 허상이라는 것이다. 특히 자치계층은 단층화가 되어도 행정시가 존속하기 때문에 행정계층은 현재와 같이 3계층(도-행정시-읍·면·동)이 되어 줄어들지 않는다는 것이다. 둘째, 자치계층 단층화는 제주도의 재정 감축을 가져올 것이라는 점이다. 이에 대해서는 중앙정부에서 제주도에 불이익이 없을 것이라는 점을 약속하기도 했다. 셋째, 단층화가 제주도 내의 지역 간 불균형을 심화시킬 것이라는 점이다. 단일 광역지방자치단체화는 정치·행정적 중심인 제주시로의 집중현상을 심화시켜 산남지역(서귀포시, 남제주군)[28]은 더욱 소외될 것이라는 것이다. 그 외에도 단일 광역지방자치단체화는 도지사 권한의 비대화를 초래할 것이라는 점, 기초지방자치단체 폐지는 풀뿌리민주주의를 훼손할 것이라는 점 등의 문제점들이 제기되었다(양영철 2005, 309-316).

③ 결과 및 영향

제주도 행정구조 개편에 대한 주민투표는 주민투표법 제정 이후 최초로 치러진 것이었다. 2004년 1월에 법이 제정되고 같은 해 7월부터 시행에 들어간 후, 꼭 1년 만에 처음으로 제주에서 실행된 것이다.

제주도 행정구조 개편에 관한 주민투표는 '중앙요구형'이며 '비구속형' 주민투표라는 특징이 있었다. 앞서 언급한 것처럼 현행 주민투표법이 명시한 주민

---

[28] 제주도에서는 일상적으로 북쪽지역(구 제주시, 북제주군)을 산북으로 부르고, 남쪽지역(구 서귀포시, 남제주군)을 산남으로 부르고 있다. 그런데 최근 들어 산북지역은 계속 인구가 증가하는 반면, 산남지역은 급속하게 감소하고 있어 산북-산남 간의 격차가 문제가 되고 있다.

투표는 크게 두 가지라고 할 수 있는데, 첫째는 지방자치단체 권한에 속하는 사항에 관한 주민투표이고, 둘째는 국가정책에 관한 주민투표이다. 전자는 주민이나 지방의회의 청구, 또는 지방자치단체장의 직권에 의해 실시되며, 이 주민투표의 결과는 법적 구속력을 지닌다. 후자는 중앙행정기관이 요구하는 경우로서 그 결과에 대해서 구속력이 인정되지 않는다. 따라서 전자를 '지방자치형' 혹은 '구속형 주민투표'라 부르며, 후자를 '중앙요구형' 혹은 '비구속형 주민투표'라 부른다.

제주도 행정구조개편에 관한 주민투표는 후자, 즉 중앙행정기관이 요구한 주민투표로서 그 결과는 법적 구속력을 지니지 않는다. 다시 말하면 주민들의 의견을 듣고자 하는 투표였다. 그런데 제주도 행정구조개편에 관한 주민투표는 그 결과 해석에 있어서 여러 가지 생각해 볼 점을 남겼다.

우선 투표율이 36%대에 머물렀다. 역으로 말하면 60% 이상의 주민들이 투표에 참여하지 않았다는 것이다. 이러한 결과로 추론해 볼 수 있는 것은 앞으로도 주민투표의 투표율이 낮을 가능성이 높다는 것이다. 대대적으로 홍보를 하고 주민투표일을 임시공휴일로 지정했는데도, 투표율이 낮았다는 것은 시사하는 바가 크다. 그리고 주민투표 투표율을 어떻게 높일 것인가는 직접참여제도 활성화를 위해 고민해야 할 문제들이 될 것이다. 또 하나, 제주도 행정구조개편 주민투표는 여러 논쟁점을 만들어냈다. 기초지방자치단체의 자치권 침해 논란이 있었고, 계층 구조가 바뀜으로써 나타날 수 있는 행정의 효율성/비효율성, 자치재정의 축소/확대, 그리고 공무원 수의 감소/증대 등에 관한 논란이 있었다. 이러한 논란은 제주도 주민 투표가 끝났다고 없어진 것은 아니었다.

또한 이 주민투표를 둘러싸고 제주도내에서는 상당한 갈등이 초래되었다. 그리고 그 갈등은 지금까지도 이어지고 있다. 특히 과거 서귀포시, 남제주군이었던 지역의 불만이 높다. 이렇게 된 데에는 제주도 내에서 상대적으로 소외된 지역인 서귀포시와 남제주군에서 반대의견이 많았음에도 불구하고 행정구조개편이 추진되었던 것도 한 원인이다. 또한 주민투표 공정성에 대해서도 여러 문제제기가 있었다. 특히 정책에 대한 찬·반을 묻는 것이 아니라, '혁신안'과 '점진안'이라는 두 방안에 대한 선호를 묻는 투표형식에 대해서 논란이 많았다. '혁신안', '점진안'이라는 표현이 중립적인 표현인지 의문이 있기 때문이다.

10) 사례 5 : 중·저준위 방사성 폐기물 처리장 유치 찬반 주민투표

① 배경 및 내용

2004년 1월에 제정된 주민투표법이 그 해 7월 시행된 후, 주민투표는 모두 세 차례 진행됐다. 2005년 7월 제주도에서 있었던 제주도 행정구조 개편에 관한 주민투표, 같은 해 9월에 있었던 청주·청원군 통합에 대한 주민투표, 그리고 11월에 있었던 경주·군산·포항·영덕의 중·저준위 방사능폐기장 유치에 관한 주민투표가 그것이다. 공교롭게도 세 차례 모두 같은 해에 치러졌다.

이들 사례 중, 경주·군산·포항·영덕에서 동시에 치러진 방폐장 찬·반 주민투표는 앞의 두 사례와는 매우 다른 특성을 지닌다. 즉, 제주도는 행정구조 개편에 대한 찬·반을, 그리고 청주·청원군은 두 지방자치단체의 통합에 대한 찬·반을 물음으로써 비율이 높은 쪽을 선택하는 투표였다. 반면, 경주·군산·포항·영덕 방폐장 유치 주민투표는 네 지역 중, 찬성률이 가장 높은 지역을 방폐장 건설 부지로 선정하겠다는 계획이었다.

그러니까, 경주·군산·포항·영덕에서 각각 진행된 주민투표는 찬성하는 주민이 많다 하더라도 각 지역에 방폐장을 건설하는 것이 아니라, 네 지역 중에서 찬성률이 가장 높은 지역을 후보로 결정하겠다는 계획이었다. 이는 엄밀히 얘기하면 직접참여제도로서 주민투표 취지에 맞지 않는 발상이었다. 결과적으로 경주가 찬성률이 가장 높게 나옴으로써 최종 방폐장 후보지로 결정되었지만, 군산, 포항, 영덕 모두 반대보다 찬성률이 높기 때문에 단순히 찬성률 차이만 가지고 이들 지역이 아닌 경주에 방폐장을 건설하겠다는 것은 논란의 여지가 많았다. 결국 정부는 방폐장 후보지의 지리적 환경에 따른 적합성보다는 주민들의 찬성률을 기준으로 삼아 주민투표를 활용한 셈이다.

이처럼 4개 지역에서 동시에 경쟁적인 주민투표가 치러지게 된 배경에는 2004년 부안에서 방폐장 추진이 사실상 좌절된 것과 연관이 있었다. 2004년 2월 부안에서 치러진 민간 차원의 주민투표에서 72%의 투표율과 91%의 반대가 나오면서 사실상 부안에 방폐장을 건설하는 계획이 무산되자, 정부는 새로운 계획을 고민할 수밖에 없었다.

이전부터 방폐장 부지선정은 비밀리에 부지조사가 이루어졌고, 이러한 비밀주의 관행은 지역주민들의 강한 반발을 불러 일으켰다. 1990년에 있었던 안면도 주민들의 저항은 사회적인 큰 이슈로 부각되기도 했고, 1995년에 있었던 굴업도 주민들의 저항은 지역사회에 큰 상처를 남기기도 했다.

결국 정부는 오랫동안 방폐장 부지 선정을 추진해 왔으나, 번번이 실패해 왔던 것이다. 그리고 이런 위기의식에서 새로운 모색을 시도한 것이 이번 경주·군산·포항·영덕을 대상으로 한 주민투표였다.

② 진행 과정

부안에서 진행된 민간 차원의 주민투표 이후, 1년여가 지난 시점인 2005년 1월, 정부는 국무회의를 통해 「중·저준위 방사성폐기물 처분시설 유치지역지원에 관한 특별법(이하 '방폐장지원특별법')」을 의결했다. 그리고 국회가 이 법안을 통과시키게 되었다.

이에 따라 정부 차원의 '방폐장 부지선정위원회'를 출범시키면서 방폐장 건설계획이 새로운 국면에 접어들었다. 정부는 방폐장 유치 지역이 확정될 경우 3,000억 원 규모의 특별지원금을 보조하기로 하고, 늦어도 예정지구 처분시설 운영개시일 전까지 지원을 완료하겠다는 입장을 밝히게 되었다. 이러한 지원계획은 재정력이 미흡한 여러 지방자치단체들의 참여를 끌어들이는 데 결정적인 유인책이었고, 여러 지방자치단체들이 지방의회의 의결을 거쳐 앞 다퉈 유치신청을 하게 되었다.

또한 정부는 중·저준위 방사성폐기물 처분장과 사용 후 핵연료의 중간저장시설을 분리하여 추진하기로 했다. 이것은 위험성이 높은 사용 후 핵연료를 일단 제외함으로써 반발을 낮추기 위한 것이었다.

정부가 정한 절차에 따르면 유치를 희망하는 지방자치단체장이 지방의회 동의를 얻어 유치신청을 하면, 그 부지가 시설 설치에 적합한 부지인지를 먼저 판단하고, 적합 판정을 받은 지역에 한하여 산업자원부 장관이 해당 지방자치단체에 주민투표 실시를 요구한다는 것이었다. 그러면 지방자치단체장이 지방의회 의견을 수렴하여 주민투표 발의여부를 결정하고, 2005년 11월 중으로 동시에 주민투표를 실시하여 찬성률이 가장 높은 지역을 최종 부지로 결정한다는 것이었다.

정부는 최종적으로 삼척, 울진, 영덕, 포항, 경주, 군산 등 6개 지역을 선정하여 굴착조사를 진행했고, 같은 해 9월, 부지선정위원회는 부지적합성 조사 결과를 발표했다. 이러한 과정을 거쳐 정부는 영덕, 포항, 경주, 군산의 4개 지역을 선정했고, 방폐장 유치 찬반에 관한 주민투표를 11월 2일 시행하겠다고 공식 발표를 했다. 주요 경과는 아래와 같다.

〈2004년〉
○ 2월 14일 : 부안 주민투표 (72% 투표, 91.8% 반대)
○ 5월 : 7개 지자체 10개 지역주민 핵폐기장 유치 청원(영광, 울진, 군산 등)
○ 9월 15일 : 지자체장 유치신청 마감. 신청 지자체 없음. 사실상 계획 무산.
○ 12월 1일 : 부안, 핵폐기장 후보자격 종료

〈2005년〉
○ 1월 25일 : 국무회의, '중.저준위 방사성폐기물 처분시설 유치지역지원에 관한 특별법(방폐장지원특별법)' 의결
○ 3월 28일 : 경주시의회 핵폐기장 찬성 입장 정리(찬성15, 반대4). 유치위원회 구성 결정

○ 3월 31일 : 핵폐기장 지역지원에 관한 특별법 국회 본회의 통과
○ 5월 12일 : 경북도 내 지자체 - 울진, 영덕, 포항, 경주 핵폐기장 유치위해 공동 노력하기로 협의
○ 6월 16일 : 산업자원부, 방폐장 부지선정 공고
○ 7월 : 지자체별로 유치 설명회 진행
○ 7월~8월 : 삼척, 울진, 영덕, 포항, 경주, 군산 등 6개 지역 굴착조사 시작
○ 7월 18~8월 30일 : 군산시의회 유치신청 동의안 통과(찬성18/반대8)/경주시의회 유치신청 동의안 통과 (찬성22)/포항시의회 유치신청 동의안 통과 (찬성21/반대12/기권1)/울진군의회 유치신청 동의안 부결 (찬성5/반대5)/영덕군의회 유치신청 동의안 통과 (찬성6/반대5)/삼척시의회 유치신청 동의안 부결 (찬성4/반대7/기권1)
○ 8월 31일 : 500여개 시민사회단체, 민주주의 역행-지역 갈등 조장하는 핵폐기장 추진 중단 기자회견
○ 9월 5일 : 부지선정위원회, 방폐장 부지선정 사업추진여건 평가 기준 발표
○ 9월 15일 : 부지선정위원회, 부지적합성 조사 결과 발표
○ 9월 15일 : 주민투표 사전 투표운동기간 시작
○ 10월 4일 : 방폐장 주민투표 발의
○ 10월 4일~8일 : 주민투표 부재자신고(군산 39.4%, 영덕 27.5%, 포항 22.0%, 경주 38.1%)
○ 10월 10일/24/25 : 반핵국민행동 긴급기자회견. 군산과 경주, 영덕 등 부재자신고 대필, 공무원의 조직적 활동 등 폭로
○ 10월 20일 : 중앙선거관리위원회. 25만장의 투표용지 중 0.6%(1500여장)에 대한 조사를 통해 부재자신고 요건에 문제 있는 807건 투표용지 미발송, 185매 수사의뢰 발표.
○ 10월 26일 : 민변 조사단 기자회견. 21일~23일까지 지역방문 조사 발표. '11.2 방폐장 주민투표'를 중단하는 것이 가장 적법한 절차라는 의견 밝힘.
○ 11월 2일 : 방폐장 주민투표 시행

    정부의 이런 계획에 가장 발 빠르게 움직임을 보였던 지방자치단체는 군산시였다. 군산시 주민들은 부안 주민투표가 끝난 후, 얼마 지나지 않아 국책사

업을 유치해야 한다며 대규모 농성을 벌이기도 했다. 이러한 흐름에 힘입어 군산시의회는 2005년 7월에 방폐장 유치신청 동의안을 의결하게 된다.

한편 포항시는 포항시의회가 주민투표 실시를 의결(2005년 9월)함으로써 적극적인 유치에 돌입했다.

경주시는 다른 지역에 비해 방폐장 유치 움직임이 다소 늦었다고 볼 수 있다. 본격적인 유치 의사를 피력한 시기는 2005년 6월경이었고, 8월에는 경주시의회가 방폐장 유치신청 동의안을 의결시켰다.

영덕군은 2005년 3월에 유치위원회를 구성하여 유치청원서를 제출하면서 본격적인 유치 활동을 펼치기도 했다. 이러한 과정을 거쳐 2005년 11월 2일, 네 군데에서 동시에 주민투표가 시행되면서 가장 많은 찬성률을 보인 경주시가 최종 후보지로 낙점 받게 받았다. 주민투표의 결과는 아래와 같다.

〈표 12〉 중·저준위 방사성 폐기물 처분장 찬반 주민투표 결과

지역	구분	투표인수	투표수	반대표(반대율)	찬성표율
군산	부재자	77,581	65,336	5,438(8.5%)	58,367(91.5%)
	일반	119,399	72,856	15,805(21.8%)	56,785(78.2%)
	계	196,980	138,192	21,243(15.6%)	115,152(84.4%)
포항	부재자	82,637	63,851	16,937(27.3%)	45,169(72.7%)
	일반	292,060	114,735	40,368(35.3%)	73,955(64.7%)
	계	374,697	178,586	57,305(32.5%)	119,124(67.5%)
경주	부재자	79,599	70,521	4,138(6.0%)	65,093(94.0%)
	일반	129,008	77,115	11,208(14.6%)	65,579(85.4%)
	계	208,607	147,636	15,346(10.5%)	130,672(89.5%)
영덕	부재자	10,319	9,523	707(7.6%)	8,634(92.4%)
	일반	27,217	20,584	5,475(26.8%)	14,987(73.2%)
	계	37,536	30,107	6,182(20.7%)	23,621(79.3%)

출처 : 중앙선거관리위원회

투표율은 영덕군이 80%를 넘어 가장 높은 비율을 보였지만, 찬성률에서는 경주시가 가장 높은 89.5%를 기록했다. 특이한 사항은 〈표 12〉에서 보는 바와 같이 부재자투표 비율이 적게는 21%, 많게는 39%를 기록한 것인데, 통상적인 일반 선거의 경우 부재자 비율이 3%를 넘지 않는다는 점을 감안하면, 방폐장 주민투표의 부재자 비율은 상상할 수 있는 범위를 넘어섰다는 것이 일반적인 평가다. 이를 두고 반대운동을 전개했던 '반핵국민행동'은 지방자치단체 공무원들의 조직적인 개입이 있었다고 주장하기도 했다.

결국 이 주민투표 이후 중앙정부는 찬성률이 가장 높게 나온 경주시 양북면 봉길리를 방폐장 후보지로 발표했다.

③ 결과 및 영향

2005년 11월 2일 4개 지방자치단체에서 동시에 실시된 중·저준위 방사성 폐기물 처리장 유치 찬반 주민투표는 주민투표법 문제점을 극심하게 보여준 주민투표였다. 이 주민투표는 심각한 문제점을 노출했고, 이후 주민투표법은 사실상 사문화되는 지경에 이르렀다. 따라서 이 주민투표는 한국 주민투표법의 문제점을 이해하는 데 중요한 의미를 갖는다.

중앙정부는 수십 년간 표류했던 국책사업을 해결했다고 긍정적인 평가를 했지만, 이 주민투표는 심각한 문제점들을 드러내었다.

첫째, 주민투표 전후 모든 과정을 중앙정부가 주도하면서 주민들은 수동적인 존재로 전락했다. 주민투표의 시기, 방식은 모두 중앙정부가 정했고, 지방자치단체들은 중앙정부가 정한 규칙에 따라 움직일 수밖에 없었다.

둘째, 지역 간 경쟁을 시키는 방식으로 투표를 추진한 결과, 지방자치단체들 간에 경쟁이 과열되면서 합리적인 토론이 불가능해지는 결과가 초래되었다(최봉기, 2006, 11). 3,000억 원 이상의 지원금과 한국수력원자력 본사 이전이라는 지원책을 제시하면서, 4개 지역에서 동시 투표를 해서 찬성률이 가장 높은 쪽에 방폐장을 건설한다는 정부의 방침이 초래한 결과였다. 그래서 각 지역에서는 찬성률을 높이기 위해 여러 불법적 행위들이 일어났다. 또한 원색적으로 경상도-전라도 간의 지역감정을 자극하는 일이 일어났고, 지역 내에서 반대 의견을 가진 사람들은 자기 의견을 표현하기도 힘들 정도의 분위기가 형성되었다.

셋째, 현행 주민투표법은 주민투표 공정성이 보장되기 어렵다는 문제점이 드러났다. 실제로 지방자치단체 예산이 찬성 쪽에만 지원되는 일들이 벌어졌다. 경주시의 경우에는 12억 원 이상의 예산이 찬성운동단체에 지원되었다. 경주시장은 삭발을 하면서 찬성을 호소했다. 공무원들도 중립을 지키지 않고 찬성 쪽에서 활동한 사례들이 많았다. 특히 투표율과 찬성률을 높이기 위해 부재자투표 신고율을 무리하게 높이려는 시도들이 이루어졌다. 그 결과 부재자 투표 신고율이 정상적인 선거보다 20배가 넘게 나오기도 했다. 실제로 일부 부재자투표 신고는 본인 의사와 무관하게 이루어져서 문제가 되었다.

한편 경주시를 부지로 정한 지 4년여가 지난 현재, 경주에 건립 중인 방폐장의 안전문제가 불거지고 있다. 또한 정부가 유치 지역에 지원하기로 한 사업이 지연되고 있어서 지역 주민들의 원성이 잦아들지 않고 있다[29].

더욱이 최근 공사를 맡고 있는 한국수력원자력 측에서 공사기간이 30개월 더 연장된다고 발표(2009년 6월)하면서 지역사회가 술렁이고 있고, 민간단체는 최장 5년 3개월 이상 공사기간이 연장될 수밖에 없다고 주장하면서 안정성에 대한 불안이 증폭되고 있는 상황이다[30]. 이렇듯 방폐장 건설에도 갈등의 불씨는 여전히 남아 있다.

11) 주민투표법 제정 이후에도 계속되는 자주적 주민투표

주민투표법 제정 이후에 3건의 주민투표가 실시되었지만, 주민들의 청구에 의해 주민투표가 실시된 사례는 전혀 없다. 이것은 주민투표법 자체가 주민들

---

29) 서울경제, 2009. 9. 19일자 보도.
30) 뉴시스, 2009. 7. 30일자 보도.

의 주민투표 청구를 매우 어렵게 했기 때문이다.

우선 지방자치단체 권한을 넘어서는 사항에 대해서는 주민투표를 청구할 수가 없다. 또한 지방자치단체의 권한에 속하는 사항 중에서도 주민투표 대상에서 제외되는 광범위한 예외가 존재한다. 주민투표 실시를 청구하기 위해 받아야 하는 서명의 숫자도 지나치게 많다. 이로 인해 주민투표법은 주민들이 활용할 수 없는 법이 되고 있다. 그러다보니 주민투표법 제정 이후에도 주민투표법과는 무관하게 주민들의 의견을 표출하기 위한 방법으로 자주적 주민투표들이 시도되고 있다.

2007년 8월에는 해군기지 유치를 둘러싼 갈등이 진행 중인 제주도 서귀포시 강정마을 주민들이 해군기지 유치 여부를 둘러싸고 자주적인 주민투표를 실시했다. 주민투표 결과는 투표자 725명 가운데 찬성 36표, 반대 680표, 무효 9표로 94%에 이르는 주민이 해군기지 유치를 반대하는 것으로 나타났다. 물론 이 주민투표는 주민투표법과 무관하게 치러진 것이고 법적 구속력도 전혀 없다. 그리고 정부는 계속 강정마을에 해군기지 설치를 추진하고 있다.

2009년 3월에는 경기도 남양주시 별내면에서 쓰레기 소각잔재 매립장 건설을 둘러싸고 주민들이 자주적 주민투표를 실시했다. 주민투표 결과는 2,609명 투표 참여, 찬성 284표, 반대 2,150표, 무효 175표로, 압도적으로 많은 주민들이 쓰레기 소각잔재 매립장 건설을 반대하는 것으로 나타났다. 그러나 이 사례도 주민투표법과는 무관하게 실시한 것이다. 그리고 남양주시는 주민투표 결과를 인정하지 않고, 관련 사업을 계속 추진할 것이라고 발표했다.

3
주민소송

1) 의의와 도입과정

주민소송은 주민감사청구를 한 주민이 지방자치단체의 위법한 재무회계행위 또는 해태(게으름, 이유 없이 할 일을 하지 않음)한 사실에 대해서 이를 방지 또는 시정하거나 그로 인해 발생한 손해를 회복하기 위해 제기하는 소송을 말한다.

이 주민소송제도는 2006년 1월부터 시행되고 있지만, 그 이전부터 시민단체들과 학계에 의해 주민소송 도입의 필요성이 제기되어 왔다. 시민단체들은 2000년경부터 납세자 소송제도라는 이름으로 정부의 위법한 예산낭비행위에 대해 시민이 소송을 제기할 수 있는 제도의 도입을 추진해 왔다. 이러한 노력의 결과로 2003년 12월에 지방분권특별법이 제정되면서 주민소송제도 도입을 추진하게 되었던 것이다.

한국에 도입된 주민소송제도는 일본 주민소송제도를 주로 참고해서 도입되었다. 그리고 일본의 주민소송제도는 1948년 일본 지방자치법을 개정하면서 미국의 납세자소송(taxpayer's suit)를 모델로 하여 도입된 것이다[31].

이러한 주민소송은 특정 이해 당사자의 이익을 보호하기 위한 제도가 아니라, 전체 주민의 이익을 보호하기 위한 공익소송 제도로서 의미를 지닌다.

2) 주민소송의 절차

주민소송을 제기하려면 먼저 주민감사청구를 거쳐야 한다. 주민감사청구에 대한 법적 근거는 지방자치법 제15조에 있다. 주민감사청구는 해당 지방자치단체의 19세 이상 주민 중 시·도는 500명, 인구 50만 이상의 대도시는 300명, 그 밖의 시·군 및 자치구는 200명을 넘지 않는 범위에서 해당 지방자치단체의 조례로 정하는 주민 수 이상의 서명을 받아 청구해야 한다. 주민감사청구는 시·도에서는 주무부장관, 시·군 및 자치구에서는 시·도지사에게 해야 하고, 감사도 그 기관에서 실시하게 된다.

그리고 주민감사청구를 제기했던 주민은 주민감사청구를 통해 자신이 제기한 문제가 해결되지 않았다고 생각하면 누구라도 주민소송을 제기할 수 있다. 주민소송은 주민감사청구를 했던 청구인 중 1인이라도 제기할 수 있다.

다만, 주민소송을 제기할 수 있는 범위는 지방자치단체의 재무회계와 관련 있는 행위로 제한된다. 재무회계와 전혀 관련 없는 사항에 대해서는 주민소송을 제기할 수 없다. 이처럼 주민소송의 대상을 재무회계 행위에 한정하는 이유는 주민소송의 목적이 지방행정 전반의 적법한 운영을 확보하는 데 있는 것이 아니라, 지방자치단체 재무회계 행정의 합법성을 확보하는 데 있기 때문이다.

---

31) 미국의 납세자 소송은 영국의 지방자치법에서 기원한 것으로 알려지고 있다. 미국의 납세자 소송은 원래 제정법에 의해 인정된 것이 아니라, 판례가 행정소송의 원고적격을 확대하여 인정하면서 시작된 것이나, 그 후 성문법을 제정하는 방향으로 발전했다.

주민감사 제기·실시	• 주민감사 청구 : 시·도-500명, 50만 이상 도시- 300명, 기타 시·군·구 200명 이내(조례로 규정)의 서명 • 주민감사 결과 : 감사미실시, 감사결과 등에 대한 불복

⬇

주민소송 제기	• 주민감사청구를 경유한 주민은 주민소송 제기요건이 충족될 경우에 한해 주민소송 제기(이 경우 1인도 소송제기 가능)
	- 주무부장관 또는 시·도지사가 주민감사청구를 수리한 날부터 60일이 경과 하여도 감사를 종료하지 않은 경우 - 주민감사의 결과에 불복할 경우 - 주민감사 결과에 따른 조치 요구를 지자체장이 이행하지 아니한 경우 - 주민감사 결과에 따른 지자체장의 이행 조치에 불복하는 경우

⬇

소송 고지	• 당해 자치단체장은 소송제기로 권리·이익의 침해를 받을 제3자나 손해배상 등의 책임을 질 당사자에게 지체없이 소송고지를 해 줄 것을 법원에 신청
	- 소송이 계속 중인 때는 다른 주민은 별도로 동일 소송제기 불가

⬇

소송참가 및 소송수계	• 국가, 상급 자치단체, 감사청구 연서주민, 소송고지 받은 자는 소송참가 가능 • 소송 중 원고사망 등 사유발생시 타 주민 소송수계 가능

⬇

법원 판결에 따른 조치	• 당해 지방자치단체는 법원의 확정판결에 따른 조치의무발생(소송유형에 따라 행위중지, 향후 동일한 사항의 행정 처분 금지 등) • 주민승소시 당해 자치단체에 대해 변호사 비용 등 실비청구 가능

자료 : 행정안전부, 『주민직접참여제도의 이해』

[그림 4] 주민소송 절차

3) 주민소송 대상과 청구 유형

주민소송의 대상은 ① 공금 지출에 관한 사항, ② 재산의 취득·관리·처분에 관한 사항, ③ 당해 지방자치단체를 당사자로 하는 매매·임차·도급 그

밖의 계약 체결·이행에 관한 사항, ④ 지방세·사용료·수수료·과태료 등 공금의 부과·징수의 해태에 관한 사항만으로 한정된다(지방자치법 제13조의5 제1항 참조).

그리고 현행 주민소송은 크게 네 가지 청구 유형으로 나눠볼 수 있다.

> **지방자치법 제17조 (주민소송)**............
> ② 제1항에 따라 주민이 제기할 수 있는 소송은 다음 각 호와 같다.
> 1. 해당 행위를 계속하면 회복하기 곤란한 손해를 발생시킬 우려가 있는 경우에는 그 행위의 전부나 일부를 중지할 것을 요구하는 소송
> 2. 행정처분인 해당 행위의 취소 또는 변경을 요구하거나 그 행위의 효력 유무 또는 존재 여부의 확인을 요구하는 소송
> 3. 게을리 한 사실의 위법 확인을 요구하는 소송
> 4. 해당 지방자치단체의 장 및 직원, 지방의회의원, 해당 행위와 관련이 있는 상대방에게 손해배상청구 또는 부당이득반환청구를 할 것을 요구하는 소송. 다만, 그 지방자치단체의 직원이 「지방재정법」 제94조나 「회계 관계 직원 등의 책임에 관한 법률」 제4조에 따른 변상책임을 져야 하는 경우에는 변상명령을 할 것을 요구하는 소송을 말한다.

위의 지방자치법 제17조에서 나타나듯이, 지방자치법에 명시된 주민소송의 종류는 네가지이다. 자세한 설명은 아래와 같다.

첫째, 지방자치단체의 행위가 손해 볼 것이 예상됐을 경우 주민들이 그 행위 중지를 요구하는 소송이다(제1소송). 가령 지방자치단체가 어떤 사업체와 계약을 체결하는 과정에 위법이 발생하여 예산 낭비가 예견되는 일이라면, 그 계약의 중지를 요구할 수 있다. 이 요구를 법원이 받아들인다면 지방자치단체는 그 계약체결 행위를 당장 중지해야 한다. 그렇기 때문에 이 유형의 소송은 사전에 예산낭비를 억제하는 수단으로 활용될 수 있다.

두 번째 소송은 지방자치단체의 행정처분 행위가 무효인지를 확인하는 소송이다(제2소송). 예컨대 지방자치단체가 특정한 기업이나 단체에 지방자치단

체 소유의 건물이나 토지를 부당하게 사용 허가를 해주었다면 주민들은 이 허가 행위가 무효라는 소송을 제기할 수 있는 것이다.

세 번째 소송은 지방자치단체가 마땅히 걷어야 할 세금에 대한 청구를 게을리 하여 공공재산의 손실을 가져온 경우 그 책임을 묻기위한 소송이다(제3소송). 공무원들의 태만에 대한 주민들의 응징이다.

네 번째 소송은 위법한 행위에 대해 책임이 있는 당사자에게 손해배상 또는 부당이득의 반환을 의무적으로 이행할 것을 청구하는 소송이다(제4소송).32) 이를테면, 지방의회의 의정비 책정 과정에서 절차상 위법한 행위로 과도하게 의정비가 책정됐다면 주민들은 지방자치단체장을 대상으로 부당이득을 반환할 것을 요구할 수 있다. 법원 판결이 확정되면, 그날로부터 60일 이내에 지방자치단체장은 손해배상금 또는 부당이득반환금 지불청구를 이행해야 한다.

4) 주민소송의 원고와 피고, 제소기간

주민소송의 원고는 주민감사청구를 한 주민이다. 주민감사청구는 200~500명 이상 주민들의 연서에 의해 청구하지만, 주민소송은 주민감사청구에 참여했던 주민이면 한 명이라도 원고가 되어서 제기할 수 있다(지방자치법 제17조 제1항).

그리고 주민소송 피고는 당해 지방자치단체의 장이다. 만약 당해 사항의 사무처리에 관한 권한을 소속기관 장에게 위임한 경우에는 그 소속기관 장을 상대방으로 하여 소송을 제기할 수 있다.

주민소송에는 제소기간이 정해져 있다. 제소기간을 지나쳐서 소송을 제기하면 법원이 각하 판결을 내리게 되므로 주의해야 한다. 주민소송은 다음의 어느 하나에 해당하는 날부터 90일 이내에 이를 제기해야 한다(지방자치법 제17조 제4항).

---

32) 이 내용은 김현 등이 참여한 '예산감시네트워크 주민참여법률지원단'이 작성한 "주민참여가이드북"(자료집. 2006)의 내용을 참고한 것임.

① 주무부장관 또는 시·도지사가 주민감사청구를 수리한 날부터 60일(감사기간이 연장된 경우에는 연장기간이 종료된 날을 말한다)을 경과해도 감사를 종료하지 아니한 경우 : 당해 60일이 종료된 날
② 주무부장관 또는 시·도지사가 통지하고 공표한 감사결과(다른 기관이 감사한 경우에는 그 감사결과)나 주무부장관 또는 시·도지사가 감사결과에 따라 행한 조치요구에 불복이 있는 경우 : 당해 감사결과 또는 조치요구 내용에 대한 통지를 받은 날
③ 주무부장관 또는 시·도지사의 조치요구를 지방자치단체 장이 이행하지 아니한 경우 : 당해 조치 요구시 지정한 처리기간이 만료된 날
④ 지방자치단체의 장의 이행조치에 불복이 있는 경우 : 당해 이행조치결과에 대한 통지를 받은 날

5) 주민소송제도 운영 현황

주민소송제도는 도입되었지만, 활용도는 그렇게 높지 않다. 우선 주민들이 재무회계상의 위법행위를 입증하기란 매우 어렵다. 또한 주민소송을 제기하는 절차도 쉽지 않다. 주민소송을 제기하려면, 그 이전에 먼저 200~500명 주민들의 서명을 받아 주민감사청구를 해야 하는데, 연고주의가 강한 지역사회에서 이런 행위를 하기는 쉽지 않은 일이다.

그래서 지금까지 주민소송제도는 주로 시민단체들의 활동 속에서 활용되는 경우들이 많다. 일정한 전문성을 갖추었거나 그러한 전문가를 활용할 수 있는 시민사회단체 등이 선도적으로 주민소송을 제기하고 있는 것이다.

아래의 〈표 13〉의 주민소송 사례들도 대부분 시민사회단체 차원에서 소송이 추진된 것들이다.

〈표 13〉 주민소송 사례

추진 지역	소송 제기일	소송요지	진행 상황 및 결과
서울 서대문	'09.4.28	불법 의정비 인상분 환수 요구	1심 계류
서울 성동구	'08.12.24	불법 의정비 인상분 환수 요구	1심 판결(주민승소) 판결요지 : 주민 의견수렴 부족 등 불법으로 인상한 의정비는 반환해야함
서울 양천구	'08.11.20	불법 의정비 인상분 환수 요구	피고 항소(1심 주민승소) 판결요지 : 주민 의견수렴 부족 등 불법으로 인상한 의정비는 반환해야함
서울 금천구	'08.11.20	불법 의정비 인상분 환수 요구	피고 항소(1심 주민승소) 판결요지 : 주민 의견수렴 부족 등 불법으로 인상한 의정비는 반환해야함
서울 도봉	'08.5.28	불법 의정비 인상분 환수 요구	피고 항소(1심 주민승소) 판결요지 : 주민 의견수렴 부족 등 불법으로 인상한 의정비는 반환해야함
경기 수원	'07.9.3	수원시 공무원에 대한 초과 근무수당 불법지급	1심 계류 ※ 동 단체 등이 시장 등 관계 공무원을 "사기 및 사기방조"로 고발하였으나 무혐의처분 ('08.5.20)
서울 성북	'06.9.13	구의회 업무추진비 위법지출 ·단란주점 접대 및 양주 등 선물 구입 ·관광 중심의 해외연수비 사용	종결(주민패소, '07.10.17)

추진 지역	소송 제기일	소송요지	진행 상황 및 결과
충남 청양	'07.4.16	군수 업무추진비 위법지출 및 불법공사 추진으로 예산낭비	종결(주민패소, '08.5.14)
인천 부평	'06.12.11	구청장 업무추진비 위법지출 · 소속 직원 격려금 지급	종결(1심 주민패소, '08.1.31)
인천 부평	'06.10.10	구의회 업무추진비 위법지출 · 의원, 직원에 대한 체육복 지급 · 국내외 시찰의원에 대한 격려금 지급	종결(1심 주민패소, 07.11.29)
충남 서천	'06.8.31	군수 업무추진비 위법지출	종결(1심 주민패소, 08.1.9)
경기 광명	'06.7.24	신설 음식물쓰레기 처리시설이 가동되지 않아 쓰레기 위탁처리 비용 발생, 예산 낭비	종결(1심 중 소취하, '08.8.11)
경기 성남	'06.5.25	확장된 탄천변도로 일부구간 (0.27km)을 사용할 수 없게 되어 (비행안전구역) 예산낭비	종결(각하, '08.9.24)

자료 : 행정안전부, 『주민직접참여제도의 이해』

위 〈표 13〉의 사례들을 보면, 지금까지 한국 사회에서 진행된 주민소송은 크게 세 가지로 분류해 볼 수 있다. 첫 번째는 지방자치단체의 정책 문제점에 대해 예산낭비 측면에서 소송을 제기한 경우다. 두 번째는 지방자치단체장이나 지방의원들의 업무추진비와 관련된 것이다. 이는 업무추진비가 접대 및 선물구입 등에 방만하게 사용되고 있는 문제점이 있기 때문이다. 세 번째는 지방의회 의원들의 의정비 인상과 관련된 것으로, 이는 최근 많은 지방자치단체에서 지방의회 의원들이 절차와 기준을 무시하고 의정비를 과다하게 인상하는 일이 발생했기 때문이다.

첫 번째 유형에 속하는 소송은 주민소송제도 도입 초기에 주로 제기되었다.

이런 유형의 소송에서 직접적 쟁점은 예산·회계와 관련된 것이지만, 그 내용상으로는 정책적 결정에 대한 책임을 묻는 성격이 강했다. 대표적인 예는 경기도 성남시 시민단체인 〈성남참여시민연대〉가 추진한 주민소송 사례다. 이 소송은 성남시가 서울공항 인근 비행안전구역을 침범해 개설한 도로와 관련하여 180억 원이 넘는 예산을 사용한 사실에 대해 책임을 묻고 이의 환수를 요구한 것이다. 그러나 이 소송은 2년이 넘는 기간 동안 진행되었음에도 각하 처리되었다. 그 이유는 이 사항이 지방자치단체의 정책적 사항이기 때문에 지방자치단체의 재무회계상 행위를 대상으로 하는 주민소송 대상이 되지 못한다는 것이다. 그 외에도 2006년 7월 경기도 광명시에서 제기된 신설 음식물 쓰레기 처리시설 관련 소송도 이런 유형에 해당한다.

두 번째 유형의 경우에는 5건 모두가 2006년에 제기된 것이다. 이는 이 시기에 시민사회로부터 지방자치단체장 또는 지방의원들의 업무추진비와 관련한 문제제기가 강하게 일어났기 때문이다. 하지만, 업무추진비 지출용도, 지출방식 등이 법적으로 명확하게 규정되어 있지 않기 때문에 이와 관련한 소송에서 모두 주민 측이 패소하였다. 한 예로 서울시 성북구에서 구의원들이 업무추진비를 사용하여 단란주점을 출입하고, 의장과 부의장이 의원들과 공무원들에게 줄 선물 구입비를 과다하게 사용했으며, 관광 일정이 많은 해외연수를 다녀온 것이 문제가 되었다. 그런데 2007년 10월 17일 서울행정법원은 '허물이 없다고는 할 수 없지만 사회통념상 상당한 범위를 벗어난 정도는 아니므로' 위법하다고 보기 어렵다면서 주민들의 청구를 기각했다.

세 번째 유형은 모두 5건의 소송이 진행 중인데, 2008년과 2009년에 걸쳐 제기되었다. 그리고 최근에 1심 판결에서 주민들이 승소하여 파장이 크게 일어나기도 했다. 그 중 대표적인 사례라 할 수 있는 서울 도봉구 주민소송은 해당 지역의 시민운동단체들이 주축이 되어 제기한 것이다. 이 소송에서 주민들은 의원들이 자신들에게 지급되는 의정비를 인상하면서 관련 법령을 제대로 지키지 않았다고 주장했다. 그리고 1심에서 주민들이 승소하는 성과를 거두었다. 또한 이 소송과는 별개로 행정안전부는 2008년 10월 지방자치법을 개정하여 지방의원들에게 지급하는 의정비 산출방식을 좀 더 객관화시킨 기준을 마련했다.

6) 사례 1 : 도봉구 의정비 환수소송

① 배경 및 내용

도봉구에서 진행된 주민소송은 2008년 도봉구의회 의원들이 의정비를 결정하는 과정에서 법령의 절차나 기준, 그리고 주민 의견수렴 과정을 무시하고 과다하게 의정비를 인상한 것에 대해 주민들이 위법이라며 반환하라고 소송한 사건이다.

주민들이 지적한 도봉구의회 의정비 책정의 문제점은 크게 네 가지였다. 첫째, 의정비심의위원회 구성에 있어서 도봉구의회와 직접적인 이해관계가 있는 자들로 구성됨으로써 심의위원 선정 과정이 객관성이나 공정성을 잃었다는 것이다. 둘째, 도봉구의회가 지난 2007년 12월에 의정비 인상에 관한 조례를 통과시키면서 187만 원이었던 월정수당을 365만 원으로 95.19%를 인상함으로써 상식에 어긋난다는 것이었다. 셋째, 주민의견조사가 제대로 이루어지지 않았다는 것이었다. 넷째, 의정자료 수집비, 연구비, 보조활동비 등의 의정활동비가 매월 최대 110만 원 지급되는데, 이 금액이 정당하게 사용되고 있느냐에 대한 문제제기였다.

이렇게 네 가지 문제점을 지적하며 지난 2007년 12월 도봉구 주민들은 서울시에 주민감사청구를 신청했다. 68일의 감사기간을 거친 서울시는 심의위원회 위촉과 심의 과정에 공정성과 객관성이 부족한 점, 주민여론조사가 의정비 인상에 유리한 내용으로 변경하여 설문한 점, 지방자치법의 절차를 무시하거나 위법하게 적용하면서 두 배 가까이 의정비를 올린 점 등을 지적하며 의정비 책정 과정에 심각한 결함이 있다는 것을 밝혀냈다. 서울시 감사 결과는 주민들의 문제제기에 힘을 실어주는 것이었다.

지방의회에 대한 불신이 팽배해 있는 상황에서 의정비 문제는 뜨거운 감자와도 같았다. 지방자치법이 규정하는 의정비는 의정활동비, 여비, 월정수당으로 나뉜다. 의정활동비에는 '의정자료수집 및 연구비'와 '보조활동비'가 포함되는데 광역의원은 150만 원 이내, 기초의원은 110만 원 이내로 상한선이 설정되어 있다. 여비도 철도, 선박, 항공 등은 정액으로, 현지 교통비는 2만원, 숙박비는 4만 6천 원, 그리고 1일 식비는 2만 5천 원으로 시행령에서 정해놓고 있다. 문제는 월정수당이었다. 주민감사청구 당시, 지방자치법 시행령 33조는 아래와 같았다.

제33조 (의정활동비·여비 및 월정수당의 지급기준 등) ① …………

3. 월정수당 : 지역 주민의 소득수준, 지방공무원 보수 인상률, 물가상승률 및 지방의회의 의정활동 실적 등을 종합적으로 고려한 금액

시행령에서 제시하는 월정수당 기준은 "지역주민의 소득수준, 지방공무원 보수 인상률, 물가상승률 및 지방의회의 의정활동 실적 등을 종합적으로 고려한 금액"으로 규정하고 있다. 시행령이 몇 가지 기준을 제시하긴 했지만 결과적으로 '종합적으로 고려'한다는 다소 애매한 설정이 지방의회가 자의적으로 판단할 수 있도록 여지를 남겼다.

물론 의정비심의위원회라는 별도 기구가 존재하지만, 도봉구의회 경우처럼 의정비심의위원회가 지방의회를 대변하는 기구로 전락하거나 운영상 절차가 왜곡될 가능성이 충분했다. 도봉구를 비롯한 여러 지역에서 동시다발적으로 진행된 의정비 인상과 관련된 주민감사청구와 소송은 의정비 산출에 대한 법적 규정이 보다 세밀하고 공정하게 디자인 되어야 한다는 목소리에 힘을 실어주었다. 이런 흐름에 맞춰 행정안전부는 2008년 10월, 지방자치법을 개정함으

로써 월정수당 지급 기준안을 마련하게 된다. 개정된 지방자치법은 의정비 산출방식을 현행보다 객관화시키는데 주력했다. 이렇듯, 부적절한 지방의회 의정비 심의에 대한 주민들의 대응은 의정비에 관한 법 체계를 변화시키는 성과를 거두기도 했다.

한편 서울시 감사청구 결과가 발표됨과 동시에 주민감사청구를 제기했던 주민들은 2008년 5월 이미 잘못 지급된 의정비를 환수하기 위한 주민소송을 제기하기에 이른다.

② 전개 과정

도봉구 의정비심의위원회가 지난 2008년 11월 초, 의정비를 5,700만 원으로 상향 확정지으면서 주민소송 원인을 제공했다. 심의위원회의 결정이 있자, 주민들은 즉시 쌍문역과 창동역 주변에서 홍보물을 돌리며 의정비 확정의 부당성을 알렸고, 동시에 주민서명도 받았다.

주민들은 짧은 기간 동안 받은 871명의 서명 명단과 의정비를 동결하라는 내용이 담긴 성명서를 도봉구의회에 전달했다. 이러한 주민들의 요청에도 불구하고 도봉구의회는 12월 정례회를 통해 의정활동비 관련 개정된 조례안을 통과시킴으로써 주민들을 더욱 분노하게 했다. 조례안이 사전 회의 공지도 없이 기습적으로 통과됐기 때문이다. 의회 방청에 참여했던 주민들은 의회의장에게 면담 요청을 시도했으나 의장은 이를 거부했다.

이를 계기로 주민들의 대응 활동이 본격화됐고 주민감사청구를 진행하기로 결정하게 되었다. 우선, 주민들은 인터넷과 언론사를 통해 의정비 인상의 부당성을 알리기 시작했다. 자체적으로 블로그도 개설하여 제목은 개설 목적이 잘 드러나는 "주민의견 무시한 의정비 인상에 반대하는 주민들의 목소리"로 정하고 이 제목과 똑같은 홍보신문도 만들어 배포했다. 이와 동시에 주민들은 주민감사청구를 위한 서명도 병행했다. 이러한 활동에 힘입어 12월 28일, 116명의 서명을 받아 서울시[33])에 '도봉구의회 의원 의정비 과다 인상'에 대한 주민감사청구서를 제출했다.

현행 주민소송제도는 주민소송에 앞서 주민감사청구 절차를 거쳐야 하는 '주민감사청구 전치주의'를 따르고 있다. 원칙적으로 주민감사청구를 경유하지 않는다면 주민소송은 부적절한 것이므로 각하의 대상이다. 그렇기 때문에 주민소송을 제기하기 위해서라도 주민감사청구는 반드시 필요했다. 2008년에 들어서 주민들은 이 문제를 더욱 본격적으로 접근하기 위해 '곳간지킴이'라는 모임을 결성했다. 예부터 '곳간'은 살림살이나 온갖 물건을 넣어 두는 곳으로 창고 기능을 담당했지만, 현대적으로는 재해석한다면 시민들의 혈세를 모아두는 금고와 같다고 할 수 있다. 주민 스스로가 '곳간'을 지키고자 하는 의지가 엿보이는 이름이었다.

서울시 감사가 진행되는 동안에도 주민들은 다양한 활동을 전개했는데, 서울시 담당 감사관에게 관련 자료를 발송하거나 주민 설문조사를 실시하고, '곳간지킴이'를 모집하는 등 이 사안의 중요성을 줄곧 알려나갔다. 드디어 서울시 감사결과가 2008년 4월 14일 발표되었다. 아래는 서울시 감사결과를 요약한 것이다.

> 1. 의정비심의위원회 구성 및 운영의 적정성 및 적법성 여부에 대한 감사 결과
>
> ▶ 심의위원 선정절차 및 기준 등에 관한 행정자치부 지침에 의하면 심의위원은 각계 및 시민단체 등으로부터 2~3배수의 추천을 받아 적격자를 심사하여 선정하도록 규정하고 있음에도········실제로 도봉구청 및 도봉구의회에서는 각 단체들로부터 1배수만을 추천받아 적격자 심사과정을 거치지 않고 심의위원을 선정하였음.
>
> ▶ 의정비심의위원을 선정할 때는 지방자치법시행령에 의거 학계, 법조계, 언론계 및 시민단체 등으로부터 지방의원과 이해관계가 없는 제3자를 추천받아 공정하고 객관적으로 선정하여야 함에도·········심의위원 선정과정이 객관성·공정성·투명

---

33) 감사하는 기관은 감사 대상기관의 상위기관이 맡는데, 시·도의 감사는 주무부장관이, 시·군 및 자치구에 대한 감사는 시·도지사가 맡는다. 도봉구의 상위기관은 서울시이므로 서울시가 감사를 진행한다.

성을 확보하지 못하였음.

▶ 해당 공무원은 의정비심의위원회에서 지방자치법령의 관련규정과 절차에 따라 의정비 지급기준액을 결정할 수 있도록 심의위원회가 해야 할 사항 등을 사전에 충분히 설명해야 함에도………심의위원회에서는 잠정지급 기준액이 결정되지 않은 상태에서 주민여론조사를 실시하는 등 절차상의 하자가 발생하였음.

2. 주민여론조사의 적정성 및 적법성 여부에 대한 감사결과

▶ 의정비 인상과 관련한 주민여론조사 설문서를 작성할 때에는 주민의견이 정확하게 반영될 수 있도록 설문내용이 공정성·중립성을 확보할 수 있도록 작성되어야 함에도………응답자들이 구의원의 실제 급여액이 얼마인지 파악할 수 없을 뿐만 아니라, 구의원들이 실제 받는 금액보다 낮은 금액을 받고 활동하는 것으로 오인할 수 있는 결과를 초래하였음.

▶ 의정비심의위원회에서 의정비 지급기준 결정을 위한 주민여론조사를 실시할 때에는 잠정지급액을 결정한 후 제3의 여론조사기관에 의뢰하여 지역주민의견조사를 실시하고, 의견수렴 결과를 반영하여야 함에도………여론조사 참여횟수도 제한하지 않아 한사람이 무한정 설문에 참여할 수 있도록 하고, 여론조사 결과 값이 실시간으로 확인되어 얼마든지 조작할 수 있는 상태에서 조사가 실시되고, 그 결과 값을 가지고 의정비 지급기준을 결정하였음.

3. 월정수당 95.19% 인상의 적정성 및 적법성 여부에 대한 감사결과

▶ 의정비심의위원회에서 의정비 지급기준액을 결정하기 위해서는 심의위원선정 및 운영을 투명하고 공정하게 하여야 하며, 의정비 인상은 공무원임금상승률(2.5%, 2008년), 물가상승률(2.2%, 2006년), 근로자임금상승률(5.4%, 2007년), 재정자립도(34.6%, 25개 자치구 중 19번째), 주민의 소득수준(서울지역 중하위), 의정활동실적(전년도 대비 감소) 등을 종합적으로 고려하여 결정하여야 함에도………2007년 대비 특별한 인상요인 없이 95.19%(월정수당 2,244만 원→4,490만 원, 연간총액 3,564만 원→5,700만 원) 인상한 것은 절차상 위법사항이 발생하였으므로 재검토되어야할 사안임.

4. 의정활동비(월 110만 원)집행의 적정성 및 적법성 여부에 대한 감사결과

▶ 의정활동비는 집행 후 정산을 하는 개산급이 아니고, 매월 월정액으로 지급되고

> 있으므로 지방자치법에서 규정하고 있는 의정자료를 수집하고 연구하는데 사용하는지 여부는 의원 개개인의 도덕성에 맡겨져야 할 것임. 따라서 2007년도 도봉구의회 의원 1인당 의정활동비는 월 110만 원(의정자료수집연구비 90만원, 보조활동비 20만원), 연 1,320만 원의 예산이 편성되어 집행되었으나 집행과정의 위반여부는 확인할 수 없었음.
>
> 자료: "도봉구의회 의원 의정비 과다인상" 관련 주민감사청구사항 서울시 감사결과

이러한 감사결과를 근거로 주민들은 2008년 5월 28일, 위법하게 지급된 의정비를 환수하기 위한 주민소송을 서울행정법원에 제출했다.

같은 해 7월부터 이듬해 4월까지 총 7차례 재판기일을 거쳐(두 차례가 연기됨) 5월 20일 판결 선고가 이루어졌고 결국 주민이 승소하게 된다. 주민소송제도가 도입된 이후에 주민 측이 승소한 첫 사례가 만들어진 것이다.

> 〈주요 일지〉
>
> 〈2007년〉
>
> 11월 1일   의정비심의위원회에서 5,700만 원으로 의정비 확정
> 12월 5일   도봉구의회 본회의에서 의정비 인상 관련 조례를 통과시킴
> 12월 28일   116명의 도봉구 청구자 이름으로 서울시에 "도봉구의회 의원 의정비 과다 인상" 관련 주민감사청구
>
> 〈2008년〉
>
> 1월   이 문제를 대응하기 위해 시민 스스로 '곳간지킴이'라는 모임 결성
> 4월 14일   서울시, 감사결과 발표
> 4월 17일   도봉구에 감사결과 이행과 '인상분에 대한 환급' 요청 등의 요구서 전달
> 5월 28일   "부당이득반환" 주민소송 소장 제출
> 7월 23일   변론준비기일(제1차)

> 〈2009년〉
>
> 5월 20일   판결선고 - 승소
> 6월 4일   서울도봉구청장 소송위임장 제출
>
> 자료 : 김영수, (2009), 『주민소송 사용설명서』, 이매진, 299-301쪽 참조

아래는 서울행정법원의 판결문이다.

> 이처럼 심의위원회의 월정수당 지급 기준액 결정은 지방자치법 시행령 제33조 제1항 제3호, 제34조 제6항의 규정에 위반되어 위법하다고 할 것이고 이를 직접적인 원인으로 하여 도봉구가 제정한 이 사건 조례 역시 위법하여 무효라고 할 것이며, 이와 같이 위법한 이 사건 조례에 따라 이루어진 피고의 월정수당 지급행위는 이 사건 조례의 의결자이자 그 급부를 받게 되는 이 사건 의원들과의 관계에 있어서 그 법률상 원인을 결한 것으로 무효라고 할 것이다. 따라서 이 사건 의원들이 이 사건 조례에 따라 2008. 1.부터 2008. 12.까지(앞서 본 바와 같이 이 사건 조례는 2009. 1. 7. 조례 제838호로 월정수당 지급액이 2,139,000원으로 개정되어 2009. 1. 1.부터 적용되고 있는데 위 개정 조례가 위법하여 무효라는 원고들의 별다른 주장·입증이 없으므로, 원고들이 청구취지에서 구하는 '이 사건 조례가 적법하게 개정되어 그 개정된 조례의 시행 전까지'의 기간은 위 조례 개정 전인 2008. 12.까지의 기간이 된다) 지급받은 월 3,650,000원의 비율에 의한 월정수당 중 이 사건 구 조례에 정하여진 월 1,870,000원의 비율에 의한 월정수당을 초과하는 금액인 총 21,360,000원[=1,780,000원(3,650,000원-1,870,000원) X 12개월]은 법률상 원인 없이 수익한 것으로 피고에게 이를 부당이득으로 반환할 의무가 있으므로, 피고는 지방자치법 제17조 제2항 제4호의 규정에 따라 이 사건 의원들에게 각 위 금원 상당의 부당이득반환을 청구해야 할 의무가 있다.

판결문에서 나타나듯, 피고(도봉구청장)는 2천여만 원의 초과액에 대해 개별 도봉구의원을 상대로 부당이득반환을 청구하도록 주문했다. 이로써 법적

절차를 무시하고 독단적으로 자신들의 의정비를 결정한 지방의원들은 이를 반환하게 된 것이다.

③ 성과

주민소송제도는 지방자치단체의 위법한 재무회계상 행위에 대해 주민 스스로가 견제하고 감시할 수 있는 제도적 장치로써 민주주의를 한 단계 성숙시킬 수 있는 방법이기도 하다. 그러나 주민소송을 제기하고 재무회계상 행위의 위법성을 입증한다는 것이 쉬운 일은 아니다.

이러한 어려움에도 불구하고 도봉구 주민소송 원고들은 이를 잘 극복하고 승소를 거둠으로써 새로운 가능성을 보여주었다는 평가를 받고 있다.

한편, 앞서 지적했듯이 지방의원들이 지급받는 의정비 문제가 사회적 이슈로 대두되면서 중앙정부 차원에서 의정비 산출방식이 좀 더 객관화 된 것은 큰 수확이라고 할 수 있다[34]. 이 산정방식에 의하면 재정력지수와 인구 규모 등이 의정비 책정에 큰 영향을 미친다. 그리고 공식에 따라 나온 금액의 ±20% 선에서 의정비가 결정되게 한 것이다.

또한 지방자치법에서는 의정비심의위원회 구성에 있어서 자치단체장과 의장이 각 5인을 선정하도록 한 내용을 없애고 심의위원을 다양하게 구성하도록 했다. 공청회나 여론조사기관을 통해 의견을 수렴함과 동시에 그 결과를 반영시킨 것도 변화된 제도이다.[35] 도봉구 등의 지역에서 전개된 주민소송운동이

---

[34] 지방자치법시행령 별표 7.

월정수당 지급 기준액의 산정방식(만원/연액)
○ 지방의회 의원 1명당 월정수당의 자연로그 값 = 6,252 + 0,298 × (해당 지방자치단체 최근 3년 평균 재정력지수) + 0,122 × (해당 지방자치단체 지방의회 의원 1명당 주민 수의 자연로그 값) + 지방자치단체 유형별 변수(더미변수) 값

[35] 자세한 사항은 행정안전부 홈페이지 참고.
http://www.mopas.go.kr/gpms/ns/mogaha/user/userlayout/bulletin/userBtView.action?userBtBean.bbsSeq=1012940&userBtBean.ctxCd=1012&userBtBean.ctxType=21010002&userBtBean.categoryCd=

법제도 변화에 영향을 끼친 점은 분명하다. 지역의 시민참여가 중앙 법제도 개선을 선도한 격이다.

도봉구 사례는 주민소송의 활성화에 기여할 수 있는 사례로 평가된다. 그러나 주민소송이 더욱 활성화되기 위해서는 개선되어야 할 점들도 많다.

우선 주민소송에 대한 인식이 너무 낮다. 일반 시민은 물론 법률 전문가들도 주민소송제도 자체에 대해 아직 잘 모르는 상황이다. 주민소송제도에 대해 보다 많은 사람들이 알고 법률 전문가들에 의한 지원 체제가 마련되지 않으면 주민들이 주민소송을 제기하기가 쉽지 않다. 도봉구 사례의 경우에도 공익변호사그룹 '공감'이 무료로 소송을 대리했기 때문에, 주민소송을 진행하는 데 도움이 되었다.

둘째, 주민소송제도 활용도가 낮은 것은 까다로운 절차가 존재하기 때문이기도 하다. 예컨대, 주민감사전치주의를 채택하고 있는 것은 불필요하다는 지적이 많다. 일본도 주민감사청구 전치주의를 택하고 있지만, 우리처럼 집단서명을 받을 필요가 없이 한 명의 주민이라도 주민감사청구를 할 수 있다는 차이가 있다. 또한 일본은 주민감사청구를 하면 독립된 지방감사조직인 감사위원이 감사를 하는데, 우리나라는 상급기관에서 감사를 한다는 차이점도 존재한다. 앞으로는 우리나라의 경우에는 주민감사청구전치주의를 계속 유지할 것인지를 검토할 필요가 있다. 만약 유지한다면 일본처럼 한 명의 주민이라도 주민감사청구를 할 수 있도록 하는 것도 한 방법일 것이다.

또한 주민소송의 대상을 보다 확대할 필요가 있다. 재무회계상의 위법이 아니더라도 소송을 제기할 수 있도록 해야 한다.

무엇보다 주민소송제 활성화를 가로막는 것은 정보가 충분하게 공개되지 않는다는 데 있다. 주민감사청구나 주민소송 과정에서 정확한 정보가 공개된다면 주민들이 감사청구나 소송을 수행하기가 쉬워질 것이다.

7) 사례 2 : 성북구 업무추진비 주민소송

① 배경 및 내용

성북구 주민들의 주민소송 사례는 성북구의회 의원들이 기관 운영 업무추진비를 사적으로 유용하거나 관광성 외유를 하거나 혹은 일반 상식에 벗어나서 세금을 낭비함으로써 빚어진 사건이다. 고위 공직자들의 무분별한 업무추진비 사용은 어제 오늘의 문제는 아니었지만, 성북구의 경우는 그 정도가 심하여 주민소송까지 제기되었던 것이다.

업무추진비는 그동안 여러 차례 낭비성 예산항목으로 비판을 받아 왔다. 업무추진비 사용 용도가 명확하지 않다보니 각종 기관의 장은 자신의 입맛에 맞춰 사용하기도 했고, 이따금씩 여러 사회적 문제로 부각되곤 했다. 최근 경기도 한 지방자치단체는 국정원 담당 직원과 경찰 간부, 중앙·지방 언론사 기자 등 30여 명에게 20만~50만원의 현금을 각각 1회에서 최대 14차례에 걸쳐 수천만 원을 제공한 것으로 드러나면서 사회적 지탄을 받기도 했다36). 관행적으로 주민 세금을 촌지로 사용한 것이다.

이렇듯, 업무추진비를 기관장들의 '눈먼 돈' 쯤으로 여기다보니, '공금을 물 쓰듯' 사용하는 사례가 상당히 존재했고, 성북구의회 사례도 크게 다르지 않았다. 지난 2005년 1년간 성북구의회 의장은 업무추진비로 단란주점을 출입했고, 면세점에서 화장품, 양주 등을 구입하는 등, 총 3백여만 원을 부당하게 사용했다는 것이 주민들의 주장이었다. 그리고 성북구의회 부의장이 사용한 업무추진비 3백여만 원도 문제가 되었다. 이밖에도 의원연수, 해외연수, 세미나 등을 집행한 업무추진비에 대해서도 문제제기가 있었다.

---

36) '투명사회를 위한 정보공고센터' 홈페이지(http://www.opengirok.or.kr/) 참고.

> 〈성북구의회 업무추진비 주요 사용 내용〉
>
> ◆ 성북구의회 의장(2005. 1 - 2005. 12) : 단란주점 13차례 출입. 면세점에서 화장품, 양주 구입(2회). 총 3,023,511원 사용
>
> ◆ 성북구의회 부의장(2005. 1 - 2005. 9) : 2차례 걸쳐 양주 구입 후 동료의원들에게 선물. 총 2,920,000원 사용
>
> ◆ 성북구의회 도시건설위원회(2005. 6) : 의원 연수 명목으로 독도 관광
>
> ◆ 성북구의회 및 사무국(2005. 3) : 5,000만 원 경비를 들여 호주로 해외연수. 해외연수 보고서 미제출 및 대부분 관광 일정. 추가로 10,820,300원을 공통 업무추진비에서 지출.
>
> ◆ 성북구의회(2005. 11) : 하반기 세미나 명목으로 13,000,000원 지출. 지출에 대한 증빙서류 부실.

이러한 결과는 한 시민이 정보공개청구를 함으로써 밝혀진 것이다. 2006년 2월 성북구 한 시민은 2003년, 2004년, 2005년 업무추진비 지출내역과 2005년 지출증빙 서류에 대하여 행정정보공개청구를 진행했는데, 지출 내역에 대해서는 전자파일로 전달받았으나, 지출증빙서류는 공개가 불가하고 열람만 가능하다는 통보를 받았다. 이에 따라 의정운영업무추진비, 기관운영업무추진비, 지방의회의원 국외여비 등에 대한 지출증빙서류를 열람하였고, 이 열람을 통해 밝혀진 것이 위의 내용이었다.

이러한 사실을 기반으로 주민들은 주민감사청구서를 제출했고, 곧바로 주민소송을 제기한 것이다.

② 전개 과정

성북구의회의 무분별한 업무추진비 사용이 드러나면서 성북구 주민 243명은 2006년 2월, 서울시를 상대로 주민감사청구서를 제출하게 된다.

주민들이 제출한 감사청구서에서 문제를 제기한 사항은 크게 다섯 가지 사항으로 정리할 수 있었다.

① 의장단의 기관운영 업무추진비로 단란주점 이용에 관한 사항
② 의장단의 업무추진비로 사적(私的)인 선물 구입
③ 관광성 국·내외 연수 시행
④ 예산집행의 적정성 여부
⑤ 행정정보 미공개 부당

같은 해 4월 24일부터 5일간, 시민감사관의 주관 아래 감사를 진행한 서울시는 같은 해 6월에 그 결과를 청구인에게 통보했다.

서울시 감사결과는 주민들이 제기한 감사청구 내용을 그대로 인정하고 있다. 그럼에도 불구하고 결론적으로는 지적사항을 이행하도록 촉구하는 선에서 마무리함으로써 주민들이 원했던 낭비성 예산에 대한 환수조치를 취하지 않아 형식적 지적에 그쳤다는 지적을 받고 있다. 아래는 서울시 감사결과 요지이다.

〈서울시 감사결과 요지〉

① 의장단의 기관운영 업무추진비로 단란주점 이용에 관한 사항에 대해
.... 단란주점 현장을 확인한 결과 밀폐된 룸이나 접대여성이 없는 일반 카페 수준의 단란주점 이며, 특별한 사유가 있는 경우 단란주점 출입이 특별히 문제되는 것은 아니라고 판단됨.

② 의장단의 업무추진비로 사적(私的)인 선물 구입에 대해
.... 의장단이 무보수 명예직인 지방의원의 노고를 격려하기 위해 명절에 기관운영 업무추진비로 선물을 구매하여 동료의원 등에 선물한 것이 관례라고 하는 주장을 반드시 부당하다고 볼 수 없음.

③ 관광성 국·내외 연수 시행에 대해
.... 방문할 지방자치단체와 사전 협의도 없이 현지 여행사의 소개로 방문도

> 시의 현황 정도를 소개 받는 수준이었으며, 귀국 보고서도 14쪽의 여행 기행문 형식으로 작성되었고, 수행직원도 특별한 임무 없이 과다 인원으로 수행하였음.
> ④ 예산집행의 적정성 여부에 대해
> ……….회계업무를 소홀히 한 관련 공무원 문책 및 관련 지침을 준수토록 시정.
> ⑤ 행정정보 미공개 부당에 대해
> ……….행정정보공개 업무를 소홀히 한 관련공무원 문책 및 관련 지침을 준수토록 시정.

서울시 감사결과에 따르면, 의장단이 이용한 단란주점은 밀폐된 룸이 아니라는 점에서 일반 카페 수준에 준하는 것이고, 따라서 아무런 문제가 없다는 판단이다. 다만, 접대 시 목적과 일시, 장소 접대 대상을 지출 증빙서에 기재하지 않은 부분에 대해서는 시정이 필요하다는 원론적인 결론을 내렸다.

사적인 이유로 선물을 구입한 부분도 지방의원들의 노고를 격려하기 위함이고, 특별히 기관운영 업무추진비 집행 지침에 위배하지 않았다고 보았다. 다만 국내외 연수를 통해 업무추진비로 선물을 구입한 것은 적절치 못한 행위라고만 지적했다.

관광성 국내외 연수의 경우도 특별한 문제점이 없다고 지적했다. 다만 본래 목적에 맞도록 연수계획을 사전에 수립하고 결과 보고서를 반드시 작성하도록 권하고 있을 뿐이었다.

이처럼 서울시 감사는 성북구 의회 의장단의 업무추진비 지출이 대체로 관례적인 범위를 크게 벗어나지 않았다고 보았다. 그러나 주민들 생각은 달랐다. 그래서 서울시 감사 결과에 불복하여, 감사청구를 신청했던 주민 2명이 성북구청장을 상대로 주민소송을 제기하게 된다(2006. 9. 13). 성북구의회 의원들이 2005년에 낭비한 예산액을 반환하도록 성북구청장이 손해배상을 청구하라는 취지의 소송이다. 아래는 소장의 주요 내용이다.

> 원 고   ○○○
>   ○○○
>
> 피 고   성북구청장
>
> 주민소송(손해배상)
>
> 청 구 취 지
>
> 1. 피고는 소외 ○○○(성북구의회 의장)에 대하여 금 10,639,062원을, 소외 ○○○(성북구의회 부의장)에 대하여는 금 2,920,000원을 각 지급할 것을 청구하고, 소외 별지 기재 자들에 대하여는 각자 금 56,720,000원을 지급할 것을 청구하라.
> 2. 소송비용은 피고의 부담으로 한다.
> 라는 재판을 구합니다.
>
> 청구원인
>
> ············
> 서울특별시는 이 사건 원고들이 감사 청구한 사항들에 대하여 감사를 진행한 결과 대부분의 사항들이 사실로 드러났음에도 불구하고 지적사항 이행 철저, 교육 강화 등 지극히 형식적인 행정상 조치사항과 담당공무원에 대한 문책통보 등의 조치를 취하였을 뿐, 위법성에 대한 확인과 낭비된 예산에 대한 환수조치 등 실질적인 배상조치나 유사한 사례의 재발을 방지하고 관행을 개선하기 위한 조치들은 여전히 외면하고 있습니다. 이에 원고들은 아래에서 보는 바와 같이 2005년 성북구의회 업무추진비 사용 및 해외연수와 관련한 예산상의 손해를 회복하기 위하여 이 사건 피고인 성북구청장을 상대로 배상책임자들에 대하여 낭비된 예산액에 해당하는 손해배상금 지급을 청구하라는 취지의 주민소송에 이르게 되었습니다.

성북구 주민소송에서는 업무추진비 사용 범위, 즉 '공무상'의 범위를 어떻게 해석할 것인가가 주요 쟁점이었다. 업무추진비 지출과 관련된 규정인 '지방자치단체예산편성지침'은 원칙적으로 특별한 사유가 없는 한 접대비는 1인당 1회 3만 원 이하로 하고 집행 목적, 일시, 장소, 집행 대상 등을 증빙서류에 반드시 기재토록 하고 있다. 특히 건당 50만 원 이상의 경우에는 상대방의 주된 소속 또는 주소 및 성명을 증빙서류에 반드시 넣어야 한다. 그러나 성북구의회는 이러한 규정을 매우 불투명하게 처리했다. 더욱이 주민소송을 제기했던 주민들은 자정을 전후한 늦은 시간에 단란주점에서 했다는 '간담회'나 '주민의견수렴'과 관련된 직무수행이 어떻게 사회통념에 부합하냐며 주민감사청구 결과에 반발했다.

이러한 주장에도 불구하고 2007년 10월 17일 서울행정법원은 원고 패소 결정을 내렸다. 재판부는 이 사건의 판단 기준은 접대의 목적, 직무상의 관계, 접대출석자의 입장과 지위, 접대비의 총액, 접대의 내용 등을 고려해야 한다면서, 성북구의회 의장과 구의회 의원들의 행위가 '허물이 없다고는 할 수 없으나', '사회통념'과 '관행'에서 벗어나지 않아 위법하지 않다고 결론 내렸다.

서울행정법원 판결의 주요 요지

① 공금지출 중 접대비, 선물구입비 지출행위의 적법성에 대해

➡ ① 접대비와 관련하여 그 지출목적이 성북구의회 운영 및 업무유대를 위한 것인 점, 접대상대방이 유관기관, 직능단체, 방역봉사대, 새마을지도자 등으로서 업무관련자로 보이는 점, 접대장소가 주로 단란주점이라고는 하나 그 규모가 작고, 접대부도 없으며, 밀폐된 공간도 없는 점, 접대횟수도 1년에 25회 정도로서 잦은 편이 아닌 점, 접대비용도 보통의 단란주점에 비해 저렴하다고 할 수 있는 점, 접대경위가 업무와 관련한 1차 모임도중 그 연장의 차원에서 2차 모임이 진행된 점, ②선물구입비와 관련하여 그 지출목적 및 상대방이 성북구의회운영 및 업무유대를 위하여 무보수의 동료의원, 모범자원봉사자, 의회사무국 직원 등에 대한 격려 차원에서 이루어진 점, 그 지출시기가 명절, 연말연시, 해외연수 시 등으로 업무관련자들에 대한 선물증여가 사회적으로 어느 정도 의례화 되어 있는 점, 그 비용과 관련하여 대부분 1회 1인당 약 50,000원 이하로 소액인 점 등에 비추어 볼 때, 그 접대의 목적, 직무와 관련된 의견교환이 있었는가의 여부, 접대출석자의 입장과 지위, 접대비의 총액, 출석인수와 1인당 경비, 접대의 내용, 접대장소의 성격 등을 종합하면, 이 사건 공금지출 중 접대비, 선물구입비의 지출행위가 직무관련성을 결하였다거나, 사회통념상 상당성의 범위를 벗어나 주민소송을 통한 책

임을 물을 만큼 위법하다고 보기는 어렵다 할 것이다.

② 공금지출 중 해외연수비 지출행위의 적법성에 대해

➠ ① 위 해외연수는 선진 외국의 교통, 환경, 사회, 문화 등을 체험함으로써 지방자치단체의 현안문제 해결 능력을 배양하여 지역 주민들의 삶의 질 향상에 기여함 등을 목적으로 하고 있는 점, ② 연수일정과 관련하여 N. S. W. 주립의회 방문 과정에서 약 1시간 40분 정도의 시간 동안 환경 녹지정책, 환경오염물질 처리현황, 지하자원 고갈시 대책, 의회 운영방법 등에 관한 질의응답의 기회를 가졌고, 브리스베인 시청을 약 1시간 정도 동안 방문하였으며, 숲 보존 및 등산로 등 자연보존체험, 쓰레기 처리장, 가로수·공원·해수욕장 등 관리 관찰, 교통 및 신호체계 관찰, 박물관·영화촬영지·농장 등 관광자원 개발·활용 등 관찰 등 현장체험을 하는 등 해외시찰업무도 일정 정도 가미되어 있었던 점, ③ 해외연수와 관련하여 사용된 예산이 기본적으로는 2005년도 지방자치단체 세입·세출 예산편성 기준 소정의 한도액 내에서 지출된 것이고, 추가로 지출된 예산은 의정운영 공통업무추진비로서 의원 전체가 참여하는 해외연수에서 사용된 점을 감안하면 그 용도에서 크게 벗어난 것이라고 보기 어렵고 그 금액도 고액이라고 보기 어려운 점, ④ 해외연수를 수행한 성북구의회 사무국 직원들은 서울특별시 성북구 공무국외 여행규정에 따라 출발 전 성북구청으로부터 구두 승인을 얻었고, 성북구의회 전 의원이 연수함에 따라 성북구의회 의장단과 상임위원장의 요구 하에 편성된 예산의 범위 내에서 각 위원회별 전문위원, 위원회별 담당직원, 본회의 담당직원, 홍보담당직원 등 역할분담에 따라 선정되었던 점, ⑤ 성북구의회는 위 해외연수 후 해외연수일정에 따른 업무내역·견문내역을 담고 있는 14면 분량의 '해외연수 결과보고서(호주편)'을 작성·보고하였고, 상당 정도 방문효과가 있었다고 자부하고 있는 점 등에 비추어 볼 때, 성북구의회의 2005년도 해외연수에 앞서 본 바와 같은 허물이 없지 않으나, 그렇다고 오로지 해외여행에 목적을 두었다고 볼 수 없고, 견문을 넓히는 좋은 기회가 되었고 방문지에서 일정 정도 내용 있는 설명이나 질의응답이 행하여졌으므로 전체적 관점에서는 합리적 필요성이 없다고 말할 수 없다 할 것인바, 성북구의회가 2005년도 의원해외연수를 시행함에 있어 자신에게 상당정도 위임된 재량권행사에 일탈 또는 남용이 있다고 보기 어렵다 할 것이다. 따라서 이 사건 공금지출 중 해외연수비 지출행위도 위법하다고 할 수 없다.

③ 성과

그동안 행정부와 각종 공공기관, 지방의회 기관장들이 사용한 업무추진비 문제는 우리 사회 뜨거운 논란거리가 되곤 했다. 성북구 사례와 마찬가지로 낭비성으로 사용된 사례가 끊이지 않았기 때문이다.

여러 시민사회단체들이 전개한 '판공비 공개운동'은 이런 잘못된 관행을 바로잡기 위함이었다. 그러나 업무추진비는 '눈먼 돈'이라는 비아냥거림의 비난이 쏟아져도 고위공직자들의 업무추진비 집행 관행은 큰 변화가 없었다.

주민소송의 원래 취지는 공공기관 재무회계상의 잘못된 관행을 근절하기 위해 도입된 제도이다. 그러나 서울행정법원의 판결은 이러한 관행을 '법적으로 용인'한 결과를 초래함으로써 주민소송 취지가 크게 훼손되었다는 지적이 많다. 심지어 이런 관행을 조장하는 측면도 존재한다. 이를테면, 단란주점의 접대 횟수가 1년에 25회는 잦은 편이 아니라고 적시한 것은 최소 한 달에 2회 이상은 아무런 문제가 될 수 없다고 인지할 수 있다는 점, 보통 단란주점보다 저렴했다고 지적한 것은 가격이 저렴하면 장소를 불문해도 괜찮다는 점, 그리고 업무와 관련한 1차 모임 도중 "그 연장의 차원에서 2차 모임은 상관없다"고 적시한 것은 그 연장으로 2차, 3차 등도 괜찮을 수 있다는 판결로 너무 관대한 잣대로 법적용을 했다는 비판을 면할 수 없다. 더욱 심각한 문제는 자정까지 단란주점이나 노래방을 출입하면서 직무와 관련된 일을 했다고 믿을만한 사람은 거의 없음에도 불구하고 재판부가 '사회통념상' 상당성을 벗어나지 않는 행위라고 본 점은 일반인의 상식과 너무 동떨어져 있다는 점이다.

일본은 우리나라보다 주민소송 역사가 오래됐다. 이를 활용하는 주민들도 상당하다. 일본도 성북구 사례와 유사한 판례가 있는데, 우리나라 '업무추진비'와 유사한 예산항목으로 '식량비', '교제비'를 다룬 판례로, 식량비와 교제비의 경비 지출이 위법하다고 하여 손해배상명령을 내린 바가 있다[37]. 이 사건의

---

37) 동경지방재판소 1998. 8. 27. 판결 平成8년 (行ウ) 259호 사건.

요지는 "………노래방에서 행해진 2차 비용, 시찰지에 있어서 술값과 참가자에 준 토산물 비용 등은 하수도 사업의 경영에 관계된 사무 또는 이것과 합리적인 관련성을 갖는 대접 등이라고 할 수 없어 위법"하다는 판결이다. 일본 동경지방재판소는 이러한 행위가 공무와 관련된 것이라기보다는 단순한 사적인 회합에 지나지 않고, 그 비용은 참가자 개인 부담으로 되돌려 보내는 것이 당연한 것이라고 인정된다고 보고, 2차 비용을 공금에서 지출한 것은 위법하다고 보았다. 우리나라 상황과 유사한 사례지만 일본과 우리나라 재판부는 전혀 다른 판결을 내린 것이다.

이러한 판결은 당시 업무추진비 사건으로 주민소송을 제기한 여러 지역(청양, 부평, 서청 등) 판결에 영향을 미쳐 모두 원고 패소 결정을 받게 되었다.

비록 성북구 주민들이 제기한 주민소송이 패소하였지만, 이 사건을 통해 무분별한 업무추진비 사용과 관광성 외유에 대한 사회적 관심을 이끌어냈다는 점은 높이 평가할 만하다.

8) 사례 3 : 청양군 주민소송

① 배경 및 내용

성북구 주민소송 사례가 업무추진비에 관한 단일한 사안이었다면, 청양군 주민소송은 업무추진비를 비롯해 '지천인공폭포 조성사업' 등 2가지 사안에 대해 주민들이 소송한 사례다.

이 소송의 발단은 청양의 한 시민단체(청양시민연대)가 청양군과 청양군의회를 상대로 시작한 정보공개운동에서부터 시작되었다[38]. 2003년 7월, 청양시민연대는 청양군과 청양시의회를 대상으로 업무추진비를 공개해달라는 정보

---

38) 2006년 6월에 발족한 "관공비 공개운동 전국네트워크"는 전국 39개 시민단체들로 구성된 네트워크로, 각종 공공기관의 기관장들이 사용하는 업무추진비의 선심성, 낭비성을 감시하고 정보공개운동의 일환으로 전개되었다. 청양군도 이러한 흐름 속에 업무추진비 정보공개 청구를 진행하게 된다.

공개청구를 했다. 그러나 두 기관은 업무추진비 공개를 지나치게 자의적으로 해석함으로써 주민들이 요구한 청구 내용을 비공개하거나 부분적으로 공개했다.

정보공개청구를 했던 청양시민연대는 두 기관의 이러한 행태에 문제제기를 하며 정보공개를 제대로 하지 않은 두 기관을 상대로 행정심판과 행정소송을 제기했다. 이 사건을 맡은 대전지방법원 행정부는 "업무추진비의 집행내역을 상세하게 공개해야 주민에 의한 행정통제가 가능하다"는 판결과 함께 '조정권고안'을 제시함으로써 주민들은 보다 자세한 업무추진비 집행 내역을 받아낼 수 있었다. 대전지법 '조정권고안'의 주요 내용은 아래와 같다.

> 아래와 같이 조정을 권고합니다(사건: 2004구합1577 정보부분비공개결정취소).
>
> 조정권고안
> 1. 피고(청양군수)는 원고(청양시민연대)에게 2005. 5. 31.까지 피고가 2003. 9. 27. 과 2004. 8. 19. 원고에게 행정정보를 공개하면서 일부 공개하지 아니한 행정정보 중 업무추진비 집행대상자의 성명, 집행 장소(상호 및 소재지)를 공개한다.
> 2. 제1항의 공개 방법은 집행대상자의 성명, 집행 장소가 표시된 관련 증빙서류를 사본하여 교부하는 방법으로 한다.
> 3. 원고는 제1, 2항을 조건으로 이 사건 소를 취하하고, 피고는 이에 동의한다.
> 4. 소송비용은 각자 부담한다.

재판부는 크게 두 가지 이유를 들어 '조정권고안'을 제시했다. 첫째, 업무추진비 집행과 관련된 개인의 정보들이 극히 사적인 영역에만 속한다고 보기 어렵고, 둘째, 업무추진비가 행정 통제의 대상에서 전적으로 제외된다고 보기 어려우므로 이를 공개하지 않을 경우 사실상 시민에 의한 행정 통제를 포기하는 결과를 초래하는 것 등이 그것이다. 전자의 경우, 청양시민연대가 요구한 정보 목록에는 정보공개법에 의해 보호되는 주민등록번호나 계좌번호 등이 포함되어 있지 않기 때문에 특별히 사생활 침해가 예상되지 않는다는 판단이었다. 후자의 경우, 업무추진비 집행이 다른 예산 과목에 비해 재량의 범위가 넓다 하더라도 시민적 통제의 범위를 넘어서서는 안 된다는 취지였다. 따라서 재판부의 이런 조정권고는 행정의 투명성과 같은 공익을 우선 기준으로 삼았다는 점에서 업무추진비와 관련된 정보공개 측면에서 시민의 입장을 어느 정도 반영한 것이라 볼 수 있다.

대전지법의 조정권고가 있은 후, 청양시민연대는 2005년 업무추진비 집행내역을 면밀히 검토하였고, 그 결과 낭비성 예산이나 부적절한 집행 관행이 여전히 존재한다는 것을 알게 된다. 때마침, 주민소송제도가 도입되는 시기와 맞물려, 청양시민연대 회원들은 그간 문제가 됐던 인공폭포 조성사업과 관련한 낭비성 예산문제도 함께 묻기 위해 주민소송을 준비하게 되고, 이를 위해 주민감사청구를 진행했다.

② 전개 과정

2006년 7월, 청양시민연대는 대표 이름으로 주민감사청구를 충청남도 도지사에게 제출했다. 주민감사청구 대상 사무는, 앞서 지적한 대로, 두 가지 건이었다. 업무추진비 지출의 부적절성과 인공폭포 조성과 관련한 예산낭비로, 아래와 같은 이유를 들었다.

청구대상사무 및 청구취지

1. 2005년 청양군수 업무추진비 및 청양부군수 업무추진비 사용의 적정 여부를 감사하여 위법 또는 부적절한 업무추진비 사용금액을 환수하고 부적절한 업무추진비 사용 관행을 시정함과 동시에 이에 대한 책임을 물어 군 예산낭비를 막고자 합니다.

2. 청양군에서 추진한 칠갑산도립공원 내 지천인공폭포 조성사업계획 및 지천빙벽조성계획과 관련하여 위법 및 예산 낭비 사항에 대하여 감사하여 낭비된 예산 등을 환수하고 관련 공무원에 대한 엄중한 책임을 묻고자 합니다.

첫 번째, 업무추진비에 대한 감사청구는 청양군수와 부군수가 공무 활동 이외의 목적으로 업무추진비를 사용했다는 주장이었다. 공무원이나 유관기관의 인사가 전출·퇴임할 경우 격려금(소위 전별금)이라는 명목으로 수십 차례 지출한 사례나, 사적인 용도로 경조사비를 집행한 경우, 또한 3천만 원이 넘는 기관운영 업무추진비 중 88%에 해당하는 금액을 현금으로 지출했다는 사실을 지적했다. 이러한 선심성 집행은 공직선거법에도 위반된다는 것이 청구인의 생각이었다.

두 번째, 인공폭포에 대한 감사청구는 사업추진 과정에서 법적 절차를 위반했다는 지적이었다. 청양군은 지난 2004년 3월부터 칠갑산도립공원에 '지천인공폭포' 조성공사를 추진해왔다. 그러나 추진하는 과정에서 문제점이 드러났는데, 인공폭포를 조성하려면 자연공원법에 따라 공원계획변경 승인이나 행위허가를 받아야 함에도 불구하고 청양군은 이를 무시하고 공사를 진행했다. 또한 사전 환경성 검토를 받기도 전에 인공폭포와 저수조 부지의 수목을 벌채함으로써 환경·생태적 훼손을 야기했다. 이런 과정에서 지출된 사업비는 2억 4천만 원이 넘었다. 이런 가운데 충청남도는 2004년 9월, 청양군이 진행하던 인공폭포 사업에 대해 '칠갑산도립공원 내 조성행위 취소 및 원상복구이행'지시를 내리게 된다. 또한 감사원 감사 결과도 예산낭비성 사업이므로 부적정하다고 지적한 바 있다. 그럼에도 청양군은 인공폭포 조성사업을 '지천 빙벽조성계획'이라고 명칭만 변경하여 그대로 진행함으로써 주민들의 불신을 키웠다.

주민감사청구로부터 5개월이 지난 시점인 2007년 1월 충청남도는 12일간의 감사결과를 발표했다.

충청남도 감사청구 결과 주요 내용(2007. 01. 19)

1. 군수·부군수 업무추진비 집행의 적정성 여부

〈군수 업무추진비〉
- 외부인사에 대한 선물한도액(8만 원)을 초과하여 1회 2명에게 지급
- 경조금품은 소속기관 이외에는 5만 원을 초과하지 못하도록 되어 있음에도, 소속 기관 직원이 아닌 16명에게 10만 원씩 집행. 80만 원 과다 지출.
- 현금 지급 시, 상대방 영수증 또는 사용내역확인서 없이 21건 5백 6십만 원을 집행.
- 「신용카드사용 및 관리요령」을 무시하고 군정업무추진 명목으로 16건 1천 2십 7만 5천 원 사용. 또한 카드사용이 의무사항임에도 70건 2천 8백여만 원을 간이영수증 처리 후 계좌 입금.
- 홍보용 선물의 절차를 무시하고 8건 3백 4십여만 원 지급.
- 70건 2천 8백여만 원을 세금계산서가 아닌 간이영수증 첨부 후 합계표를 관할세무서에 미제출.
- 지출원인행위 절차 없이 292회에 걸쳐 7천 9백 5십여만 원을 최대 56일 후에 서류 작성하여 지출하는 등 회계질서 문란.

〈부군수 업무추진비〉
- 현금지출이 30% 미만이어야 함에도 54.49% 집행.
- 외부인사에 대한 선물한도액(8만 원 이하)을 초과해 모두 18만 원 지출.
- 경조금품 4회 14만 원을 과다지출. 타 지역 인사 등에게도 33만 원 지출.
- 「신용카드사용 및 관리요령」을 무시하고 73만 원을 사용. 또한 카드 사용이 의무인 업무추진비의 경우 7건 5백여만 원을 간이영수증 처리 후 계좌입금.
- 홍보용 선물 4건 115만 원 절차 무시 지급.

2. 지천 인공폭포 조성공사 추진의 위법성 및 예산낭비 여부

- '05.3.7 공사가 중단된 상태에서 재심의를 의뢰하지 않고 사업 규모를 축소하여 행위허가 처리.
- 수달서식지 및 자연환경 파괴의 우려 등을 무시하고 인공폭포를 인공빙벽 조성으로 변경 결정.
- 충청남도로부터 수달서식지 모니터링 및 생태조사에 대한 보완요구를 받았음에도 이에 대한 조치 실행계획 등 추진사항 없이 인공빙벽 추진을 번복하여 사업을 종결.
- 일련의 사업을 일관성 없이 추진하다 종결함으로써 행정에 대한 주민신뢰 실추 및

> 예산의 투자손실을 가져왔음.
> - 인공폭포 조성을 위한 도비 보조사업비 2억 원을 정산함에 있어서도 1억 8천여만 원이 미집행 되었음에도 집행 완료된 것으로 정산 보고.
> - 그 외에도 과다 설계비, 과다 공사비 등이 지출됨.
>
> ○ 감사결과 조치
>
> 1. 행정상 조치(시정 3건, 주의 촉구 9건)
>
> 〈시정 요구〉
> ○ 인공폭포 조성공사 관련 실제 미 집행된 도비보조금 90,541천원 반납 및 보조사업에 대하여 교부조건 준수하도록 조치
> ○ 인공폭포 조성공사 과다 설계된 벌개제근비 7,202천원 회수조치
> ○ 인공폭포 조성공사 기성금 과다 지급된 623천원 회수조치
>
> 2. 신분상 조치(문책 11명)
>
> ○ 업무추진비 집행에 적정을 기하지 못한 관련공무원 5명 문책
> ○ 인공폭포 조성공사 계획수립 및 사업종결 등의 업무를 소홀히 추진한 관련 공무원 6명 문책

    충청남도 감사결과는 청양시민연대 대표가 감사 청구한 취지의 내용을 그대로 인정하고 있다. 그동안 수많은 시민사회단체가 지적해왔던 업무추진비의 방만한 사용에서 청양군도 크게 벗어나지 않았던 것이다.

    이러한 결과를 토대로 충청남도는 시정 3건, 주의 촉구 9건, 신분상의 문책과 같은 조치를 취했다. 그러나 감사청구인이었던 청양시민연대는 감사결과가 부실했다는 비판을 했다. 업무추진비와 관련해서는, 감사청구서에서 지적한 전별금 사용실태의 적법성 여부, 선심성 경조비 등에 대한 위법성 여부, 공직선거법 위반여부에 대한 판단이 누락되었다는 주장이었다. 또한 인공폭포와

관련해서는 실제 투자된 예산 2억 원의 손실에 대한 금전적인 보상조치가 뒤따르지 않았다고 밝혔다. 이런 상황에서 청양시민연대는 그 즈음 도입된 주민소송제도를 적극 검토하게 되었고, 실효성 없는 감사결과에 불복하여 2007년 4월, 주민소송을 제기했다.

주민소송 소장의 주요 내용(2007. 4. 12)

원고 ○○○

피고 청양군수

청구취지

주민소송(손해배상)

1. 피고는 소외 김○○에 대하여 금 30,000,000원을, 소외 신○○에 대하여 금 44,512,450원을 피고에게 각 지급할 것을 청구하고, 소외 별지 1. 기재 자들에 대하여는 피고에게 각각 금 211,092,000원을 지급할 것을 청구한다.
2. 소송비용은 피고의 부담으로 한다.
라는 재판을 구합니다.

청구원인

..........앞서 살펴본 바와 같이 청양군수는 2005년 업무추진비를 사용함에 있어 경조사비, 전별금, 격려금 등 명목으로 총금액 30,000,000원을 지출하였고, 이러한 청양군수의 업무추진비 지출은 예산의 사적사용, 청양군 공무원행동강령 규칙, 공직선거법 및 지방공무원법에 위반되는 위법한 지출로서 청양군 재정에 손해를 끼친바, 청양군수는 위 금액에 대한 손해배상의 책임이 있다 할 것입니다.

..........앞서 살펴본 바와 같이 청양부군수는 2005년 업무추진비를 사용함에 있어서 경조사비, 전별금, 격려금, 출향인사 접대 및 선물구입, 내부직원 만찬비용 등 명목으로 총금액 44,512,450원을 지출하였고, 이러한 청양부군수의 업무추진비 지출은 예산의 사적사용 및 목적 외 사용, 청양군 공무원행동강령 규칙, 지방공무원법에 위반되

> 는 위법한 지출로서 청양군 재정에 손해를 끼친바, 청양부군수는 위 금액에 대한 손해배상의 책임이 있다 할 것입니다.
>
> ············그렇다면 소외 김○○, 소외 인○○, 소외 황○○, 소외 임○○은 이 사건 조성사업으로 인한 청양군 재정손실에 대하여 각 업무상 의무에 위반한 공동불법행위자로서 각자 위 재정손해금 211,092,000원에 대한 손해배상의 책임이 있다 할 것입니다.

위 소장에서는 군수와 부군수가 업무추진비로 낭비하였으므로 배상해야 할 금액을 각각 30,000,000원과 44,512,450원으로 표시하고 있다. 그리고 '지천인공폭포' 관련해서는 군수 및 3인의 해당부서 책임자들에게 각각 211,092,000원을 배상할 것을 청구하라는 내용을 담고 있다. 그러나 대전지방법원 행정부는 주민들의 생각과는 달리, 지난 2008년 5월 14일 원고의 청구를 기각하는 판결을 내렸다.

업무추진비와 관련하여 청구인이 주장한 네 가지 사항에 대해 재판부는 각각 피고의 손을 들어주었다. 먼저 예산제도 관련 기준 위반의 경우, 우리 사회의 독특한 경조사문화를 고려한다면 기관장의 위치에서는 상당 수준의 경조사비 지출이 불가피하다고 보고 있다. 업무추진비의 성격상 어느 정도 기관장에게 포괄적인 지출 권한을 부여할 수밖에 없기 때문에 예산제도 관련 기준에 어긋나는 것이라고 보기 어렵다는 것이다. 둘째, 공무원 행동강령 규칙 위반 주장의 경우, 전별금은 소속 직원의 사기 진작이나 유관기관과의 유대강화에 도움이 되기 때문에 지나치게 과다하지 않다면 예산을 목적 외 사용한 것이라 보기 어렵다고 보았다. 외부 인사에 대한 접대나 선물 역시 시책사업의 원활한 추진을 위해 필요한 사항이기 때문에 업무추진비로 지출된 것이 위법하다고 보기는 어렵다는 판단이다. 셋째, 보수지급 금지 규정 위반의 경우, 격려비 지급이 정기성을 띠고 있기는 하지만 업무 특수성을 고려하여 지속적으로 위로하고 격려할 특별한 필요성이 인정되므로, 이런 개별적인 특성을 무시한 채 단지 일정한 금액을 정기적으로 지급하였다는 이유만으로 위법하다고 볼 수는 없다는 판단이다. 넷째, 공직선거법 위반의 경우, 재판부는 기부행위 금지의 구성요건을 충족하는지 여부와 업무추진비 사용이 적법한지 혹은 타당한지 여부가 판단 기준이 상이한 전혀 별개의 문제라고 보았다. 이렇게 주민이 제기한 업무추진비 손해배상청구의 건은 모두 기각되었다.

인공폭포의 경우도 마찬가지였다. 주민소송의 대상은 주민감사청구 한 사항과 관련 있는 위법한 행위나 해태사실로서 위법한 공금의 지출에 관한 사항인데, 원고는 절차적인 것을 포함한 전반적인 위법성을 논하고 있기 때문에 사업추진의 위법성을 공금지출이라는 재무회계행위 위법으로 다룰 수 없다고 재판부는 보았다. 따라서 주민소송은 기각되었다. 청구인은 이런 재판부의 판단에 불복하여 항소심과 상고심을 제기했으나, 모두 기각되는 결정이 내려졌다.

③ 성과

정보공개청구로부터 시작된 청양군 주민소송 사례는 상고심 판결까지 5년여 시간이 걸린 기나긴 다툼이었다. 주민감사청구 결과는 주민들이 제기한 문제점들을 대체로 인정하고 있었지만, 주민소송은 기각됨으로써 주민이 직접 주민소송을 통해 위법한 사실을 입증한다는 것이 상당히 어렵다는 것을 깨닫게 한 사례였다. 무엇보다 이번 재판 결과는 관료사회의 부정적인 관행을 묵인해줌으로써 양성화시키는 결과를 초래하는 것이 아닌가 하는 우려 목소리를 더욱 강하게 했다. 이를 테면 군수와 부군수가 집행한 업무추진비의 사용 내역을 보면, '윷놀이 행사 진행 공무원 격려', '직원 모친 위로', '비서실(부속실) 직원 치하금과 주기적 격려금 지급', '하계휴가자 격려', '취재진 노고 격려', '여론동향 수집부서 격려', '직원 국외출장 격려' 등 직원들에게 지출된 내역을 비롯해 각종 경조금이 지출됐는데, 이 경조금에는 '기자 쾌유 경조', '과장 처 쾌유 경조', '전 구의원 쾌유 화환' 등이 포함되어 있으며, 유형을 구분할 수 없을 정도의 다양한 업무추진비 지출이 이루어졌다. 그런데 재판부 판결은 이러한 지출을 용인했다.

그러나 이번 주민소송은 긍정적인 결과도 도출했다. 비록 주민소송은 기각되었지만, 청양시민연대가 주민감사청구를 통해 문제 삼았던 업무추진비와 인공폭포 조성사업과 관련한 여러 가지 문제점들이 사실로 드러났다. 그리고 주민감사청구를 통해 일부 낭비된 예산의 환수가 있었고, 행정기관의 경각심을 불러주는데 큰 역할을 했다.

4
주민소환

1) 의의 및 도입과정

주민소환제도(recall)는 선출직 지방공직자를 임기 중에 주민투표에 의해 해임시킬 수 있는 제도이다. 앞서 언급한 주민투표제도가 정책결정 사항에 대한 찬반을 묻는 것이라면, 주민소환을 위한 주민투표는 선출직 공직자의 해임 여부를 묻는 것이라는 차이점이 있다.

한국에서 주민소환제도는 오래 전부터 도입의 필요성이 제기되어 왔으나, 2006년 5월 24일에야 관련 법률이 제정되어 2007년 5월 23일부터 시행되고 있다.

주민소송과 함께 주민소환제도는 시민사회의 활발한 입법 활동에 힘입어 도입되었다고 할 수 있다. 주민소환제 도입은 오래전부터 요구되어 왔지만, 2000년 경기도 고양시에서 시민들이 주택가의 러브호텔 남발에 반대하는 주민운동을 하면서, 주민소환제가 필요하다는 문제를 본격적으로 제기했다. 그 후 2003년 6월 광주광역시에서 활동하는 시민사회단체들이 중심이 되어 '광주광역시 공직자소환조례'를 주민발의를 통해 제정하려는 운동을 전개했다. 그 후

2004년 광주광역시 의회에서 이 조례가 통과되었으나, 지방자치단체로부터 무효확인소송이 제기되었고, 결국 대법원으로부터 무효판결을 받았다. 상위 법률에는 주민소환제 도입에 관한 근거가 없다는 이유였다.

그러나 시민사회의 이러한 움직임은 정치권에도 영향을 미치기 시작했다. 2004년 1월 제정된 「지방분권특별법」에 주민소환제도 도입이 언급되었다. 2005년 8월에는 전국 450여 개의 시민사회운동 단체가 모여 만든 〈시민사회단체연대회의〉에서 주민소환제 도입을 위한 '주민소환제 입법운동본부'를 출범시키면서 법 제정을 촉구했다. 그럼에도 불구하고 정부는 여전히 주민소환제 도입에 소극적인 태도를 보였지만, 국회의원들이 3개의 법률안을 발의했고, 이를 놓고 조율한 끝에 2006년 5월 드디어 「주민소환에 관한 법률」이 국회에서 통과되었고, 2007년 7월부터 시행되게 되었다. 그리고 그 이전에 「제주특별자치도 설치 및 국제자유도시 조성을 위한 특별법(이하 "제주특별자치도법"이라 한다)」이 제정되면서 이미 제주도는 주민소환제가 도입되었다.

이처럼 주민소환제도는 시민사회의 강력한 입법운동에 의해 도입되었다는 특징을 가지고 있다.

2) 주민소환제도의 내용

① 대상

주민소환제도는 지방자치단체의 선출직 공무원 중에서 지방자치단체장과 지역구 지방의원에 대해 적용된다. 지방의원 중 비례대표 지방의원과 교육감, 교육위원 등은 주민소환 대상에 포함되지 않는다. 다만 예외적으로, 제주특별자치도에서는 도교육감도 주민소환의 대상 포함되어 있다.

② 서명요건

시·도지사에 대한 주민소환투표를 청구하기 위해서는 해당 지역 주민소환

청구투표 청구권자 총수의 10% 이상 서명을 받아야 한다. 기초자치단체장(시장, 군수, 자치구청장)에 대한 주민소환 청구를 위해서는 주민소환청구투표 청구권자 총수의 15% 이상 서명을 받아야 한다. 또한 지방의원들에 대한 주민소환을 위해서는 주민소환청구투표 청구권자 총수의 20% 이상 서명을 받아야 한다.

③ 소환투표의 실시

주민소환투표를 위한 서명요건이 충족되어 관할 선거관리위원회가 주민소환 투표안을 공고하게 되면, 그 투표 결과가 공표될 때까지 해당 선출공직자는 그 권한 행사가 정지된다.

주민소환의 최종결정은 주민투표에 의해 이루어진다. 주민소환 투표권자[39]의 3분의1 이상이 참여하여 과반수가 해임에 찬성하면 해당 공직자는 해임되게 된다.

④ 소환사유의 문제

「주민소환에 관한 법률」이 제정될 당시에나, 법이 시행된 이후에나 가장 큰 논란이 되고 있는 쟁점은 소환사유의 문제이다. 현행 법률상으로 주민소환 사유에 대해서는 특별한 제한이 없다. 즉, 어떤 사유로든 주민소환이 가능하다. 따라서 시민들은 선출직 지방 공직자의 부패, 무능, 독선, 전횡, 부도덕 등 어떤 이유로든 주민소환투표를 청구할 수 있다.

---

39) 법률상 용어는 주민소환투표권자이다. 주민소환투표권자는 주민소환투표인명부 작성기준일(주민소환투표 발의일을 말한다) 현재 ① 19세 이상의 주민으로서 당해 지방자치단체 관할구역에 주민등록이 되어 있는 자(공직선거법 제18조의 규정에 의하여 선거권이 없는 자를 제외한다)와 ② 19세 이상의 외국인으로서 「출입국관리법」 제10조의 규정에 따른 영주의 체류자격 취득일 후 3년이 경과한 자 중 당해 지방자치단체 관할구역의 외국인등록대장에 등재된 자이다.

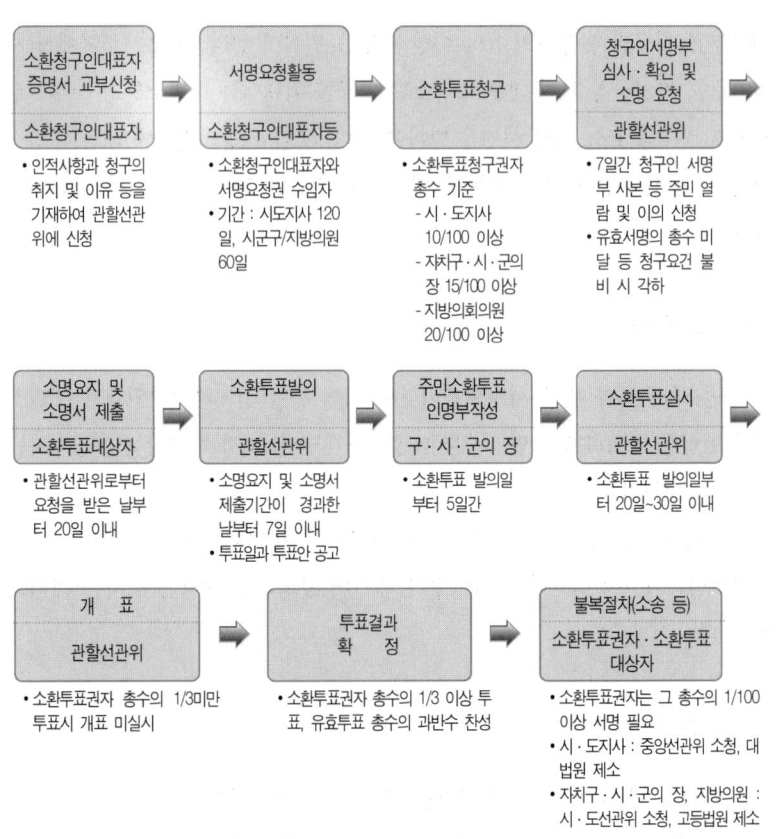

출처 : 행정안전부, 앞의 자료, 6쪽

[그림 5] 주민소환 과정

이처럼 소환사유에 대해 제한을 두지 않고 있는 이유는 주민소환제도가 사법적 절차가 아니라 정치적 절차이기 때문이다. 주민소환제는 시민들이 선출한 공직자를 통제할 수 있도록 한 직접·참여민주주의 제도이기 때문에, 어떤 공직자에게 소환사유가 존재하는지 아닌지도 결국 유권자들이 판단할 문제인 것이다.

참고로 한국과 법제도가 유사한 일본도 주민소환(해직청구) 사유를 전혀 제한하지 않고 있다. 실제로 일본은 원자력 발전소 건설, 미군부대 주택건설, 시정촌 합병, 시립병원운영정지 등 정책결정과 관련된 사유로 주민소환이 이루어진 사례들이 존재한다. 한편 미국도 주정부 공직자에 대한 소환(Recall) 제도가 도입된 다수의 주에서는 주민소환의 사유를 제한하지 않고 있다. 그리고 미국도 배임, 직권남용, 의무불이행, 무능, 공약위반과 불이행, 임무수행의 오류와 태만, 불법행위, 법정된 공무수행의 실패, 파렴치행위, 신체적 또는 정신적 적합성의 결여, 공직선서 위반, 비효율 등 다양한 사유로 소환이 이루어지고 있다(신봉기 2004, 197). 독일도 주민소환의 사유에 대하여는 어느 주의 법률에서도 구체화하지 않고 있다.

한국의 헌법재판소도 2009년 3월 26일 이 문제에 대해 "주민소환의 청구사유에 제한을 두지 않은 것은 주민소환제를 기본적으로 정치적인 절차로 설계함으로써 위법행위를 한 공직자뿐만 아니라 정책적으로 실패하거나 무능하고 부패한 공직자까지도 그 대상으로 삼아 공직에서의 해임이 가능하도록 하여 책임정치 혹은 책임행정의 실현을 기하려는 데 그 입법목적이 있다"면서, "주민소환제는 대표자에 대한 신임을 묻는 것으로 그 속성이 재선거와 같아 그 사유를 묻지 않는 것이 제도의 취지에도 부합"한다고 보아 「주민소환에 관한 법률」에 대해 합헌 결정을 내렸다.

한편 주민소환제도의 한국적 맥락을 제대로 이해하기 위해서는 한국 지방자치제도의 특징에 대해 살펴볼 필요가 있다. 현재 한국의 지방자치제도는 지방자치단체장의 권한이 매우 강한 강시장-의회형(strong mayor-council form)을 취하고 있다. 그에 따라 지방자치단체장이 소속 공무원의 인사에 대해 폭넓은 권한을 가지고 있고, 조례안 제출권, 예산안 편성권, 도시계획권 등 막강한 권한을 가지고 있다. 이런 상황이기 때문에 주민소환제를 통해서라도 지방자치단체장의 독선과 전횡을 견제할 필요가 있다. 따라서 주민소환 사유를 법령 위반이나 부패행위 정도로 제한하자는 주장은 설득력이 없다.

3) 주민소환제도 운영 현황

주민소환제도가 도입된 이후에 주민소환 제도를 활용하려는 시도는 2009년 6월까지 24차례 있었다. 주민소환 제도를 활용하기 위한 첫 단계인 주민소환투표청구인 대표자 증명서 교부신청을 한 건수가 그만큼 된다는 것이다. 그러나 이 중 주민소환투표를 청구할 수 있는 서명요건이 충족되어 실제로 주민투표까지 진행된 사례는 단 두 건에 불과하다. 이는 그만큼 주민소환투표를 청구하기 위해 받아야 하는 서명숫자가 많기 때문이다.

〈표 14〉 주민소환 시도 사례(2009년 6월 현재)

구 분	대표자 증명서 교부일	지 역	소환대상	추진사유	추진상황
진행중 (4건)	'09.5.13	제주특별자치도	도지사	제주해군기지 건설 관련 주민의견 수렴 부족 등	서명 활동 중 (종료)
	'09.5.11	강원 춘천	시의원	동료 의원 폭행 등	〃
	'09.4.30	경북 경주	시 장	경주읍성복원계획에 따른 재산권 침해 등	〃
	'09.4.30	전북 전주	시 장	시의원 비서 채용의 부적절성 등	〃
투표실시 ('07.12.12)	'07.6.15 '07.9.21	경기 하남	시 장 시의원3	화장장 건립 추진 관련 갈등	시의원 2명 소환
미투표 종 결 (19건)	'08.7.15	경기 시흥	시 장	장기간 직무정지로 인한 시정 공백	서명인수 미충족 (청구후 각하)
	'09.2.12	충북 충주	시의원 (이종갑)	관광성 해외연수 등	서명인수 미충족 (미청구)
	'09.1.28	인천 연수	구청장	수인선 연수역사 위치 조정의 문제해결 기피 등	〃
	'08.12.4	충북 충주	시의원 (지덕기)	관광성 해외연수	〃
	'08.1.17	서울 동대문	구의원	지역 재개발사업 이권개입 등	〃
	'08.1.24	전남 곡성	군의원	의정비 과다인상, 복지예산 삭감 등	〃

구 분	대표자 증명서 교부일	지 역	소환대상	추진사유	추진상황
	'07.9.20	전북 전주	시 장	공동주택관리 감독 소홀	〃
	'07.9.18	경남 함양	군 수	골프장 등 유치 관련 갈등	〃
	'07.7.4	서울 강북	구청장	재개발 관리·감독 소홀	〃
	'09.1.20	강원 인제	군 수	공약 미이행, 방만한 군정운영 등	서명활동 중단
	'08.11.18	경남 밀양	시 장	공약사업 미추진 등	〃
	'08.7.8	전북 임실	군 수	군부대 이전 반대	〃
	'08.1.15	전남 장성	군의원4	농업·복지예산 부당한 삭감 등	〃
	'07.8.14	서울 노원	시의원1 구의원3	납골당 설치 관련 갈등	〃
	'07.8.1	충남 부여	군의원 3	보조금예산 부당지원	〃
	'08.1.4	서울 구로	구의원2	의정비 과다인상 등	대표자증명 신청 취하
	'07.12.27	서울	시 장	공무원의 무분별 퇴출 등	〃
	'07.7.26	대전 서구	구의원2	부당한 압력 행사 등	〃
	'07.7.4	광주 광산	구청장	노점상 단속 부당	〃

* 자료 : 행정안전부, 2009.6

4) 사례 1 : 경기도 하남시 주민소환투표

① 배경 및 내용

주민소환제가 시행된 2007년 7월 이후, 이 제도에 의해 첫 주민소환투표가 이루어진 사례가 하남시다. 그리고 시의원 2명은 투표를 통해 실제로 소환되기도 했다.

앞서 언급한 것처럼, 주민소환은 선거를 통해 당선된 선출직 공무원들의 부정·부패·비리 혹은 정책적 과오에 대해 주민들이 책임을 물어 소환하고 해임할 수 있는 제도이다. 어떤 기업의 상품이 불량품일 경우 리콜(recall)을 하는 것과 같은 이치다. 물론, 정치인을 리콜하기 위해서는 일정한 절차를 따라야 하는 것이 당연하다.

하남시 주민소환은 지방자치단체장의 정책추진에 대해 주민들이 '독선적'이라고 반발하면서 소환을 추진했던 사례이다. 문제가 된 정책은 '광역화장장 유치'다. 하남시장은 '지역발전'이라는 명분으로 광역화장장을 적극 유치하려 했다. 당시, 경기도가 추진하는 광역화장장을 유치함으로써 하남시는 2천억 원의 인센티브를 받고, 이를 지하철 건설에 투입할 계획이었다. 그러나 이 예산은 지하철 건설 예산의 절반 수준이었기 때문에 별도 처방이 필요했다. 그래서 하남시장은 부족한 예산을 충당하기 위해 서울시와 '거래'를 하게 되는데, 서울시민을 위한 화장로를 추가로 건설함으로써 서울시로부터 지하철 건설비를 충당하겠다는 발상이었다. 하남시는 도시 면적 중 97%가 녹지로 구성되어 있으며, 90% 이상이 그린벨트로 개발제한구역에 묶여 있다. 또한 상수원보호구역이 7%, 자연공원 구역이 9%에 달해 지역경제활동이 어느 정도 제약을 받고 있는 것이 현실이다. 그래서 시민들 중에는 이런 제약을 타개할 수 있는 방법을 찾아야 한다고 주장하는 이들도 있었다. 주요 공직자 선거 시기마다 지하철 유치와 같은 개발 공약이 이슈로 부상했던 이유도 바로 이런 지역적 상황 때문이었다. 그러나 수려한 산세로 둘러싸인 도시 경관 때문에 개발을 원치 않는 지역주민들도 상당수 있었다. 어쨌든, 하남시장이 '광역화장장'을 유치하면서 서울시와 '빅딜'을 요구한 발상은 한편에서는 '참신한 아이디어'라는 평가도 받았지만, 정작 문제는 지역주민들의 의사였다. 하남시장의 선거 공약도 아니었으며, 사전에 시민들의 의견을 수렴하는 절차를 거치지 않았음에도 이러한 정책이 추진되자 주민들은 '독선적인 정책추진'이라면서 반발했다. 그리고 「주민소환에 관한 법률」이 시행되자마자 소환운동에 들어간 것이었다.

② 전개 과정

2006년 지방선거가 끝나고 시장으로 취임한 지 얼마 되지 않은 시점인 2006년 10월, 하남시장은 시의회 설명회를 하는 과정에 전국 최대 규모(32기)의 광역화장장을 유치하겠다는 발표를 했다. 당시 하남시장은 '시장직을 걸고 광역화장장을 추진하겠다'는 입장을 밝힐 정도로 매우 강한 의지를 보였다.

하남시장이 '광역화장장'을 유치하겠다고 공식 발표한 시기는 지난 2006년 10월 16일이었다. 유치계획을 발표하는 자리에서 하남시장은 "맞아 죽어도 추진하겠다. 시민이 머리 깎으면 본인도 깎겠다. 돈 되는 것이라면 혐오시설이라도 가지고 오겠다"는 발언을 함으로써 시민들의 감정을 자극하게 된다. 3일 후, 하남시의회는 '광역화장장' 타당성조사연구용역비 4억 원을 승인했다. 그러나 주민들의 반대도 만만치 않았다.

곧이어 실시된 동별 설명회의 경우, 천현동 주민설명회(23일)는 주민들의 반대로 무산됐으며, 마찬가지로 덕풍1동 주민설명회(24일)도 무산되었다. 주민들은 동별로 대책위원회를 꾸리기 시작했고, 11월 들어서 제1차 '하남시민행동의 날'을 개최하기도 한다. 이 날 주민들은 5,000여 명이 모였다.

11월 19일, 주민들은 '광역화장장유치반대범시민대책위원회'(이하 '화장장범대위')를 출범시키고, 곧이어 2차 '하남시민행동의 날'을 개최하여 약 8,000여 명의 주민들이 한 자리에 모이게 되었다. '광역화장장'을 유치하려는 시 집행부와 주민들 간의 갈등은 수그러드는 것이 아니라 점점 증폭되어 갔다. 이런 상황에서 부상 당하는 주민들이 늘어갔고, 연행되는 주민도 발생했다. 서로 간의 합의점을 찾기가 쉽지 않았다. 아파트 단지별로 대형 현수막을 걸며 반대하는 주민들과 이를 수거하는 공무원 간의 몸싸움도 잦았다. 크레인까지 동원되며 일이 점점 확산되는 양상이었다. 이런 가운데 하남시장 만취 폭행 의혹사건이 은 새로운 국면으로 접어들게 된 계기가 되었다.

2007년 3월 하남시장 측근이 모 아파트단지 안에 설치된 화장장 반대 현수막을 훼손하는 과정에 주민들과 실랑이가 벌어졌다. 이런 가운데 만취 상태였던 하남시장이 나타나 현수막 훼손에 항의하던 김씨를 폭행했다는 것이 의혹사건의 전말이다[40]. 하남시장은 이를 부인했지만, 소문이 삽시간에 퍼지면서

---

40) 오마이뉴스, 3. 19. 보도.

단체장의 자질과 소양의 문제로까지 번졌고, 주민들의 분노는 더욱 커졌다. 이에 주민들은 음주폭행 규탄 결의대회를 갖고, 현수막 철거와 관련하여 직무유기와 명예훼손을 이유로 하남시장을 고소하기도 했다.

이런 가운데서도 하남시는 2007년 6월 '광역장사시설 용역결과 및 비전발표'를 개최했다. 화장장 건설에 강한 의지를 보인 것이다. 주민들은 이에 맞서 105명이 삭발을 하는 등 강하게 반발했다. 이런 와중에 2007년 7월 1일부터 주민소환법이 시행되었고, 주민들은 주민소환청구대표자를 선정하여 대표자 증명서 교부신청을 접수했다. 그리고 곧이어 주민서명을 시작함으로써 본격적으로 주민소환운동이 전개된다.

이러한 주민들의 움직임에 대해 하남시장은 명예훼손과 공무담임권 방해 등을 이유로 '서명요청금지가처분신청서'를 제출했다. 그러나 수원지법 성남지원은 '주민소환법은 피신청인(소환추진 주민)의 서명활동을 보장하고 있다'며 하남시장이 제출한 가처분신청을 기각했다. 이로써 주민들의 서명운동은 탄력을 받았고, 한 달이 채 되지 않은 시점인 7월 23일 총 8만 3천 149명(시장과 시의원 포함 총 청구인수)의 주민소환투표청구인 서명부를 선거관리위원회에 제출했다.

현행 주민소환법에 따르면, 기초지방자치단체장은 15%, 기초지방의원은 20% 서명을 받아야 주민소환투표청구가 성립이 되는데, 20여 일만에 30% 정도의 주민 서명을 받았다는 것은 그만큼 이 문제가 지역 주민들의 뜨거운 관심 사항이었다는 것을 보여준다. 그러나 하남시장은 이틀 후, 헌법재판소에 '헌법소원심판' 청구서를 제출했다. 하남시장은 현행 주민소환법이 주민소환의 구체적인 청구 사유를 규정하지 않아 정치적 입장을 달리하거나 이해관계가 상반되는 소수 주민들의 소환의사가 관철될 수 있도록 한 것은 청구인의 공무담임권[41] 등 기본권을 침해한다고 주장하며 청구 이유를 밝혔다. 이 헌법소원

---

41) 공무담임권은 행정부뿐만 아니라 입법부·사법부·지방자치단체와 기타 일체의 공공단체의 직무를 담당할 수 있는 권리를 말한다.

심판청구에 대해서 헌법재판소는 2009년 3월 기본권 침해가 아니라며 이를 기각했다.

한편, 주민들이 선관위에 제출한 주민소환투표청구 서명부가 서명인의 동의 없이 선관위에 의해 그 사본이 하남시장 측에 공개되는 일이 발생했다. 선관위 측은 정보공개법에 의한 정당한 행위였다고 해명했지만, 주민들은 서명부가 공개됨으로써 서명에 참여한 시민들이 주민소환과 관련하여 시장 측으로부터 회유나 불이익을 당할 것이라고 주장했다. 그리고 이 문제로 주민 수백 명은 선관위를 방문해 강력한 항의를 했고, 이 사건으로 10여 명의 주민들이 공무집행방해혐의로 고소를 당하기도 했다.

그리고 선거관리위원회는 8월 31일, 공식적인 투표율 확정 공고를 내렸고(9월 20일), 이 날부터 시장을 비롯한 소환대상자 4인은 업무가 정지되었다. 공식적인 투표운동은 9월 1일부터였다. 주민들은 투표운동 사무실까지 차리고 주민 홍보에 집중했다.

그러나 상황은 또 한 번 반전되었다. 투표운동이 한창인 9월 13일, 수원지방법원은 '주민소환투표청구'는 무효라고 선고했다. 재판부의 판결은 선관위가 제작하여 교부한 서명부가 잘못되었다는 것이 그 이유였다. 수원지방법원[42]은 "주민소환에 관한 법률 제9조 제1항이 주민소환투표청구인서명부에 청구사유를 기재하도록 한 취지는 단순히 서명을 하는 자가 청구사유를 인식하고서 서명할 수 있도록 하기 위한 것이 아니라, 서명부에 기재된 청구사유와 서명이 합쳐져서 주민소환투표청구라는 하나의 의사표시를 구성하게 하기 위한 것으로서 이를 필수적 요건으로 하고 있으므로, 청구사유가 기재되어 있지 아니한 서명부에 한 서명은 주민소환에 관한 법률 제27조 제1항, 주민투표법 제12조 제2항 제7호에 의하여 무효"라고 판결했다.

선고가 내려진 날부터 투표운동은 전면 중단될 수밖에 없었다. 이러한 사태가 벌어진 것은 주민소환운동에 참여했던 주민들의 잘못이 아니라 선거관리위

---

42) 2007.9.13, 2007구합7360

원회의 실수 때문이었다. 주민들은 헌법기관이라 할 수 있는 선거관리위원회가 직접 교부한 서명부로 서명을 받았을 뿐이었다. 어쨌든 투표일이 1주일 남은 상황에서 모든 절차는 중단되었고, 당시 주민소환운동을 추진했던 주민들은 그 때의 심정을 '망연자실' 그 자체였다고 회고하기도 한다.

그러나 주민들은 그 다음 날, 주민소환을 예정대로 추진한다는 기자회견을 함으로써 제2기 주민소환투표운동을 전개하게 된다. 처음부터 다시 시작해야 했지만, 주민소환을 추진하던 주민들은 선택의 여지가 없었다.[43] 더불어 투표운동이 중단된 데에는 전적으로 선거관리위원회(이하 선관위)의 책임이 크다고 보았다. 이에 따라 선관위는 사무국장을 직위해제하고 주민소환투표와 관련된 직원을 전원 교체하게 된다.

9월 20일부터 전개된 2차 주민소환투표운동을 위해 주민들은 주민소환청구인 대표자를 선출하고 다시 주민들의 서명을 받기 시작했다. 주민들은 1차 서명 때보다 더 빠르게, 서명 시작 12일 만(10월 10일)에 30%의 주민들로부터 주민소환투표청구서명을 받아냈다. 서명자는 총 69,870여 명이었다. 이로써 선관위는 선거일 확정 공고를 냈고, 2007년 12월 12일 우리나라 첫 주민소환투표가 진행되었다.

〈표 15〉 하남시 주민소환투표 주요 일정

시행일정	요일	실 시 사 항	기 준 일	관계법조
11.16	금	주민소환투표 발의(공고)	소명요지 및 소명서 제출기간 경과일 부터 7일 이내	법12② 법14③
11.16 11.21	금 수	투표인명부 작성 및 부재자신고 접수	소환투표인명부 작성기준일(발의일)로부터 5일 이내	법4①-③
11.17	토	주민소환 투표운동	공고일의 다음 날부터	법18①

---

43) 김근래, "하남주민소환운동 주요 내용",「한국의 참여민주주의 사례집」, 민주화운동기념사업회, 2009.

시행일정	요일	실시사항	기준일	관계법조
12.11	화		투표일 전일까지	
11.22 11.24	목 토	투표인명부 열람	투표인명부 작성기간 만료일의 다음날부터 3일간	법4③ 공선법40~41
12.02	일	투표소의 명칭과 소재지 공고	투표일 전 10일까지	법27①, 주민투표법19 공선법147⑧
12.03	월	부재자투표용지 발송	투표일 전 9일까지	법27①, 주민투표법19 공선법154①, 규칙19⑨
12.05	수	투표인명부 확정	투표일 전 7일까지	법4③, 공선법44
12.06 12.07	목 금	부재자투표소 설치·운영	투표일 전 6일부터 2일간 10:00~16:00	공선법44
12.07	금	투표안내문 발송	투표인명부 확정 후 2일까지	법27①, 주민투표법19, 공선법153①, 규칙19⑨
12.07	금	개표소 공고	투표일전 5일까지	법27①, 주민투표법19 공선법173①
12.09	일	투·개표사무원 위촉·공고	투표일전 3일까지	법27①, 주민투표법19 공선법147⑨, 공선법174①
12.12	수	투 표 부재자투표 접수 마감	발의(공고)일로부터 20일 이상 30일 이하의 범위 안에서 관할 선관위가 정함, 06:00~20:00	법13①, 법27①-② 주민투표법19, 공선법155⑤
12.12	수	개 표	투표함 개표소 도착 후	법27①, 주민투표법19 공선법95의2
12.12	수	개표결과 통지	개표가 끝난 후 지체 없이(청구인대표자, 소환투표대상자 등)	법22③
12.26	수	주민소환투표 소청	주민소환투표 결과가 공표된 날부터 14일 이내	법24①, 공선법220①-③
*		주민소환투표 소송	소청결정서를 받은 날부터 10일 이내	법24②

자료 : 행정안전부

2007년 12월 12일 36개 투표소에서 치러진 주민소환투표결과는 소환 대상에 따라 약간의 차이를 보였다. 먼저 하남시장은 전체 106,435명의 투표인 수 중 33,057명이 투표에 참여, 31.1%의 투표율을 보임으로써 투표율이 3분의 1에 못미쳐 투표가 성립되지 않았다. 현행 주민소환법은 투표율이 미달되었을 때, 그 결과의 공개를 허용하지 않고 있기 때문에 소환 찬성율과 반대율을 확인할 수 있는 방법은 없었다.

　하남시 가선거구의 OOO의원의 경우, 55,775명의 투표인 중, 20,986명이 투표에 참여, 37%의 투표율을 보임으로써 주민소환투표가 성립되었다. 소환 찬성이 19,000여 명으로 93.6%를 기록, 주민에 의한 첫 소환자가 되었다. 마찬가지로 같은 지역구 OOO의원의 경우도 85.8%가 소환에 찬성하여 의원직을 상실하게 되었다.

　반면, 하남시 나선거구의 OOO의원의 경우, 전체 유권자 50,660명 중 12,047명만이 투표에 참여, 23.8%의 투표율에 머물러 개표가 이루어지지 않았다. 이로써 하남시장을 비롯해 소환대상이었던 4명의 정치인 중 2명은 투표율 미달로 개표가 이루어지지 않았고, 나머지 2명 시의원만이 소환되는 결과를 낳았다.

〈표 16〉 하남시 주민소환 투표 결과

하남시장 OOO의 소환							
구·시·군	투표인수	투표수	유효투표수(득표율)		무효	기권수	투표율
			찬성	반대			
하남시	106,435	33,057	0 (0%)	0 (0%)	0	73,378	31.1%
하남시의원 OOO(가선거구)의 소환							
구·시·군	투표인수	투표수	유효투표수(득표율)		무효	기권수	개표율
			찬성	반대			
하남시	55,775	20,986	19,241 (93.6%)	1,315 (6.4%)	430	34,789	100.0%
하남시의원 OOO(가선거구)의 소환							

구·시·군	투표인수	투표수	유효투표수(득표율)		무효	기권수	개표율
			찬성	반대			
하남시	55,775	20,970	17,400	2,883	687	34,805	100.0%
			(85.8 %)	(14.2 %)			

하남시장 ○○○의 소환

구·시·군	투표인수	투표수	유효투표수(득표율)		무효	기권수	투표율
			찬성	반대			
하남시	50,660	12,047	0	0	0	38,613	23.8%
			(0 %)	(0 %)			

하남시의원 ○○○(나선거구)의 소환

자료 : 하남시선거관리위원회

③ 성과

하남시 주민소환투표와 관련해서는 논란이 많았다. '님비현상의 결정판인가? 절차적 민주주의를 위한 정당한 요구인가?'에 대해 뜨거운 사회적 논쟁이 진행되었다.

광역화장장 유치 반대운동이 전개되었던 초기에는 지역이기주의라는 비판적 목소리들이 적지 않았다. 화장장은 대표적인 혐오시설로 인식되어 있지만, 매장문화 중심인 장례문화가 뿌리 깊은 한국 상황에서 사회적으로 필요한 시설이기도 하다. 주민들이 반대운동을 전개하던 초기 지역이기주의라는 비판이 쏟아졌던 것도 이런 이유 때문이었다.

그러나 주민들은 그렇게 중차대한 문제를 "왜 시장 혼자 판단하는가?"라고 반문했다. 주민들이 선거를 통해 단체장에게 시정을 위임했다 하더라도 중요한 문제를 결정하면서 독선적으로 해서는 안 된다는 것이 주민들의 반대 이유였다. 앞에서도 언급한 것처럼, 하남시장은 매우 전격적으로 광역화장장 유치 결정을 했고, 신중한 토의 절차는 생략되었다. 광역화장장 유치로 지역주민에게 경제적 혜택이 돌아갈 수도 있겠지만, 그로 인해 피해를 봐야할 주민들도 존재하기에 주민들은 충분한 의견수렴을 거쳐야 한다는 주장을 폈다. 그런데

시장과 주민들과의 소통은 이루어지지 않았고, 결국 주민들이 선택한 것은 주민소환투표를 통해 정책적 결정을 심판하겠다는 것이었다.

사실 주민소환제도는 일단 선출되면 임기가 보장되는 현 대의제의 한계를 극복하기 위한 시민적 통제수단으로 도입된 제도이다. 정책추진과정의 비민주성도 주민소환 사유가 될 수 있다. 결국 소환이 되느냐 마느냐는 유권자들이 판단할 몫이다. 비교적 짧은 기간 동안44) 20세 이상의 하남시민 30%의 서명을 받은 것은 이 사안이 주민들의 입장에서 절박한 사안이었음을 보여준다.

그렇기 때문에 지역이기주의라는 비판 이전에, 지방자치단체가 중요한 결정을 내리는 과정에 얼마나 주민들의 의견수렴을 거치고 소통하려는 노력을 했는지를 살펴보아야 한다. 의견수렴과정은 절차적으로 필수적인 요소다. 하남시의 주인은 하남시민인 것이다. 주인 의견이 생략된 상황에서 명분만으로 정책을 합리화한다면, 그 결정이 옳든 틀리든 주민은 관객으로 전락할 수밖에 없다. 하남시 사례가 이러한 예를 잘 보여주고 있다.

투표율 미달로 하남시장이 소환되지 않았지만 하남시 주민소환투표는 정책결정 과정의 절차적 민주주의 문제에 대해 사회적으로 심사숙고하게 되는 계기가 되었다. 그리고 주민소환투표가 끝난 후에도 광역화장장반대 범대위 활동은 지속되었다. 광역화장장 문제가 해결되지 않았기 때문이다. 때마침 주민소환투표가 끝난 얼마 후, 총선이 기다리고 있었다. 주민들은 총선 후보자들에게 광역화장장 반대 서약서를 요구했고, 이에 따라 주요 정당 후보 3명이 서약하게 된다. 범대위는 이들 후보자들을 지지하는 운동도 전개했다.

이러한 흐름 속에 경기도는 광역화장장 지원 계획을 철회하고, 2008년 4월 28일 경기도지사와 하남시장은 광역화장장 건설을 백지화한다고 공식선언했고 주민들은 이를 크게 반겼다. 곧이어 주민들이 화장장 백지화 시민승리 한마당 잔치를 벌임으로써 장시간 갈등을 빚었던 광역화장장 유치 관련한 이슈가 일단락 됐다. 그리고 2008년 7월, 광역화장장 반대 범대위가 공식 해산을 하고

---

44) 1차 주민소환투표 청구 서명은 14일 동안, 2차는 12일 동안 서명을 받았다.

'하남시민연대'라는 시민단체로 계승하면서, 지속적으로 지방자치 감시운동을 펼치기로 했다. 이로써 하남 주민소환주민투표 사례는 많은 갈등과 반목이 있 긴 했지만, 결국 주민들의 뜻에 따라 광역화장장 건설이 백지화됐다.

5) 사례 2 : 제주도지사 주민소환투표

① 배경 및 내용

제주도는 해군기지를 비롯한 군사기지 문제가 지속적으로 이슈가 되어 왔다. 일제시대 말기에는 일본군이 제주도를 일본 본토 방어의 거점으로 삼기 위해 제주도 곳곳에 군사시설을 설치하려 했고, 해방 이후에도 정부는 제주에 대규모 군사기지를 설치하려는 계획을 추진해 왔다.

제주도지사 주민소환투표의 직접적인 원인이 되었던 해군기지의 경우에도 2002년에 정부가 추진하려던 것이다[45]. 정부의 처음 발상은 제주도 화순항에 해군기지를 세우는 것이었다. 그러나 주민들의 반발이 거세지면서 건설계획이 보류되기도 했다. 그러다 제주도지사는 정부와 협의를 통해 강정마을로 장소를 변경했다. 이러한 사실은 지난 2007년 4월, 제주도의회 군사특위가 국방부에 질의하는 과정에서 드러났다. 이 날 국방부는 강정마을이 해군기지 건설 부지로 적당하다는 근거로 "육안, 해도상 수심 등을 통해 검토 및 확인한 바로는 강정해안도 군항 조건을 갖고 있다"며 "수심은 10~20m로 파악하고 있고, 부두 확보도 가능하다"고 밝혔다(제주의 소리, 2007년 4월 20일자 보도). 국방부가 가장 중요하게 판단했던 포인트는 수심과 부두 길이였던 것으로 보인다. 이 날 국방부 관계자도 "입지조건이 충족되어야 한다"며 "입지조건에서 가장 중요한 고려 요소는 수심이며, 요구조건은 1950m의 부두길이를 확보할 수 있는 수심을 갖고 있느냐는 것"이라고 덧붙였다. 국방부가 제시하는 해군기지 총 면적은 53만㎡에 달한다. 함정 20척을 동시 접안할 수 있는 군항부두 1,950m

---

45) 제주도군사기지반대대책위원회, "'세계 평화의 섬' 제주에 무슨 일이?", 진보평론, 2007

와 15만 톤 급 크루즈 2척이 동시에 정박할 수 있는 부두 1,490m가 핵심시설이라고 할 수 있다. 공사기간은 2009년부터 2014년까지 6년간이며, 약 9천억 원의 예산이 소요되는 사업이다. 그러나 해당 지역인 강정마을 주민들의 생각은 달랐다. 주민들 뜻이 충분히 반영되어야 한다는 것이었다. 2007년 8월, 강정마을 주민들은 임시 마을총회를 열어, 해군기지 유치 찬·반 주민투표를 실시하겠다고 밝혔다. 투표일은 같은 달 20일이었다. 주민들은 유치 찬성이 50%를 넘기면 절대로 반대운동을 하지 않겠다며 뜻을 밝혔다. 이와 관련하여 제주도지사는 강정마을 주민들의 반대표가 많더라도 그 결과를 받아들이지 않겠다고 못을 박았지만, 주민들은 자치적으로 해군기지 문제를 투표를 통해 결정할 때까지 지켜봐달라는 입장이었다. 주민의사가 무엇인지 분명해져야 한다는 의지를 굽히지 않았던 것이다. 결국 8월 20일, 19세 이상의 강정마을 주민들이 투표에 참여했다. 강정마을 실제 거주자는 명확치 않지만, 대략 1,500여 명이 되는 것으로 알려졌다. 결과는 예상했던 대로 반대표가 압도적이었다. 전체 투표 참여자 725명 중 680(93.7%)명이 해군기지 건설에 반대했다. 강정마을 주민들의 입장이 이러함에도 해군기지 사업은 추진되었다.

한편 강정마을 주민들 외에도 제주지역에서 해군기지를 반대하는 목소리들이 존재했다. 특히 제주도가 '평화의 섬'으로 지정된 것과 관련해서 군사기지와 '평화의 섬'은 양립하지 않는다는 주장들이 제기되었다. 지난 2005년 1월 참여정부는 공식적으로 '제주 4.3 사건'에 대해 사과함과 동시에 제주도를 '세계 평화의 섬'으로 선포한 바 있기 때문이다.

제주지역 시민사회단체들은 이런 '평화의 섬'에 군사기지가 들어온다는 것이 앞뒤가 맞지 않는다고 주장했다.

이런 문제제기들에도 불구하고, 해군기지 사업은 계속 추진된다. 그리고 결정적으로 제주도지사는 2009년 4월 국방부 등과 MOU(양해각서)를 체결했다. 그런데 당시 제주도의회 조차도 양해각서가 체결됐다는 사실을 뒤늦게 알 정도로 은밀하게 추진되었으며, '공군남부탐색구조부대'라는 새로운 부대 설치까지 추가로 명시되어 있었다. 더욱이 이 양해각서는 그동안 제주도가 줄곧 요구했던 '알뜨르비행장'[46] 부지 무상 양여가 애매한 수준에서 언급되었는데, 당시 국방장관은 양해각서 체결과 관련하여, "(알뜨르비행장은) 국유사업법에 따라 무상 사용은 안 된다"고 밝힘으로써 사실상 무상 양여는 불가능하다는 입장을 밝혔다. 이런 MOU 내용에 대해 주민들과 시민사회단체들은 제주도가 지나치게 졸속적으로 양해각서를 체결했다는 비판의 목소리를 높였고, 본격적으로 주민소환에 대한 논의가 시작되었다.

한편, 제주도지사 주민소환투표 배경에는 '해군기지 건설'만이 작용한 것은 아니었다. 제주도가 '국제자유도시'를 추진하는 과정에 사회적 이슈로 떠올랐던 영리병원 문제 등의 정책현안을 둘러싼 갈등도 주민소환투표 배경에 깔려 있었다. 영리병원 문제와 관련해서 제주도지사는 제주도민을 상대로 한 여론조사(2008년)를 거쳐 결국 '영리병원'을 추진하지 않기로 결정했다. 그럼에도 불구하고 2009년 들어 '영리병원'을 '투자개방형 병원'으로 이름을 바꿔 추진하면서 이를 둘러싼 갈등이 심화되었다. 또한 제주도지사는 내국인 카지노를 설립하겠다는 계획도 발표했다.

이런 정책들이 추진되는 과정에서 주민과 시민사회단체에서 '제왕적 도지사'라는 비판이 제기 되었다. 소통이 제대로 되지 않으면서 주민소환투표까지 추진되게 되었던 것이다.

② 전개 과정

도지사의 일방적인 정책추진에 반발한 주민들은 주민소환투표 청구를 추진하기로 결정하게 된다. '제주군사기지반대 범도민대책위원회'와 '강정마을회' 등 제주도 내 29개 단체로 꾸려진 '김태환 지사 주민소환운동본부'(이하 '주민소환운동본부')는 지난 2009년 5월 6일, 기자회견을 갖고 광역지방자치단체 차

---

46) 일제시대에 제주도 남서쪽 대정읍에 일본군이 건설했던 비행장

원에서는 처음으로 주민소환운동을 전개한다고 밝혔다. '주민소환운동본부'는 도민에게 드리는 호소문을 통해 주민소환운동의 불가피성을 설파했다.

> "⋯⋯⋯⋯도민 여러분!
> 김태환 지사는 찬반을 넘어 제주 해군기지 문제를 통해 제주사회를 큰 어려움에 빠뜨리고 말았습니다. 군사기지 문제는 '선택'의 문제가 아닌, 제주의 100년 대계가 걸린 숙명적인 문제로 우리는 여겨 왔습니다. 이런 중대한 문제를 도민의 여론을 무리하게 끌어내 일방적인 유치결정에 나서더니, 최근 체결된 MOU 내용이 보여주듯, 국가에게 제주를 군사기지의 섬으로 만들 수 있는 빌미만 제공하고 말았습니다⋯⋯⋯⋯우리가 벌이는 소환운동은 군사기지 추진논리로 누더기가 된 평화의 섬 제주의 비전을 다시 세우고, 제대로 된 풀뿌리 민주주의를 새롭게 일구는 일이라 믿습니다. 때문에, 우리는 어려운 결단을 할 수밖에 없었습니다⋯⋯⋯⋯이 일이 도민 여러분 각자가 처한 삶을 더 좋은 삶으로 바꾸는 일에 다름 아님을 믿고, 함께 해주시길 요청합니다. 그래서 '희망'이 단지 절망의 하소연이 아닌, 살아 움직이는 가능성이 되도록 함께 만들어가도록 합시다⋯⋯⋯⋯"
>
> 2009. 5. 6
> 김태환 지사 주민소환 운동본부

'주민소환운동본부'는 제주도가 처한 문제의 절박함을 주민들에게 호소했고, 주민소환은 제주도의 비전을 다시 세우고 제대로 된 풀뿌리민주주의를 일구는 일임을 강조했다. '주민소환운동본부'가 주민소환을 천명함으로써 해군기지 이슈는 새로운 국면으로 접어들었다. 당시, 제주도에 거주하는 19세 이상 주민은 41만 6천여 명으로, 소환청구투표가 성립되기 위해서는 10%, 즉 4만 1천여 명의 주민들로부터 서명을 받아야 했다. 다른 광역에 비해 인구수가 많은 편은 아니었으나, 4만여 명 이상 서명은 '주민소환운동본부'에게 커다란 부담이었다. 더군다나 현행 '주민소환에 관한 법률' 제8조는 청구제한 기간을 설정하고 있어서 주민들이 서명을 받아야 하는 기간은 채 2개월도 되지 않았다[47]. '주민소환운동본부'는 기자회견을 마친 다음 날 5월 7일, 제주도선거관리위원회에 주민소환 청구인 대표자 증명서 교부 신청을 하게 된다. 선관위의 간단한 심사가 끝난 후부터 '주민소환운동본부'는 강정마을 주민들과 서명운동에 돌입했다. 아무래도 가장 열성적으로 주민소환운동에 참여한 이들은 강정마을 주민들이었다. 주민들은 삼삼오오 짝을 이뤄 제주도 전역을 돌며 서명을 받기 시작했다. 이를 바라본 많은 시민들과 심지어 '주민소환운동본부' 측 내부에서도 짧은 시간에 서명요건 4만여 명을 채우는 것은 어려울 것이라 예상했다. 그러나 그런 예상은 빗나갔다. 제주도 선관위에 제출한 서명인 수는 총 7만 7천여 명이었다. 전체 19세 이상 주민의 18.5%에 해당되는 수치였다. 그만큼 해군기지 문제는 제주도민들의 최대 쟁점이었다는 것을 알 수 있다.

제주도 선관위는 7월 15일, 전체 위원회를 개최해 주민소환투표청구요지를 공표하기에 이르렀다. 선관위가 발표한 주민소환투표청구인 수는 5만 1천여 명으로, 주민들이 최종 제출한 인원수에 2만 6천여 명이 무효화됐다. 주소불명확, 이중서명, 서명불명확 등이 그 이유였다. 그러나 4만 1천여 명의 요건보다 1만여 명이 많은 수치였다. 이로써 선관위는 도위원회 게시판 및 인터넷 홈페이지를 통해 주민소환투표를 공식 공표하게 되었다. 제주도지사는 소명서를 제출하면서 "국가정책 추진과정에 있는 제주 해군기지 관련 업무를 주민소환 명분으로 삼는다는 데 동의할 수 없다"는 입장을 밝혔다.

「주민소환에 관한 법률」에 따라 제주도 선관위는 주민소환투표 발의를 통해 2009년 8월 26일, 투표를 실시한다고 천명했다. 주민투표소는 226개였다. 제주시가 138개소, 서귀포시가 88개소로 학교, 공공기관, 주민회관 등에 설치

---

47) 현행 '주민소환에 관한 법률' 제8조는 '청구제한기간'을 설정하고 있다. 1. 선출직 지방공직자의 임기개시일부터 1년이 경과하지 아니한 때 2. 선출직 지방공직자의 임기만료일부터 1년 미만일 때3. 해당선출직 지방공직자에 대한 주민소환투표를 실시한 날부터 1년 이내인 때 등이 그것이다. 도지사의 임기가 2010년 6월31일까지임을 감안하면 그로부터 1년 전인 2009년 6월31일까지 서명을 받아야 하는 시간적 제약이 있었다. '주민소환운동본부'가 주민소환을 결정했을 때가 2009년 5월 6일이었으므로 채 2개월이 되지 않은 기간 동은 4만여 명 이상 서명을 받아야 했던 것이다.

되었다.

투표운동과정에서도 논란은 계속되었다. '주민소환운동본부' 측에 따르면 주민투표를 알리는 현수막이 철거되거나, 찬성 측에서 투표 당일 투표 행위를 방해하는 사례가 상당했다고 주장했다. 이런 잡음 속에서 8월 26일, 광역지방자치단체 차원에서는 전국 최초로 주민소환투표가 진행되었고, 최종적으로 11%의 투표율을 기록해, 주민소환은 이루어지지 않았다. 하남시장과 마찬가지로 3분의 1 이상 투표에 참여해야 성립되는 것으로 법규정으로 인해 주민소환투표는 개표되지 않았다.

투표 시간이 종료되고 나서 선관위는 주민소환투표결과를 아래와 같이 공표했다.

〈주민소환투표결과 공표〉

2009. 8. 26 실시한 제주특별자치도지사 주민소환투표에 있어 「주민소환에 관한 법률」제22조 제3항의 규정에 의하여 그 결과를 다음과 같이 공표합니다.

2009. 8. 26
제주특별자치도선거관리위원회

1. 주민소환투표권자 총수 : 4195, 04명
2. 전체 주민소환투표자의 수(투표율) : 46,075(11%)
3. 주민소환투표 결과
전체 주민소환투표자의 수가 주민소환투표권자 총수의 3분의1에 미달하므로 제주특별자치도지사 김태환에 대한 주민소환투표는 「주민소환에 관한 법률」 제22조제2항의 규정에 의하여 개표하지 아니함.

투표율은 생각보다 저조하여, 주민소환운동본부가 제출한 주민소환투표청구인 수(7만여 명)보다 한참 못 미치는 수치였다. 현행 '주민소환에 관한 법률'

제22조 2항은 "전체 주민소환투표자의 수가 주민소환투표권자 총수의 3분의 1에 미달하는 때에는 개표를 하지 아니한다"라고 명시함으로써 제주도에서 진행된 주민소환투표 결과는 아무도 알 수 없게 됐다. 이번 투표 결과에서도 드러나듯이, 투표율 3분의 1을 넘기는 것이 얼마나 어려운지를 보여준 결과라고 할 수 있다. 그동안 진행된 제주도 주민소환 추진 경과는 아래와 같다.

> 1993년 12월 해군본부, 제주 해군기지 신규 소요 제기.
> 2002년 안덕 화순 해군기지 건설계획 발표.
> 2002년 12월 화순 지역 주민들의 반발로 해양수산부 항만기본 계획 반영 유보 결정.
> 2005년 4월 화순 해군기지 재추진 계획 발표. 화순 지역 주민들 반발.
> 2005년 8월 해군기지 후보로 위미지역 거론되며 위미지역 주민들 반발.
> 2005년 12월 [제주 해군기지] 추진 관련 국회 예결위 예산 통과(주민 동의 후 추진 전제)
> 2006년 7월 위미지역 주민들, 총회에서 해군기지 건설 반대 공식 입장으로 결정.
> 2007년 4월 강정마을회, 해군기지 유치 신청. 김태환 지사 개입 의혹
> 2007년 6월 제주 강정마을을 해군기지 건설 지역으로 확정 발표
> 2007년 8월 강정마을회 총회 - 강정해군기지 유치 찬반 주민투표 실시. 자연 부락 유권자 1,200여 명 중 725명 투표 참여, 94%인 680표의 압도적 반대.
> 2007년 12월 국회 예산심의에서 '민군 복합항으로 사업추진방안 타당성 조사 실시' 부대의견
> 2009년 1월 13일 국방군사시설 실시계획 승인
> 2009년 4월 20일 제주 시민사회단체들, 제주 해군기지 실시계획 승인처분 취소소송
> 2009년 4월 27일 국방부와 국토해양부, 제주특별자치도는 제주 해군기지를 민군복합형 관광미항으로 건설하기로 한 협약서 체결
> 2009년 5월 14일 제주도도지사 주민소환운동 시작 - 40여 일만에 지역 유권자의 10%(주민소환 청구요건)인 4만 1,694명을 넘긴 7만 7,367명 서명 참여
> 2009년 8월 26일 주민소환 투표일

③ 영향

광역지방자치단체 차원에서 처음 주민소환투표가 이루어진 제주 사례는 여

러 가지 논의거리를 던져주었다. 결과적으로는 투표율 미달로 소환에 대한 찬·반을 가리지 못했지만 정책추진상 문제에 대해서 언제라도 선출직 공무원을 소환할 수 있다는 직접참여제도의 존재를 널리 알리는 계기가 되었다.

그리고 40여 일간의 짧은 기간 동안 7만여 명 주민들이 서명에 참여한 것은 주민소환제도와 같은 직접민주주의에 대한 주민들의 관심의 표명이기도 했다. 그러나 투표를 통해 소환 유무를 가리지 못함으로써 해군기지를 비롯한 여러 정책 현안을 둘러싼 갈등은 여전히 지속되게 되었다. 또한 주민소환투표 과정에서 소환대상자가 투표불참운동을 한 점, 투표 당일날 투표방해 의혹들이 제기되었던 점은 지역사회 내에서 새로운 갈등의 씨앗이 될 소지가 있다.

국가적으로는 주민소환제도를 둘러싼 논쟁이 진행되게 되었다. 일각에서는 주민소환의 사유를 제한해야 한다는 주장이 나오고 있다. 또 다른 한편에서는 투표불참행위를 규제해야 한다는 목소리도 있고, 투표율이 3분의 1 이상 되어야만 개표한다는 조항을 삭제해야 한다는 주장도 제기되고 있다.

6) 사례 3 : 시흥시 주민소환

① 배경 및 내용

하남시 주민소환운동이 정책결정 과정상의 문제로 추진되었다면, 경기도 시흥시에서 주민소환을 시도했던 사례는 비리 정치인에 대한 최초의 주민소환 사례라고 할 수 있다.

2006년 지방선거를 통해 당선된 시흥시장은 그 해 10월 사전선거운동혐의로 재판을 받은 바 있다. 1심과 2심에서 벌금 80만 원을 선고 받은 것이다. 2007년 5월에는 지역행사장에 시흥시장 홍보기사가 게재된 잡지와 자동차 경품 등 총 3천여 만 원 상당을 제공한 것이 문제가 되어 선거법 위반 혐의로 기소되었다. 항소심에서 무죄판결을 받았지만, 행사 주관자는 100만 원의 벌금을 선고받은 바 있다.

급기야 2007년 11월에는 개발사업과 관련하여 1억대 뇌물을 수뢰한 혐의로 구속됨으로써, '위법·비리 단체장'이라는 낙인을 벗어날 수 없었다. 결국 2008년 5월, 1심에서 징역 4년과 추징금 1억 원을 선고받았다. 그를 둘러싼 주변 인사들도 각종 이권에 개입함으로써 구속되거나 불구속 기소되는 문제들도 발생했다. 이로써 시흥시는 민선 1~4대 모든 시장들이 재임 중, 혹은 재임 후에 사법처리 되는 역사를 갖게 되었다.

이런 상황에서 시민들의 자진 사퇴 여론이 일어난 것은 당연한 것이었다. 구속된 시장이 법적·도의적 책임을 지고 더 이상의 행정파행을 막아야 한다는 것이 자진사퇴요구 이유였다. 그러나 이러한 여론에도 불구하고 구속된 시흥시장은 항소와 상고를 하게 된다. 그리고 1년 6개월 동안 단체장의 재판과 구속 등으로 시흥시 집행부는 어수선할 수밖에 없었고, 지역 현안과 주요 정책 또한 표류될 수밖에 없었다. 이런 상황에서 시민사회단체를 중심으로 2008년 6월, 주민소환운동본부가 구성되었고, 7월에 발대식을 거행함으로써 주민소환 운동이 본격적으로 진행되었다.

② 전개 과정

2008년 6월, 시흥시 8개 시민사회단체가 참여하는 '시흥시민단체연대회의'가 본격적으로 주민소환을 논의하기 시작했다. 시흥시청 정문 앞에서 1주일간 천막본부를 꾸려 주민소환 정당성을 주민들에게 알리는 활동을 전개했고, 거리캠페인과 시민토론회를 진행하기도 했다. 주민들의 호응이 커지면서 같은 해 7월 '주민소환운동본부' 발대식이 거행되었고, 곧이어 소환청구인대표자 증명서를 교부신청하기에 이르렀다. 주민들이 신청한 청구인대표자 증명서의 청구 사유는 아래와 같다.

> 〈청구의 취지 및 이유〉
>
> 1) ○○○시장은 각종 개발사업 관련 뇌물수뢰한 혐의로 2007년 11월 23일 구속, 직무 정지되었고 2008년 5월 16일 1심에서 징역 4년 선고.
> 2) 또한 이 시장의 선거대책본부장, 선거사무장, 비서실장 등 측근 13명이 특가법위반(뇌물) 및 뇌물공여 등으로 사법처리
> 3) 시흥시장의 장기간 직무정지로 인한 행정 공백 우려 및 건전한 지방자치 세우기 위해 주민소환 청구에 이르게 됨.

시민들은 총체적인 비리와 이로 인한 행정공백을 청구 사유로 들었다. 주민소환운동본부 측은 "지금부터 우리가 하려는 ○○○시장에 대한 주민소환은 40만 시흥시민의 주인 선언이며, 부패와 비리를 근절하겠다는 시흥시민의 의지"임을 밝히며 실추된 시흥시민들의 명예를 되찾겠다며 본격적인 서명운동에 돌입했다.

서명운동을 시작한지, 60여 일만에 청구조건인 유권자 15%, 즉 4만 3천 명을 훨씬 넘긴 4만 7천여 명의 서명을 확보할 수 있었다. 주민소환운동본부 측은 수집된 서명용지를 동별, 수임인별로 분류하는 작업을 완료하고 같은 해 9월 주민소환투표청구인 명부를 제출했다. 그러나 시흥시선거관리위원회는 주민소환투표청구를 각하했다. 4만 7천여 명의 서명자 중, 3만 6천여 명은 유효로 인정했지만, 2009년 이후에 전출입한 6천여 명[48]과 중복 서명 3천여 명 등, 총 1만 1천여 명이 무효처리 된 것이다.

---

48) 현행 주민소환에 관한 법은 주민소환투표청구권자는 "전년도 12월 31일 현재 주민등록표 및 외국인 등록표에 등록된 자"(제7조 1항)로 규정하고 있다. 예컨대, 주민소환을 위한 서명이 본격적으로 1월 1일부터 시작되었다면, 전년도를 기준으로 삼기 때문에 19세 이상 주민이면 누구라도 청구권자가 될 수 있다. 그러나 주민소환을 위한 서명이 11월이나 12월에 시작되었다고 하면, 그 해 들어서 이사온 주민들은 서명을 할 수 없게 된다. 주민소환을 위한 서명이 어느 시점에 실시되느냐에 따라 형평에 맞지 않은 상황이 발생하게 되는 것이다. 시흥시의 경우는 2008년 후반기에 서명을 받았기 때문에 2008년 이후에 전입한 사람들은 서명이 아예 불가능하게 된 것이다.

주민소환운동본부 측은 주민소환이 마무리 되지 못한 것에 대해 상당한 아쉬움을 표시했다. 특히 전출입 시기에 따라 청구인 자격을 박탈하는 현행법체계는 시민의 기본권인 참정권을 침해한다는 입장을 밝히기도 했다. 이런 상황에서 2009년 1월 대법원은 시흥시장의 부정비리를 인정하고 최종적으로 유죄판결을 내렸다. 이로써 주민소환에 의한 박탈이 아닌, 사법적 판결에 의해 단체장 직을 박탈당했다. 그리고 시흥시장이 시장직을 잃어버림으로써 주민들이 전개한 주민소환운동도 일단락되었다.

〈주요 일정〉

- 2007년 11월　　　　시흥시장의 수뢰혐의 구속
- 2008년 5월　　　　　시흥시장 1심에서 징역 4년 추징금 1억원 선고
- 2008년 6월 20일　　시흥시장 주민소환운동본부 준비위원회 구성 및 기자회견
- 2008년 7월　　　　　시흥시 전역에 현수막 게시와 전단지 배포를 통해 주민소환 홍보
- 2008년 7월 11일　　시흥시장 주민소환운동본부 발대식 개최
- 2008년 7월 15일　　시흥시장 주민소환 청구인 대표자 증명서 신청(선관위)
- 2008년 7월 21일　　시흥시장 주민소환 청구인 대표자 증명서 교부(선관위)
- 2008년 7월 22일 ~ 9월 19일(60일)　시흥시장 주민소환서명운동 진행(주민서명 47,000여명 확보)
- 2008년 9월 20일 ~ 9월 22일　서명용지 동별, 수임인별 분류작업 진행
- 2008년 9월 23일　　시흥시장 주민소환 투표청구인 명부 제출 기자회견
- 2008년 10월 10일　시흥시장 항소심에서 징역 3년 6개월, 추징금 5,000만원선고
- 2008년10월 13일　 시흥시선거관리위원회 주민소환 투표청구 각하
　　　　　　　　　　　* 총 47,000여 명 중 35,163명에 대해서만 유효로 인정하고, 작년 12월 31일 이후 전출입자 등에 의한 서명 6,037명, 중복 서명 3,787명, 서명확인이 어려운 서명 1,547명 등 11,714명에 대해 무효 판정
- 2008년 12월 3일　　주민소환과 시흥시 지방자치후원의 밤 개최

자료 : 강석환, (2009) "시흥시 주민소환과 지방자치 바로세우기", 제1회 지방자치포럼 발제문

③ 성과

시흥시장 비리사건은 우리나라 지방자치의 현실을 그대로 드러낸 것이다. 각종 이권과 관련해서 부패가 만연해 있는 것이 우리나라 지방자치의 현실이다.

이런 부패한 현실에 대한 주민들의 반발이 주민소환운동으로 나타난 것이다. 60여 일 기간 동안 4만여 명이 넘는 주민들의 서명참여는 주민소환운동의 정당성을 입증한다고 주민소환운동본부 측은 말하고 있다. 결과적으로 주민소환운동이 서명요건을 충족하지 못해서 성공하진 못했지만, 대법원의 최종 판결로 시흥시장은 그 직을 상실하게 되었다.

그리고 시흥시 주민소환운동을 통해 시민들의 이해와 욕구를 반영할 수 있는 새로운 정치에 대한 욕구가 커졌다는 점에서도 큰 의의를 찾을 수 있다. 주민소환운동본부 측이 보궐선거에 직접 후보를 추대한 움직임은 생활정치를 구현해보려는 노력의 일환이기도 했다. 한편 시흥시 사례를 통해 제도적 허점이 드러남으로써 주민소환법 개정이 필요하다는 문제의식도 싹텄다. 서명청구권자 거주기간의 제한문제는 앞으로 반드시 개선되어야 할 부분이다.

7) 사례 4 : 광진구 주민소환

① 배경 및 내용

광진구 주민소환은 김모 서울시 전의원의 '뇌물스캔들'로 촉발된 사례다. 2008년 7월 서울지방경찰청 수사과가 서울시의회 의장 선거 당선을 목적으로 금품을 제공한 혐의로 서울시의원인 김씨를 긴급체포하면서 뇌물공여 사건의 전말이 드러났다. 김모씨는 그 해 6월에 실시된 제7대 서울시의회 의장선거를 앞두고 4월초부터 동료 의원 30여 명에게 지지를 호소하며 전체 3,500여만 원 가량의 뇌물을 제공한 혐의를 받고 있었다.

이에 따라 김씨의 지역구인 광진구 시민사회단체들은 김씨의 서울시의원 자진사퇴를 촉구하게 된다. 그러나 김씨는 의원직 사퇴를 받아들이지 않았다.

더욱이 주민들의 감정을 자극한 것은 뇌물공여 혐의로 구속수감 중인데도 매월 500여만 원이 넘는 급여를 김모 씨가 수령하고 있었다는 것이다. 이런 상황에서 주요 시민사회단체들은 심도 있는 논의를 거쳐 주민소환을 추진하기로 결정하게 되었다.

[광진구 주민소환운동 중 서명받는 모습 | 광진주민연대 제공]

② 전개 과정

광진구 주요 시민사회단체들은 2008년 10월 '광진주민소환본부'를 발족하고 가두서명과 수임인 모집을 전개했다. 이러한 활동은 선관위에 주민소환청구를 하기 전에 주민들에게 많은 홍보를 할 필요가 있었기 때문이었다.

짧은 시간에 모집한 수임인만 740여 명에 이르러, 주민소환에 대한 주민들의 호응도 높았다. 같은 달, 광진주민소환본부는 주민소환청구인 대표자 증명서 교부신청을 냈고, 대표자 증명서를 교부받았다. 본격적으로 서명운동에 돌입한 시기는 11월 1일이었다. 그리고 주민소환청구서명이 시작된 지 10일 후인 11월 10일, 김모 전 서울시의원은 자진사퇴를 요구하는 사회적인 분위기를 견디지 못하고 시의원 사퇴의사를 밝히게 된다. 소환 대상이었던 당사자가 사퇴함으로써 광진구주민소환운동은 종결하게 된다.

〈주요 일정〉

```
2008. 6. 20    서울시의원 의장선거
       7. 15   김모 서울시의원 구속
       8. 22 ~ 9. 3  시민사회단체 주민소환에 대한 논의 및 결정
      10. 4    광진주민소환본부 발대식
      10. 17   청구인 대표자 신청
      10. 24   대표자 등록증 교부
      10. 24 ~ 31  수임인 704명 신고, 서명용지 5,000매 검인
      11. 1    시민사회단체간 역할분담을 통해 서명운동 돌입
      11. 10   김모 서울시의원 사퇴 발표. 서명운동 종결
```

[광진구 주민소환운동 중 의회 앞에서 시위를 하고 있는 모습 | 광진주민연대 제공]

③ 성과

광진구 주민소환운동에 짧은 시간동안 진행한 많은 시민들이 참여할 수 있었던 것은 바로 직전에 있었던 의정비인상철회 서명운동과 맞물려 있었다. 광진구의회가 의정비를 책정하는 과정에서 일부 법 취지에 맞지 않게 의정비를 책정함으로써 주민감사청구까지 간 경험이 있었던 것이다.

이런 활동이 개별 시민이나 단체에 의해 주도된 것이 아니라 연대활동 차원에서 전개되었기 때문에, 이런 연대의 힘으로 주민소환운동까지 하게 된 것이었다.

짧은 기간이었지만 주민소환운동에는 많은 주민들의 호응이 있었다. 문제가 된 서울시의원인 김모 씨 선거구에서만 1,500여 명이 참여한 것을 비롯해 광진구에서 3천여 명의 주민들이 주민소환에 적극 찬성했다. 결국 주민소환 서명운동이 본격화된 시점에 당사자인 김모 씨가 자진사퇴를 결정한 것은 이러한 지역사회의 사퇴 압력을 견딜 수 없었기 때문으로 해석할 수 있다.

광진구 주민소환운동은 투표까지 치르지 않고 소환대상자의 자진사퇴로 종결되었지만, 부패한 지방 정치인에 대한 주민들의 인식을 높이는 계기가 되었다. 일본의 경우에도 주민소환 서명운동이 활성화되면 소환대상자가 자진사퇴하는 경우들이 많고, 그 경우에는 소환투표를 통해 소환된 것과 같은 의미를 갖는 것이다. 광진구 주민소환 사례도 실제로 비리 혐의가 있는 지방의원을 소환했다는 점에서 의미가 크다고 할 수 있다.

5
주민참여예산

1) 의의 및 도입과정

주민참여예산제도는 앞서 언급한 다른 주민참여제도보다 일상적인 참여제도라고 할 수 있다. 매년 이루어지는 예산편성 과정에 주민들이 참여할 수 있도록 하는 제도기 때문이다. 또한 주민참여예산제도는 사후에 시정시키려는 제도가 아니라 사전과정에 시민들이 참여하는 제도이다.

이러한 주민참여예산제도는 시민사회운동의 활동과 연계하여 도입되었다. 한국의 여러 시민운동단체들은 2000년을 전후해서 지방자치단체의 예산편성과 집행을 감시하는 활동들을 본격적으로 전개했다. 그 과정에서 여러 예산낭비 사례들이 문제가 되었다. 그러나 이러한 감시활동이 가진 근본적인 한계가 있었다. 사후 문제점을 발견해서 문제제기하는 방식으로는 예산이 처음부터 제대로 사용되도록 할 수 없었기 때문이다.

그런 속에서 브라질의 포르투알레그레(Pôrto Alegre) 참여예산 사례가 국내에 소개되면서, 예산편성 과정에 주민들이 사전에 참여할 수 있는 방안을 강구하게 되었다. 그래서 시민운동단체들은 2002년부터 시민참여예산 조례 제정운

[포르투알레그레_롬바도뻬레이로 지역의 지역총회에 참여하기 위한 주민들의 등록 모습 | 김현 제공]

동을 벌였다. 또한 2002년 지방선거시기에 진보정당인 민주노동당에서 '예산참여시민위원회 설치 및 운영에 관한 조례' 제정운동과 '주민참여예산제' 공약 추진 운동을 전개했다.

2003년 광주광역시 북구에서 지역시민단체인 〈참여자치21〉의 제안을 구청장이 받아들여 주민참여예산제도를 시행하기 시작했다. 그리고 2004년에는 근거 조례를 제정했다. 이러한 주민참여예산제도는 울산광역시 동구, 대전광역시 대덕구, 경기도 안산시, 전남 순천시, 충북 청주시, 울산광역시 북구 등으로 확산되어 나갔다(하승수 2007, 154).

이처럼 주민참여예산제가 확산되어가면서 중앙정부도 주민참여예산제 도입을 지방자치단체에 권고하게 된다. 2005년 8월 「지방재정법」을 개정하면서 제39조에 "지방자치단체의 장은 대통령령이 정하는 바에 따라 지방예산편성과정에 주민이 참여할 수 있는 절차를 마련하여 시행할 수 있다"는 근거규정을 삽입했다. 그리고 지방재정법 시행령 제46조에서 지방예산편성 과정에 주민이 참여할 수 있는 방법으로 ① 주요사업에 대한 공청회 또는 간담회, ② 주요사업에 대한 서면 또는 인터넷 설문조사, ③ 사업공모, ④ 그 밖에 주민의견 수렴에 적합하다고 인정하여 조례로 정하는 방법을 제시하고, 그밖에 주민참여 예산의 범위·주민의견수렴에 관한 절차·운영방법 등 구체적인 사항은 지방자치단체 조례로 정하도록 했다. 이렇게 지방재정법과 시행령이 개정된 이후에 행정안전부가 표준 조례안을 지방자치단체에 배포하면서 조례를 제정한 지방자치단체는 크게 늘어났다.

  2009년 6월 현재 전국 90여개 지방자치단체에서 참여예산 관련 조례를 제정했다. 물론 이는 우리나라 전체 지방자치단체의 40%에도 미치지 못하는 수이다. 지역별로는 전라남도에서 21개 지방자치단체가 주민참여예산조례를 제정하여, 가장 많은 자치단체에서 주민참여예산 관련 조례를 제정했다. 그 다음으로는 경기도가 12개 자치단체에서 관련 조례를 제정했다. 그밖에 강원 7개 자치단체, 경남 8개 자치단체, 경북 6개 자치단체, 광주 5개 자치단체, 대구 6개 자치단체, 대전 3개 자치단체, 부산 2개 자치단체, 울산 2개 자치단체, 인천 1개 자치단체, 전북 5개 자치단체, 충남 4개 자치단체, 충북 8개 자치단체에서 주민참여예산 관련 조례를 제정했다[49].

  그러나 참여예산 관련 조례가 의무적인 사항이 아님에도 이렇듯 많은 곳에서 참여예산 조례를 제정한 것은 의미가 있다. 여기에는 행정자치부(현 행정안전부)가 진행하는 지방재정분석 평가 30개 지표 중 하나로 참여예산 조례 제정 여부를 포함시킨 것이 크게 작용했다.

  이렇듯 참여예산 조례가 한국에 도입된 데는 시민사회운동이 결정적인 영향을 미쳤다. 제도 도입 이후에도 시민사회운동은 각 지역별로 구체적인 참여예산 제도 설계와 그 운영과정에서도 큰 영향을 미치고 있다. 그것은 참여예산 제도가 시민사회와 잘 결합되어 운영되는 곳에서 실제로 활성화되는 모습을 보여주고 있는 것에서도 잘 알 수 있다.

---

49) 이 현황은 참여예산.net의 자료를 인용(http://www.joinbudget.net/board/embed).

2) 내용과 운영현황

주민참여예산은 전국적으로 시행되는 제도가 아니라 관련 조례를 제정한 지방자치단체에 한해서 실시되고 있는 제도이다. 또한 관련 조례를 제정한 모든 지방자치단체에서 동일한 수준으로 참여예산이 실질적으로 작동되고 있는 것도 아니다. 조례의 내용에 따라 매우 형식적이고 선언적으로만 규정한 곳도 있고, 실질적으로 시민들의 참여를 보장하고 있는 곳들도 있다.

조례 내용이 형식적으로 된 것은 행정자치부가 배포했던 표준조례안이 참여예산에 필요한 절차 및 구조에 대해 "할 수 있다", "둘 수 있다"로 표현했기 때문이기도 하다. 이는 지방자치단체장에게 광범위한 재량권을 부여하여 주민참여예산을 형식적인 제도로 전락시킬 우려의 근거가 되고 있다. 실제로 조례를 제정한 지방자치단체 중 대다수는 매우 형식적인 조례를 제정하고 운영하는 수준에 그치고 있다.

주민참여예산제도가 실질적으로 시민들의 참여를 보장하려면, 시민들이 적절하게 참여할 수 있는 구조를 갖추어야 하고 그것이 실질적으로 운영되어야 한다. 비교적 모범적으로 주민참여예산제도를 만들어서 운영하고 있는 지방자치단체들의 경우에는 이러한 구조들을 어느 정도 갖추고 있다. 대표적으로는 '지역회의'와 '예산위원회', '예산협의회', '예산연구회'를 들 수 있다. 각 조례에서 사용하는 구체적인 명칭은 이와 조금 다를 수 있지만, 위의 4가지는 시민들의 참여가 실질적으로 보장될 수 있도록 하는 대표적인 구조들이다.

'지역회의'는 주민참여예산의 1차적 과정으로, 해당 지방자치단체 구역 내 각 지역별로 개최하여 주민들이 스스로에게 필요한 예산안의 내용 등을 제안하는 회의이다. '예산위원회'는 주민들을 대표하여 실질적인 예산안을 심의하고 작성하는 역할을 한다. 물론, 예산위원회에 참여할 시민들을 선출하는 방식은 각 지역마다 상이하다. '예산협의회'는 시민들로 구성된 '예산위원회'와 관련 공무원들이 시민들에 의해 제안된 예산편성안과 공무원들이 먼저 작성한 예산편성안을 조정하는 작업을 하는 회의이다. 이 과정에서 시민들이 편성한 예산안이 수용·수정·거부당하기도 한다. 마찬가지로 공무원들이 작성한 예산편성안에 대해서도 이 과정을 통해 수용·수정 등의 과정을 거친다. '예산연구회'는 시민들이 예산편성 과정에 참여하기 위해 필요한 절차와 내용 등을 정하고 시민들에 대한 교육 등을 담당하는 역할을 주로 한다.

그런데 조례에 '지역회의'를 규정하고 있는 곳은 전체 90여개 지방자치단체 중 8개에 불과하다. 하지만, 이 중에서도 부산 해운대구와 충남 서산시는 주민자치위원 및 읍·면·동 자문위원으로 참여 자격을 제한하고 있다. 또한 광주광역시 서구와 울산광역시 북구와 동구를 제외하면 지역회의에 참여하는 인원을 10명에서 15명 내로 제한하고 있다. 이는 지역회의를 모든 주민들에게 개방하는 것이 아니라, 일정한 조건의 주민들로 참여를 제한하고 있음을 의미한다. 대체로 참여자격을 갖춘 이들은 주민자치위원, 통·반장 등이다. 따라서 '지역회의'를 두고 있는 곳 중에서 아무런 조건 없이 주민들의 참여를 보장하고 있는 지역은 광주광역시 서구와 울산광역시 동구 및 북구 밖에 없다.

한편 주민참여예산 관련 조례가 제정된 90여개 지방자치단체 모두에서 '예산위원회'를 구성하도록 규정하고 있다. 따라서 '지역회의'를 두지 않는 곳은 이 위원회를 유일한 주민참여 통로로 규정하고 있음을 알 수 있다. 즉, 제한된 시민참여만을 보장한 것이다. 하지만, 이마저도 대개는 "둘 수 있다"라고 규정하고 있다. 위원회 규모는 20인 이내에서부터 100인 이내까지 다양하다.

'예산협의회'는 대부분의 조례가 명시적인 규정을 두지 않았거나 "둘 수 있다"로 명기하고 있다. 다만, 9개 지역에서는 '예산협의회' 설치를 명시적으로 규정하고 있다. 그 외에 전남 강진과 충남 서산에서는 '예산협의회'를 '지방재정공시심의위원회' 또는 '지방재정계획·공시심의위원회'가 대체하도록 하고 있다.

'예산연구회'는 90개 지방자치단체 중 10개 지역에서 설치하도록 규정하고 있다. 충남 홍성군에서는 '지방재정공시심의위원회'에서 이 역할을 대행하도록 규정하고 있다.

조례의 형태를 통해 그 규정력의 효용성 여부를 판단해 보면 크게 세 가지 유형으로 구분해 볼 수 있다. 첫째는 정부 표준조례안에 따른 조례제정 지역이다. 둘째는 참여예산시민위원회를 중심으로 한 조례제정 지역이다. 그리고 셋째로는 지역회의, 참여예산시민위원회, 참여예산협의회, 참여예산연구회 등 4가지 기구를 중심으로 운영하는 조례제정 지역이다. 이 중 후자의 유형에 해당할수록 주민참여예산조례로서 실질적 규정력을 갖추고 있다고 볼 수 있다.

첫 번째인 유형의 경우, 2009년 6월 현재 57개 자치단체에서 행자부 표준안과 거의 똑같은 조례를 제정했다. 이는 수적으로도 주민참여예산제를 도입한 곳의 60%를 넘는다. 행정자치부 표준조례안은 지방재정법 시행령에서 예시하고 있는 주민참여방안을 제시하고 설명회, 공청회, 설문 등의 의견수렴과정과 위원회, 연구회 등의 운영방안에 대해 "할 수 있다." "둘 수 있다"로 제시하였다. 그리고 참여예산제 운영에 대해 자치단체장 재량권에 따라 운영하도록 하고 있다. 이 경우에는 대부분 형식적인 규정들로 인해 실질적으로 주민참여예산이 이루어진다고 보기 힘들다.

두 번째 유형인, 주민참여예산조례에 참여예산위원회를 구성하고 운영하도록 규정한 지역은 24개 자치단체이다. 참여예산위원회의 규모는 작게는 15인 규모에서 많게는 100인의 규모까지 다양하다. 이 경우, 조례상으로는 행정의 예산편성 과정에 시민들의 참여가 보장되어 있다고 볼 수 있다. 하지만, 예산위원회 구성을 조례에서 구체적으로 명시하고 있다고 해서 예산편성 과정에 주민들이 실질적으로 참여하고 있다고 보기는 힘들다. 지역에 따라 실질적으로 예산위원회가 원활히 운영되고 있는지, 위원회가 최소한의 실질적 권한을 행사하고 있는지는 상이하기 때문이다. 즉, 형식적으로는 예산편성 과정에 시민들의 참여를 보장하고 있지만, 내용적으로는 예산위원회의 활성화와 그 권한 부여 정도에 따라 지역별로 상이하게 작동되고 있다는 것이다.

〈표 17〉 조례에 예산참여시민위원회를 규정한 지역 현황

지역명		조례명	예산 지역회의	예산 위원회	예산 협의회	예산 연구회
강원	속초시	주민참여예산제 운영 조례	없음	60명 내외	없음	없음
경기	안산시	주민참여 기본 조례	없음	80인 이내	없음	없음
	양주시	주민참여예산제 운영 조례	없음	50인 이내	없음	없음
	연천군	예산참여군민위원회운영규정	없음	50인 이내	없음	없음
광주	남구	주민참여예산제 운영 조례	없음 → 15인 이내	20인-〉25인	없음	없음
	동구	주민참여예산제 운영 조례	없음	50인 이내	없음	없음
대전	본청	주민참여기본조례	없음	50-70인n이하	없음	없음
부산	동래구	주민참여예산제 운영 조례	없음	50인 이내	없음	없음
인천	동구	구민참여 기본 조례	없음	20명 이내	없음	없음
전남	강진군	주민참여 예산제 운영조례	없음	30인 이내	지방재정공시심의위원회 대행	없음
	광양시	주민참여예산제 운영조례	없음	20인 이내	없음	없음
	함평군	주민참여예산편성 운영 조례	없음	25인 이내	없음	없음
	목포시	주민참여예산제 운영조례	없음	15-45인 이하	없음	없음
	완도군	주민참여예산제 운영 조례	없음	30-50인 이하	둘 수 있다	둘 수 있다
	신안군	주민참여예산제 운영 조례	없음	15-30인 이내	없음	없음
	진도군	주민참여 예산제 운영 조례	없음	20-30인 이내	없음	없음
	화순군	주민참여예산제 운영 조례	없음	20인 이내	둘 수 있다	둘 수 있다
전북	익산시	시민참여예산제 운영조례	없음	69인 이내	둘 수 있다	둘 수 있다
충남	서산시	주민참여예산제 운영 조례	"읍·면·동 자문위원회 대체"	50인 이내	지방재정계획·공시심의위원회 대체	없음
	홍성군	주민참여예산제 운영 조례	없음	35인 이내	없음	지방재정공시심의위원회 대행
충북	옥천군	주민참여예산제 운영 조례	없음	30인 이내	없음	없음
	제천시	주민참여예산제 운영 조례	없음	80인 이내	없음	없음
	청주시	시민참여예산제 운영조례	없음	50인 이내	없음	없음
	영동군	주민참여 예산제 운영 조례	없음	20인 이내	없음	없음

마지막으로, 현재 주민참여제도를 시행하는 지역 중 9개 지역에서 예산운영 전반을 분야별로 논의하는 위원회를 두어 시민들의 의견을 수렴하도록 하고 있으며, 나아가 조정된 예산안을 최종적으로 합의하는 협의회 구조를 갖추고 있다. 또한 이들 지역은 참여예산제도의 역동성을 갖게 하는 연구회를 두고 있다. 그리고 예산편성 과정에 대한 참여를 시민들의 대표인 예산위원회뿐만 아니라, 일반 시민들의 참여로까지 확대하기 위한 지역회의를 두고 있는 곳도 여러 곳이다. 그런 점에서 이 유형은 제도상으로 적절한 주민참여예산제 형식을 갖추고 있다고 할 수 있다.

하지만, 이들 중에도 운용 과정 활성화와 실제 권한의 부여 정도가 약간씩 상이한 편이다. 그 중 일반 시민들의 참여를 보장하기 위한 지역회의에 있어서도 그 참여 인원 범위를 10인으로 규정하거나 주민자치위원회가 대행하도록 규정한 경우에는 시민들의 참여가 제한된다고 볼 수 있다. 지역회의에 모든 시민들이 참여할 수 있도록 규정한 곳은 광주 서구와 울산 동구 및 북구가 유일하다.

〈표 18〉 조례에 예산위원회와 예산협의회, 예산연구회 등을 규정한 지역 현황

지역명		조례명	예산 지역회의	예산 위원회	예산 협의회	예산 연구회
광주	북구	주민참여예산제운영조례	10인 이내	100인 이내	12인 이내	9인 이내
	서구	주민참여예산제 운영 조례	누구나	100인이내	있음	15인 이내
대전	대덕구	주민참여예산제 운영조례	10인 이내	100인 이내	있음	9인 이내
부산	해운대구	주민참여예산제 운영 조례	없음→주민자치위 대행	50인 이내	없음	9인 이내
울산	동구	주민참여예산제운영조례	누구나	100인 이내	있음	15인 이내
	북구	주민참여예산제 운영 조례	지역토론회	80인 이내	조정회의	9인 이내
전남	순천시	주민참여예산제 운영 조례	없음	80명 이내	있음	11인 이내
	나주시	주민참여예산제 운영 조례	없음	80인 이내	있음	10인 이내
전북	군산시	시민참여예산 운영조례	없음	60인 이내	있음	9인 이내

그밖에 광주광역시 광산구는 참여예산위원회와 지역회의가 규정되어 있지 않지만, 참여예산협의회와 예산연구회는 각각 50인 이내와 조정협의회란 명칭으로 7인 이내를 규정하고 있다. 이 경우는 행정의 예산편성 과정에 일반 시민들의 사업제안 등을 수렴하기 위한 통로가 마련되어 있지는 않지만, 예산에 관한 협의와 조정 과정은 시민 대표들의 참여를 보장하고 있음을 의미한다. 이는 행정의 예산편성 과정에 있어서 시민들과의 협의 정도가 이루어지는 것이라 볼 수 있다.

이러한 세 번째 유형 중에서도 가장 먼저 참여예산제를 도입한 광주 북구와 이를 제도적으로 좀 더 발전시킨 울산 동구, 대전 대덕구, 광주 서구 등의 지역이 현재 제도적 완결성과 제도 시행의 적극성에 있어 주목할 만하다. 특히 광주 서구는, 다른 지역의 참여예산제도 운영이 대부분 예산심의기간에 맞춰져 있는 것과 달리, 5월 31일 국고보조신청기간 이전인 4월과 11월 예산심의 이전인 10월에 지역회의를 개최하고 있다. 이는 예산의 상당 부분을 차지하는 국고보조사업 신청에 시민들의 의견을 반영할 수 있다는 장점이 있다.

이 글에서는 위의 9개 지역 사례 중에서 광주 북구와 울산 동구, 대전 대덕구 주민참여제도 도입 및 운용과정, 그리고 그 현황 등에 대해 보다 자세히 살펴보고자 한다. 광주 북구는 가장 먼저 조례를 제정했을 뿐 아니라 주민참여예산제에 비교적 적극적인 지역들에서 가장 많이 벤치마킹한 곳이라는 점에서 대표적인 사례라 할 수 있다. 울산 동구는 광주 북구의 사례를 보다 발전시킨 곳이라는 점에서 좋은 사례로 평가할 수 있다. 대전 대덕구는 앞의 두 사례에 비해 후발주자라 할 수 있겠으나, 구청장의 적극적 의지로 주민참여예산조례가 제정되고 비교적 활발한 활동을 보이는 곳이라는 점이 특징적이다.

그리고 조금 색다른 참여예산 사례라 할 수 있는 충남 천안시 사회복지 네트워크 사례도 살펴보고자 한다. 천안시 사회복지 네트워크는 매년 대안적 복지예산을 편성하여 행정에 제안하는 운동을 전개하고 있다. 그리고 그 제안 내용이 합리적 근거를 갖는 것으로 판단되어, 행정도 대폭 수용하는 등의 성과를 보이고 있다. 물론, 이 사례는 주민참여예산제 사례가 아니다. 하지만, 보다 엄밀하게 개념을 살펴본다면, 이는 주민참여예산 관련 조례가 제정된 어느 지역보다도 활발하고 적극적인 주민참여예산을 시행하는 사례라 할 수 있다.

3) 사례 1 : 광주 북구 주민참여예산제

① 제도 도입 과정 및 내용

한국 사회에서 주민참여예산제가 처음으로 도입되고 운영된 곳은 광주광역시 북구다. 광주 북구는 시민사회단체 활동 연장선상에서 제도화가 진행되었다고 평가할 수 있다. 〈참여자치21〉을 중심으로 한 시민사회단체에서 시민참여조례제정운동의 한 축으로 2003년 납세자의 날을 맞아 자체적으로 마련한 표준조례안을 광주광역시 내 기초자치단체에 제안했고, 이를 북구 구청장이 전격 수용하게 된 것이다.

구청장 의지로 주민참여예산제도의 전격 수용이 결정된 이후, 애초 이를 제기한 시민사회단체와 구청 담당 공무원 간에 보다 구체적인 제도 내용을 정하기 위한 협의가 진행되었다. 이 협의 과정을 통해 주민참여예산제 운영내용과 과정, 그리고 이후 조례 제정 등의 과정이 진행되었다. 이에 따라 2003년 5월 운영방침 및 일정별 추진계획이 확정되었고, 2003년 6월과 11월에 의회와의 간담회를 개최했다. 그리고 2003년 7월 북구 청년간부회의 자체토론회, 8월 주민참여예산제 공청회 등을 통해 주민참여예산이 공식적으로 추진되었다. 이러한 과정을 통해 2003년에는 주민참여예산조례가 제정되기 전에 이미 주민참여예산이 운영되었다.

조례 제정은 2003년 말까지 자료수집 및 조례 초안을 마련했고, 주민참여예산제 연구회를 통해 조례안을 2003년 12월에 확정했다. 그 후 주민참여예산 추진성과 보고 및 조례안 공청회를 실시했으며, 다음 해인 2004년 1월 입법예고를 통해 3월 제정되었다. 광주 북구는 제도 도입을 위한 초기 과정에 담당 공무원과 지역 시민단체, 교수 등 전문가가 결합하면서 제도에 대한 이해와 구체적인 실행방안 및 일정, 교육내용 마련 등에 관한 논의 및 협의가 활발하게 이루어졌다.

조례를 제정한 이후 2006년에 두 차례 조례 개정이 이뤄졌는데, 주요 개정 내용은 2005년에 진행된 주민참여활성화를 위한 토론회에서 제시된 의견을 중심으로 이루어졌다. 주요 개정 내용은 예산참여시민위원회의 규모를 당초 80명에서 100명으로 확대한 것과 동별 지역회의를 새롭게 구성한 것이다. 또한 예산위원회 구성 시 지역회의 신설과 더불어 지역회의 추천 위원 조항을 신설했는데, 지역회의에서 추천한 지역회의 소속 주민자치위원 1인과 공개모집한 주민위원 2인이 예산위원회 위원으로 참여하게 되었다. 이 외에 시민의견 조정심의기구를 기존의 지방재정계획심의위원회에서 예산참여민관협의회로 대체하는 것 등이 주요한 개정 내용이다.

이 중 동별 지역회의를 신설한 것과 예산참여민관협의회를 구성한 것은 매우 중요한 변화라 할 수 있다. 동별 지역회의 신설과 지역회의를 통한 예산위원회 위원 배정은 시민들의 의견을 보다 아래로부터 수렴하고자 하는 것이다. 그리고 예산참여민관협의회는 예산정책토론회 이후 예산편성안에 대한 심의 조정 기능을 담당하는 기구로서, 기존의 지방재정계획심의위원회보다 시민들의 최종 권한을 보다 강화한 것이라고 볼 수 있다.

〈표 19〉 광주 북구 조례 개정 주요 내용

구 분	제1단계 조례제정 이전 단계 (2003. ~ 2004. 3)	제2단계 조례제정을 통한 제도화 단계 (2004. 3 ~ 2006. 5)	제3단계 조례개정을 통한 재제도화 단계 (2006. 5 ~ 현재)
예산정보공개 범위 및 방법	• 세입세출예산편성 요구서 • 세입세출예산안 (사업별 작성은 온·오프라인 공개)	• 세입세출예산편성 요구서 • 세입세출예산안 (사업별 작성은 온·오프라인 공개)	• 세입세출예산편성 요구서 • 세입세출예산안 (사업별 작성은 온·오프라인 공개)

구 분		제1단계 조례제정 이전 단계 (2003. ~ 2004. 3)	제2단계 조례제정을 통한 제도화 단계 (2004. 3 ~ 2006. 5)	제3단계 조례개정을 통한 재제도화 단계 (2006. 5 ~ 현재)
예산 (시민) 참여조직	예산참여 시민 위원회	• 추천·공모 132명 • 8개 분과위원회	• 추천·공모 80명 • 5개 분과위원회	• 추천, 100명 이내 • 8개 분과위원회
	예산참여 지역회의	없음	없음	동별 7~10명
수렴된 주민의견 조정심의기구		지방재정계획 심의위원회	지방재정계획 심의위원회	예산참여 민관협의회
주민참여예산제 연구회 구성		8명	9명	9명
기 타		• 2004년도 주민참여 예산제 도입을 위한 조례제정의 중요한 토대 제공	• 예산토론방 설치 • '북구살림' 홈페이지 재구축(예산참여방)	• 보궐위원 선정기준 마련 • 참여주체의 확대 • 포털 사이트 구축

* 자료 : 광주광역시 북구청 홈페이지
(http://bukgu.gwangju.kr/phps/menu/menu.php?S=S31&M=020101000000)

② 진행 절차

광주 북구는 찾아가는 예산설명회를 시작으로 참여예산 주기가 본격화된다. 매년 3~4월 기간에 각 동별 주민자치센터에서 해당 지역 통장, 지역회의 위원, 시민 등을 대상으로 동영상을 통한 주민참여예산제 참여방법 및 홍보가 진행된다. 이후 시민위원과 지역회의 위원, 일반 시민들을 대상으로 예산학교가 운영되며, 각 동별로 7~10명으로 구성된 지역회의 위원이 참여하는 예산참여 지역회의가 7월부터 10월까지 진행된다. 여기에서는 다음 연도 예산편성 방향과 부문 간 지출 우선 순위에 대한 의견수렴, 예산편성 관련 동 시민의견 수렴 등이 진행된다.

시민들을 대상으로 한 주민예산학교는 6월 중에 실시된다. 주민예산학교에서는 효율적인 재정자치를 위한 시민위원회의 역할, 예산운영 실무, 분과위원회 주제별 토론, 교양강좌 등의 내용을 다룬다. 참여 대상자는 시민위원회 위원과 지역회의 위원, 그리고 일반 시민 등이다. 또한, 공무원을 대상으로 한 교육은 8월 중에 실시되며, 새로운 재정제도에 대한 이해와 공무원 역량 강화를 위한 과정으로 실시된다. 참고로 시민위원회는 5개 분과로 편재되어 있는데, 각각의 분과는 자치행정 분과, 재정경제 분과, 문화정보 분과, 주민생활지원 분과, 도시환경 분과이다.

예산정책토론회 진행은 8월에서 9월 사이에 사전설명회가, 분야별 토론회는 9월에서 10월, 이어 총괄 토론회가 10월에서 11월 사이에 개최된다. 사전설명회는 결산결과 설명, 다음 연도 예산편성 방향, 예산편성 기본 지침수립을 위한 토론, 전년도 주민참여예산제에 대한 평가 등으로 진행된다. 분야별 토론회는 각 실과소별로 작성하여 공개한 '예산안 요구서'에 대해 관계 공무원이 출석·설명 후 의견수렴 및 분과별 토론이 이어진다. 총괄토론회에서는 분야

[그림 6] 광주 북구 주민참여예산제 운영 단계

별 토론회 결과 수렴, 예산편성 우선순위, 신규사업의 타당성, 분야별 토론내용의 상충된 부분 조정 등의 작업이 진행된다.

예산참여민관협의회에서는 수렴된 의견에 대한 부서별 검토 의견과 이에 대한 기획감사실의 종합검토를 바탕으로 예산참여민관협의회 심의 후 예산 반영 여부를 결정한다. 확정된 예산안은 구의회에 제출되고 이후 주민의견분석 및 평가환류 단계를 거친다. 평가를 통해 우수의견 시상 및 내용 분석, 주민 제안 마일리지 적용 등이 진행되며, 해당 내용은 다음 연도 예산학교 운영 시 보고된다.

③ 예산 반영 정도

이 제도의 성과를 수치상으로 보다(좀더) 정확히 분석해 보기 위해서는 시민들의 참여가 어느 정도 예산 및 정책에 실질적으로 반영되고 있는가를 살펴볼 필요가 있다. 시민들이 제안한 것 중에는 예산이 필요한 사업도 있고 예산이 필요하지 않은 사업도 있다. 이를 구분하지 않고 전체적으로 시민들이 제안한 사업 중 채택된 것의 비율을 살펴보면, 주민참여예산이 시행된 2004년 예산편성 시기부터 2009년 예산편성 시기까지 평균적으로 50% 이상의 채택률을 보이고 있다. 2009년 예산편성안 작성 과정에서만 채택률이 50%에 미달하고, 그 외의 예산편성 시기에서는 모두 50%를 초과하고 있다. 특히, 조례 제정 첫 해에 이루어진 예산편성 과정에서는 시민제안 건수에 비해 채택된 건수의 비율이 80%를 넘었다. 이는 곧 시민들의 참여에 따른 권한도 그 정도 수준으로 평가할 수 있다는 것이다. 이는 각 지방자치단체마다 수십 개에 이르도록 조직된 각종 위원회 등 여타 일상적 시민참여 체계에 비해 상당한 정도의 권한이 인정되었음을 의미한다.

이에 반해 예산사업에 대한 주민제안 건수 대비 채택 건수 비율은 다소 떨어진다. 예산 사업의 경우, 지금까지 총 340건이 제안되었으나 채택된 비율은 153건으로 50%에 미치지 못한다. 게다가 주민들의 참여를 통해 제안된 예산액 대비 채택된 예산액을 비교해 살펴보면, 채택된 건수 비율에 한참 못 미치는

23.3% 정도에 그치고 있다. 이는 주민들이 제안한 예산 중 많은 예산이 소요되는 사업들보다 주로 저비용 사업들이 채택되었음을 의미한다.

광주 북구에서 주민참여예산제를 통해 주민들에게 예산편성 과정에 부여한 권한의 정도와 관련해 살펴볼 수 있는 또 다른 한 가지는 주민들이 개입하여 반영한 총 예산액수가 전체 예산에서 어느 정도의 몫을 차지하는가에 관한 것이다. 지금까지 6년간의 예산편성 과정에서 주민참여예산제를 통해 주민들이 제안하여 채택된 예산의 비율은 전체 예산에서 1.15% 정도를 차지한다. 이 수치는 주민참여예산제가 전체 예산에 미치는 영향력 정도를 나타내 주는 것이기도 하고, 주민참여예산을 통해 주민들이 전체 예산편성에 대해 영향을 미친 정도를 나타내 주는 것이기도 하다. 즉, 광주 북구 주민참여예산제가 북구 총 예산에 미치는 영향 정도는 약 1% 정도이며, 예산 편성과 관련하여 주민들에게 할당된 권한 정도도 1% 인 것이다.

이 1%라는 수치를 지나치게 왜소화하여 폄하할 필요는 없다. 광주 북구청 2009년도 재정자립도는 16%에 불과하다. 또한 전체 예산 중 공무원들의 인건비와 시설운영에 따른 비용 등 경직성 경비 등을 고려하면, 1%라는 수치가 단

〈표 20〉 연도별 주민참여예산 처리 현황

(단위: 백만 원)

연도[1]	전체 현황(건수)			예산사업(건수)		예산액수[2]		총예산 대비	
	제안	채택	조정[3]	제안	채택	제안액수	채택액수	채택	예산비율
2004	56	36	10	-	-	-	-		
2005	56	46	2	25	20	4,007	2,511		1.4%
2006	121	62	3	54	14	9,813	1,019		0.6%
2007	110	69	1	66	33	7,656	2,013		0.9%
2008	128	73	7	85	41	23,077	3,725		1.4%
2009	141	66	8	110	45	10,981	3,889		1.3%
계	612	352	31	340	153	55,534	13,157		1.15%

주 : 1) 연도는 예산편성 기준에 따른 것으로, 실제 참여는 표기된 전년도에 이루어짐
 2) '예산액수'의 '계'는 각 연도의 백만 원 단위로 표시된 것의 합
 3) 비예산사업 중 현장에서 바로 답변하여 처리한 것 등의 건수
* 자료 : 광주광역시 북구청 홈페이지 자료를 취합하여 재구성

순 숫자상으로 나타난 것만큼 그리 왜소한 규모라 할 수는 없다. 참고로 2009년 주민참여예산제를 통해 반영된 예산사업 건수와 액수는 총 45건의 38억 8천 9백만 원 규모이다.

④ 성과

앞서 수치를 통해 살펴본 것 이외에도 광주 북구 주민참여예산제는 여러 가지 점에서 성과를 거두고 있다. 광주 북구 주민참여예산 이전에는 주민자치위원회 등을 중심으로 주민들의 민원을 받고 이를 행정에서 일방적으로 심사하여 그 중 일부에 예산을 배정하는 경우가 있었다. 하지만, 이는 주민들이 예산을 직접 결정하는 데까지 권한을 부여한 것이 아니라 단지 주민들의 민원을 행정이 참고하여 예산편성을 하거나 일부 예산을 집행하는 정도에 그친 것이다. 그런 점에서, 광주광역시 북구에서 주민참여예산제가 전국 최초로 시행되었다는 점은 무엇보다도 큰 의의를 갖는다. 따라서 이 사례는 전국적인 벤치마킹 대상이 되기도 했는데, 2009년 초까지 전국적으로 104개 기관의 774명이 이 사례를 배우고 갔다. 또한 북구에서 제작한 운영 매뉴얼은 전국 자치단체에 보급되어 참고자료로 활용되고 있다.

또한 예산편성 과정에 주민들의 의견을 반영함으로써 주민들의 직접 참여 기회가 확대되었고, 예산 관련 정보를 주민들에게 제공함으로써 지방 재정의 투명성이 제고되었다. 그리고 지방재정에 대한 행정과 시민들의 책임성이 높아졌다는 점도 성과라 할 수 있다. 이는 재정 건전화와 행정 투명성 확보에도 기여했다. 실제 지역회의가 구성되기 이전인 2005년에 주민참여예산제에 참여한 예산시민위원들을 대상으로 한 설문조사 결과에 의하면, 주민참여예산을 통해 지방재정의 투명성과 구정에 대한 이해가 향상되었다는 응답이 가장 높은 점수를 차지했으며, 그 다음으로는 구정에 대한 신뢰도와 예산편성 절차에 대한 만족도 향상, 지방재정 책임성 확보 등을 긍정적인 효과로 꼽았다.

4) 사례 2 : 울산 동구 주민참여예산제

① 제도 도입 과정 및 내용

광주광역시 북구에 이어 두 번째로 조례를 제정한 울산광역시 동구는 주민참여예산제를 공약으로 내건 구청장이 당선되었고, 이후 지역 시민사회단체의 제안을 통해 제도화가 진행되었다. 2003년 9월 시민사회단체의 제안 이후 11월에 총무국장 외 4명으로 구성된 주민참여예산추진단이 발족되고 이어 토론회가 개최되었다. 이후 구의원, 교수, 시민사회단체, 시민, 공무원 등으로 구성된 주민참여예산연구회가 2004년 1월 구성되었다. 그 이후 과정은 광주 북구와 비슷한데, 간부 공무원을 포함해 공직사회 내부 마인드 전환교육을 실시하고 구의회 간담회 자리를 마련해 구의회의 협조를 요청했다. 그리고 주민들을 대상으로 한 교육 및 홍보를 실시했는데, 동별 순회교육을 통해 주민자치위원, 통장, 자생조직, 주민 등 700여명이 교육에 참여하는 등 제도화 이전 과정을

[울산 동구 주민참여예산제 과정 중 지역회의 모습 | 엄홍석 제공]

충실히 이행했다. 이러한 과정을 거쳐 2004년 6월에 주민참여예산조례가 공포되었다.

조례 개정은 2004년 조례 제정 이후 2006년 한 차례 이루어졌다. 주요 개정 내용은 예산학교가 당초 다소 강제적 조항이었으나, 예산편성 과정 이전에 위원을 대상으로 예산학교를 운영한다는 내용으로 조정되었다. 지역회의 경우 참여대상을 동장이 선정하는 것에서 희망자는 누구나 참여할 수 있도록 개방성이 확대되었다. 지역회의 소집 및 의결은 재적 위원수를 20인 이상으로 한다는 조항을 새롭게 삽입했다. 연구회의 위상 및 역할은 당초 조례 제·개정과 역기능 해소에서 의견 제시 및 해소방안을 강구하는 것으로 다소 축소되었다.

조례 이외 운영과 관련해서는, 예산범위가 당초에 자체사업 예산에서 2005년도에 자체사업 및 경상예산(보조사업 제외)과 법정경비 및 기준경비(포괄심의)로 확대되었으나, 2007년도 연구회를 통해 다시 자체사업만 참여하고 경상예산(법정경비 및 기준경비와 경상적 경비)은 편성안 공개로 참여예산범위가 축소되었다. 또한 주민참여예산시민위원의 각종 위원회 참여가 확대되었는데, 지방재정심의위원회, 투자심사위원회에 각 2명이 참여하고 있으며, 공동주택 지원 심의위원회에도 2명에 위촉되었다.

분과위원회의 경우 2006년에 당초 8개 분과에서 5개 분과로 조정되었는데, 각 분과는 재정문화 분과, 자치행정 분과, 복지환경 분과, 지역개발 분과, 도시교통 분과로 구성되어 있다. 2007년도는 연구위원회를 통해 시민위원 해촉과 관련해 회의 참석률이 저조(50%미만)한 위원에 대해 해촉이 이루어졌다. 이와 함께 1차 분과위원회 이후 2, 3차 분과위원회, 협의회, 총회 단계가 복잡하고 중복됨에 따라 현재 3차 분과위원회 및 총회를 폐지하자는 의견이 제기되었으나, 당초 취지를 유지하기 위해 현행 제도를 유지하는 것으로 결정되었다.

울산 동구 주민참여예산이 앞서 소개한 광주 북구 주민참여예산과 비교해 가장 큰 차이를 보이는 것은 다루는 예산 범위와 관련된 것이다. 광주 북구는 참여하는 시민들이 사업을 제안하고 이를 예산에 반영시키는 역할을 주로 하지만, 울산 동구는 그 외에도 행정에서 편성한 자체사업 예산 전체에 대해 심의하고 이를 수정하는 역할을 수행한다. 그만큼 주민참여예산제에 참여하는 시민들의 권한이 더욱 강하다고 할 수 있다.

② 진행 절차

울산 동구는 2월에 전년도 주민참여예산운영 평가보고회로 시작되며, 3월 주민참여예산연구회에서 당해 년도 주민참여예산 운영계획을 수립하는 것으로부터 본격화된다. 이후 6월 주민참여예산학교가 진행되며, 6월부터 7월 사이 주민자치위원, 해당 동 시민위원, 일반 시민들을 대상으로 지역회의 및 1차 분과위원회가 개최된다. 지역회의와 1차 분과위원회에서는 동 및 구 단위의 시민 의견을 반영한 사업 발굴 등의 논의가 진행된다.

[그림 7] 울산광역시 동구 주민참여예산제 운영 단계

이후 5개 분과별 위원회가 진행되며, 신규사업에 대한 발굴과 사업 우선순위 선정 및 심의 등이 이루어진다. 이때 우선 순위 선정을 위한 현장방문 등도 함께 진행된다. 2차 분과위원회 이후 협의회가 개최되며, 이때 예산안 총괄 조정과 심의를 통해 분과위원회별로 심의한 예산안에 대해 재정 규모에 맞게 총괄 조정이 이루어진다. 3차 분과위원회는 협의회 결정사항을 설명하고 이후 총회를 거쳐 협의회에서 총괄 조정한 예산편성(안)이 확정된다. 이후 예산안의 의회 제출과 12월에 주민의견 평가 및 환류 과정으로 마무리 된다.

③ 예산 반영 정도

울산 동구에서 2005년부터 2009년까지 예산편성안 작성 과정에서 주민참여예산을 통해 시민들이 직접 제안한 사업 수는 310개다. 이 중 38.1%인 118개 사업이 각 부서 예산안에 반영되었다. 하지만, 이외 시민 제안 사업들이 모두 미반영된 것은 아니다. 시민들이 제안한 사업들에 대해 부서에서 미반영한 비율은 27.7%에 불과하고, 나머지는 단기사업이 아닌 장기사업으로 분류된 것들이다. 이는 행정이 시민들의 의견을 비교적 적극적으로 검토한 것이라 볼 수 있다. 하지만, 2009년도 예산편성안 작성 과정에서 시민들의 사업 제안은 74건으로 대폭 늘어났음에도, 반영된 사업 건수는 예년 수준 정도에 그쳤다. 이는 주민참여예산을 통한 시민들의 사업 제안에 대해 행정이 일정 정도만을 수용하는 것이 아닌가 하는 의문을 갖게 한다.

시민들이 제안한 사업이 각 행정 부서 예산안에 포함되었다고 해서 최종 예산안으로 결정되는 것은 아니다. 2차 분과위원회 회의와 예산협의회에서 다시 반영 여부와 우선순위를 결정한다. 그리고 이렇게 결정된 예산편성안은 의회를 통해 다시금 심의되어 최종적으로 결정된다. 이런 과정을 거쳐 2005년 예산편성 과정에서부터 2008년 예산편성 과정까지 시민들이 제안하여 각 부서 예산편성안에 채택된 95개 중 최종 예산에 반영된 사업 건수는 42개로, 그 비율은 44.2%다.

〈표 21〉 울산광역시 동구 주민참여예산 처리 현황

연 도1)	계	부서 예산안 반영	장기과제	불 가	최종 예산2) 반영 현황
2005	51	20(39.2%)	21(41.2%)	10(19.6%)	13(65.0%)
2006	60	27(45.0%)	12(20.0%)	21(35.0%)	5(18.5%)
2007	66	33(50.0%)	13(19.7%)	20(30.3%)	11(33.3%)
2008	59	18(30.5%)	19(32.2%)	22(37.3%)	13(81.3%)3)
2009	74	20(27.0%)	21(28.4%)	33(44.6%)	-
계	310	118	86	106	-

주 : 1) 연도는 예산편성 기준에 따른 것으로, 실제 참여는 표기된 전년도에 이루어짐
　　 2) 최종 예산 반영 현황은 '부서예산안'에 반영된 것 중 이후 분과 및 협의회 등에서 후순위로 삭감되었거나 구의회를 통해 삭감된 것을 제외한 건수임. ( )는 부서예산안에 반영된 것 대비 최종 예산으로 확정된 것의 비율
　　 3) 당초 18개가 부서 예산안에 반영되었으나, 이 중 3건은 비예산사업으로 분류됨. 따라서 이 비율은 15개의 부서예산 반영 대비 비율임

　　2005년 예산편성 과정부터 2008년 예산편성 과정까지 당초 부서예산안에 포함된 98개 사업 건수 중 최종 예산으로 채택된 42개를 제외하면, 56개가 예산에 반영되지 않았다. 하지만, 이 중 예산위원회 및 예산협의회를 통해 시민들이 스스로 후순위로 분류하여 삭감한 사업 건수가 20개에 이른다. 이는 예산에 반영되지 않은 사업 건수 중 35.7%에 이른다. 이는 그만큼 주민참여예산에 참여하는 시민들의 현실적 재정 편성 역량이 증대했음을 의미한다.

④ 성과

　　울산 동구 주민참여예산제는 단지 시민들의 사업제안과 이에 대한 심의만 진행하는 것이 아니다. 울산 동구 전체 예산 중 자체사업 예산 전반에 대한 심의 및 사정 역할도 수행한다. 절차는 1차로 행정 부서에서 요구한 예산편성안을 각 분과별로 나누어 심의하고 조정한 후, 이를 예산협의회에서 다시 조정한다. 이 과정을 통해 대체로 각 부서의 예산요구액이 일정 정도 예산위원회와

예산협의회를 통해 삭감되고 있다. 이는 의회 심의 이전에 주민참여예산제가 행정에 의해 작성된 예산편성안 전반에 대해 일차적으로 심의하고 있음을 의미한다. 그리고 의회에 제출되는 최종 예산편성안은 주민참여예산제를 통해 확정하도록 하고 있다. 이는 주민참여예산제에 참여하는 시민들에게 예산편성안 최종 권한을 부여하고 있음을 의미한다.

주민참여예산제에 대한 시민들의 참여와 반응 역시 긍정적이다. 지역회의에는 대체로 매년 205명 정도의 시민들이 참여하고 있다. 이 지역회의에 참여할 수 있는 자격은 제한되어 있지 않다. 주민자치위원회를 중심으로 참여하지만, 관심 있는 시민들은 누구든지 참여하여 발언할 수 있다. 시민위원회의 구성도 주민자치위원회 및 시민·사회·직능단체 추천 이외에 참여를 희망하는 시민들을 공개모집하여 위원 총수 50% 이상으로 구성하도록 조례에서 규정하고 있다. 이러한 민주적 절차를 통한 예산시민위원회 구성은 회의 참석률이 높은 원인이 되고 있다. 지금까지 시민위원회 참석률은 평균 70% 정도에 이른다.

물론, 지역회의나 예산시민위원회에 참여하는 시민들의 수가 전체 시민들 수에 비해 매우 소수인 것은 사실이다. 그러나 울산 동구 조례에서는 각종 회의결과를 바로바로 인터넷을 통해 공개하도록 함으로써, 그 운영 과정의 투명성을 통해 다수 시민들에게 개방성을 유지하기 위한 노력을 기울이고 있다. 이러한 개방성은 지역사회의 일반 시민들에게까지 예산편성과 관련한 정보와 결정권한을 부여하려는 의지를 보여준다.

울산 동구의 이러한 주민참여예산 과정이 처음부터 원활히 작동되었던 것은 아니다. 그러나 전문가 등이 참여하는 예산연구회 및 지역시민사회단체, 참여 시민, 그리고 행정의 지속적인 관심과 노력이 지금의 성과를 만들었다. 이러한 울산 동구의 주민참여예산은 시민들 의견이 반영되는 비율이 비교적 높다는 것에서 보이듯, 그 과정을 통해 예산편성안을 최종 결정하는 등 시민들에게 많은 권한을 부여하고 있다. 이를 통해 시민들 스스로 공적 재정편성 역량이 강화되고 있다. 이러한 주민참여예산 시행은 시민들의 참여를 활성화하고 그에 대한 권한을 부여하는 직접·참여민주주의 활성화에 있어 매우 의미 있는 사례이다.

5) 사례 3 : 대전 대덕구 주민참여예산제

① 제도 도입 과정 및 내용

대전광역시 대덕구의 경우 2004년 하반기부터 구청장의 적극적 의지에 따라 행정으로부터 주민참여예산제 도입에 대한 검토가 진행되었다. 그러나 내부적으로 열악한 재정 여건과 부족한 사회 자산의 여건 속에서 주민참여예산 제도가 성공할 수 있는가 하는 의구심 때문에 그 추진이 미루어져 왔다. 그러나 재정규모가 적으면 적은 대로 주민이 참여하는 것이 중요하다는 판단 하에 2005년 제도화를 추진하기로 결정하여 입법화했다. 이는 구청장을 비롯한 행정기관이 주민 숙원을 반영하는 것보다 지방자치와 지방재정 주체가 바로 시민들이라는 판단에 더욱 무게를 두었다는 점에서 매우 특이한 사례라 할 수 있다.

대전광역시 대덕구 주민참여예산 조례는 2005년 조례 제정 이후 2006년과 2007년, 그리고 2008년 세 차례 개정이 이루어졌다. 그러나 내용에 있어서의 중요한 변화를 준 것은 아니고, 주민참여예산제 각 단위에 참여하는 행정담당자들이 행정기구설치 조례 개정에 따라 조정된 것일 뿐이었다.

주민참여예산제를 작동시키는 단위는 '주민예산 참여 지역회의'와 '예산참여 구민위원회', '주민참여예산 협의회', '주민참여예산 연구회'로 구성되어 있다. 이 중 지역회의는 각 동별로 10인 이내로 구성된다. 이들은 동장 추천을 받은 이들로 구성되는데, 대체로 주민자치위원 및 지역 내 직능단체 대표들로 구성된다.

시민위원회는 총 100명으로 구성되는데, 공개모집을 통한 일반 시민이 전체의 1/2 이상 되도록 구성하고 있으며, 지역회의에서 선출된 지역 대표 각 2인씩 24명, 그 외에는 시민단체 및 직능단체에서 추천하도록 하고 있다. 2009년에는 공개모집을 통한 일반 시민이 62명, 지역회의를 통해 추천된 지역대표자 24명, 그리고 시민단체 및 직능단체 추천 14명, 총 100명으로 구성되었다. 예산협의회는 구청장을 비롯한 행정 기관의 대표와 예산참여 구민위원회 위원장 및 분과위원장 등으로 구성된다.

지역회의에 참여하는 10여명의 주민참여단은 지역주민의 여론을 수렴하고 지역회의 개최를 통하여 구에서 최초로 작성하는 예산편성안의 기초자료 제공과 예산 참여 구민위원회의 활동을 지원하는 역할을 수행한다. 참여예산 구민위원회는 5개 분과로 나뉘어서 행정 기관이 작성한 최초 예산 편성안에 대해 사업의 첨삭과 예산의 증감 등을 심의·결정하며, 사업 우선순위를 제시하는 등의 역할을 수행한다. 참고로 5개 분과위원회는 행정지원 분과와 자치문화 분과, 사회산업 분과, 도시교통 분과, 건설재난 분과이며, 각 분과는 행정 기관

[그림 8] 대전광역시 대덕구 주민참여예산제 운영 단계

내 20개 부서들을 나누어 담당하고 있다. 각 분과위원회는 구민위원들 20여 명으로 구성되어 있다. 예산협의회는 구민위원회를 통과한 예산편성안을 확정하는 역할을 하는 곳으로, 구청장은 예산협의회에서 결정된 예산편성안을 의회에 제출한다.

② 진행 절차

대전광역시 대덕구는 6월에 결산과 전년도 추진사항, 당해 연도 추진계획 등에 대해 1차 보고회로부터 참여예산 과정이 진행된다. 이후 7월에 지역참여단과 구민위원회 위원을 대상으로 예산학교를 운영한다. 지역회의를 위해 동별 10인 이내로 지역참여단이 구성되고, 본예산이 편성되기 이전인 7월에서 8월 사이 지역회의가 2회 정도 개최된다. 지역회의에서는 지역 내 중점 투자사업 주민의견 수렴 및 검토와 건의사항에 대한 우선순위 결정이 이뤄진다.

이렇게 제안된 지역회의 안들을 각 부서별로 취합하여 반영과 미반영, 장기 과제 등으로 분류한 후 예산안을 작성하여 예산참여 구민위원회에 상정한다. 구민위원회는 각 부서 사업예산안을 해당 분과위원회별로 구분하여 심의 한다. 분과위원회는 9~10월에 개최되어, 지역참여단의 건의사항에 대한 검토와 실과별 사업에 대한 우선순위를 결정하게 된다. 이때 2차 분과위원회 때 건의사항 및 우선순위 논의를 위한 현장방문이 실시된다. 예산협의회는 분과위원회를 거쳐 논의된 사항을 중심으로 다음연도 본 예산안에 대한 심의 조정이 이뤄지는데, 11월에 개최된다.

다음해 본 예산안 의결전인 11월에 당해연도 지역참여단 건의사항 반영결과와 분과별 활동, 차기 연도 본 예산안 편성결과 보고 등을 위해 제2차 보고회가 마련된다. 이후 본예산 확정에 대한 내용을 중심으로 다음해 1월에 동 순방 시 제3차 보고회로 전체 과정이 마무리 된다.

③ 예산 반영 정도

연도별로 예산편성 과정에서 지역회의를 통해 참여예산 구민위원회에서 검토한 사업 건수와 의회를 통과하여 최종적으로 반영된 사업 건수를 살펴보면, 제도 시행 첫 해인 2006년도 예산안 편성 당시 가장 많은 96건이 제출되어 29건이 최종적으로 반영되었다. 금액으로는 제안된 사업 예산이 423억여 원이었고, 최종적으로 결정된 예산액은 43억 원이었다. 시행 첫 해에는 시민들이 제안한 사업 건수도 많았고, 최종적으로 예산에 반영된 사업 건수 및 예산액 또한 많았다. 그러나 2007년과 2008년도 예산편성 과정에서는 지역회의를 통한 사업제안 건수도 많이 줄었고, 최종적으로 채택된 사업 건수 및 예산액수도 많이 줄었다. 2007년 예산편성 과정에서는 65건 제안에 14건, 2억 7천만 원 가량이 최종적으로 반영되었고, 2008년도 예산편성 과정에서는 62건 제안에 7건, 3억3천만 원 가량이 최종적으로 반영되었다. 특히, 예산 반영 비율은 2007년과 2008년 예산편성 과정에서 각각 0.9%와 0.4%에 불과했다.

이렇듯 주민의견 반영 비율이 낮은 이유에 대해 대덕구내에서는 어려운 구

〈표 22〉 대전광역시 대덕구 주민참여예산 처리 현황

(단위: 억 원)

연도[1]	건의사업[2]		최종반영[2]	
	건수	금액	건수	금액
2006	96	423	29(30.2%)	43(10.2%)
2007	65	299	14(21.5%)	2.7(0.9%)
2008	62	789	7(11.3%)	3.3(0.4%)
2009	56	96	23(41.1%)	24.2(25.2%)
계	279	-	73(26.2%)	73.2

주 : 1) 연도는 예산편성 기준에 따른 것으로, 실제 참여는 표기된 전년도에 이루어짐
2) 지역회의를 통해 올라온 사업 건수로, 참여예산 구민위원회의 분과에서 검토한 사업건수 및 예산
3) 의회의 심의를 거쳐 최종적으로 예산으로 편성된 사업 건수 및 예산
자료 : 대전광역시 대덕구 홈페이지, 각 연도 예산참여학교 교재 취합·정리

재정에 기인한다는 자체 평가를 하고 있다. 그 다음 부진 원인으로는, 상위 주요사업에 대한 우선순위에 있어 위원회와 행정부와의 의견 상충으로 인해 결정사항 반영이 미흡한 것을 지적하고 있다. 그리고 이러한 문제를 개선과제로 설정했다. 그러한 노력 때문이었는지, 2009년 예산편성과정에서는 시민들이 제안한 사업 건수 및 예산 중 채택된 비율이 매우 획기적으로 높아졌다. 지역회의를 통해 제안된 56건의 사업건수 중 23건, 24억 원이 최종적으로 채택되었다. 이는 사업건수로는 41.1%, 예산액으로는 25.2%에 해당하는 수치이다.

④ 성과

대전 대덕구 주민들이 제안한 사업은 주로 지역회의를 통해 올라온다. 이는 사업제안이 현장에서부터 올라오도록 설계되었기 때문이다. 각 행정 부서는 이렇게 지역회의에서 올라온 사업제안들을 포함하여 부서별 예산편성안을 작성해, 참여예산 구민참여위원회에 상정한다. 참여예산 구민위원회에서는 각 분과별 논의를 거쳐 지역회의를 통해 올라온 사업제안을 포함한 각 행정 부서의 사업제안을 모두 심의해 우선 순위를 결정한다. 그리고 최종 예산안 편성 역시 주민참여예산제를 통한 예산협의회를 통해 이루어진다. 이는 대덕구 주민참여예산제가 대덕구 자체 사업에 있어서는 참여예산 구민위원회 및 예산협의회를 통해 최종적으로 예산안을 편성하게 됨을 의미한다. 그만큼 주민참여예산제에 참여하는 시민들에게 최종적인 예산편성 권한을 부여한다는 것이다. 그런 점에서 울산 동구와 더불어 대전 대덕구 주민참여예산제는, 물론 의회 심의를 최종적으로 받아야 하지만, 예산편성 과정만은 참여 시민들에게 최종적인 결정권한을 부여하고 있다. 이는 직접·참여민주주의의 핵심적 내용인 참여에 따른 권한이 매우 잘 보장되어 있음을 의미한다.

또한 예산편성 과정에 대한 시민들이 참여 내용도 해가 거듭될수록 변화하고 있다는 점은 주목할 필요가 있다. 특히, 2009년 예산편성 과정에서는 지역회의를 통해 상정된 사업건수와 예산이 대폭 줄어든 반면, 채택된 비율이 대폭

상승되었다는 것은 참여한 시민들의 역량이 그만큼 발전했다는 것을 보여주는 것이다. 이러한 변화는 그동안 주민참여예산제 운영 과정을 통해 시민들의 대덕구 재정 상황에 대한 이해도가 높아졌고, 이에 따라 무리한 사업제안을 자제했기 때문인 것이다. 그만큼 주민참여예산제에 참여하는 시민들의 대안적 역량이 강화되었다는 것이다.

대전 대덕구 주민참여예산제의 성과는 앞서 눈에 보이는 것들에 그치지 않는다. 지난 2006년 대전시민사회연구소에서 진행한 설문조사 결과는 주민참여예산제가 미친 영향 및 성과를 잘 보여준다. 비록 주민참여예산제 시행 2년차에 불과한 시기이지만, 일반 시민들의 지방재정 운용에 대한 참여 역량이 강화되었고, 예산 편성시 시민참여기회가 확대되었다는 것을 가장 큰 효과로 꼽았다. 이는 참여하는 시민들도 주민참여예산제가 직접·참여민주주의의 의의를 일정 정도 달성하고 있다는 것을 스스로 인지하고 있음을 의미한다.

그리고 참여예산 구민위원들은 지방재정 투명성이 확대되었고, 정보와 학습기회 제공으로 구정에 대한 이해가 확대되었으며, 구정에 대한 신뢰도가 향상되었다고 그 효과를 언급했다. 또한 공무원들도 이 제도 시행 효과로 구정에 대한 시민 신뢰도가 향상되었고 지방재정의 투명성이 확대되었으며, 시민들에게 정보와 학습기회를 제공함으로써 구정에 대한 이해가 높아졌다는 점을 꼽았다. 즉, 주민참여예산제는 지방재정 투명성과 구정에 대한 시민 이해도 향상과 더불어 시민들의 자치역량이 강화되는 효과를 거두고 있다는 것이다.

이러한 성과에도 불구하고 되새겨 볼 만한 점들도 발견된다. 그것은 구민위원회에 위원들의 참석률이 저조하다는 것이다. 물론, 매해 참석하지 않은 위원들에 대한 교체 작업이 이루어지고 있기는 하나, 2007년 예산편성과정에 대한 분과위원회 참석률은 평균 64%에 그쳤으며, 2008년도 평균 54%도 저조한 참석률이라 할 수 있다. 또한 지역회의에 참여하는 주민참여단을 동장 추천으로 제한하는 것에 대한 일정한 개선이 필요하다. 그런 점에서 울산 동구에서 조례 개정을 통해 일정한 참여자를 정하면서 모든 시민들이 자유롭게 참여할 수 있도록 그 참여폭을 넓힌 것을 참고할 필요가 있다.

6) 사례 4 : 충남 천안 대안 복지예산 만들기

충청남도 천안시의 대안 복지예산 만들기는 주민참여예산제도에 의해 진행되는 과정이 아니다. 이 사례는 지역 복지 관련 활동을 하는 시민단체와 복지기관 등이 〈참여예산복지네트워크〉를 결성하여 매년 예산편성 시기에 대안적인 예산편성안을 작성하여 이를 행정에 제안하는 활동에 관한 것이다. 이 사례는 우리 사회에서 매우 독특한 사례로 그 성과나 의의가 주민참여예산제에 결코 뒤지지 않는다.

① 배경

천안 〈복지세상을 열어가는 시민모임〉(이하, 복지세상)은 많은 당사자 복지운동단체를 조직하고 독립시킨 '인큐베이팅(Incubating, 양성)' 사업으로 많이 알려져 있다. 이러한 인큐베이팅 사업은 당연히 인큐베이팅 된 단체들과의 긴밀한 네트워크를 형성하는 계기가 되었는데, 이러한 네트워크는 점차 그 범위가 확대되었다. 복지세상의 인큐베이팅을 통해 독립한 각 단체와 지역복지운동에 대한 이해를 함께하는 지역 사회복지 기관·단체를 중심으로 한 네트워크가 형성된 이후 가장 구체적이며 성과 있는 활동은 2002년 지방선거 국면을 맞으면서 본격화 되었다.

복지세상은 2001년 말부터 지역의 사회복지 전공 교수를 중심으로 제3대 지방선거 사회복지 정책개발 작업을 시작으로 2002년 5월 지역의 기관·단체 대표 및 실무책임자가 모인 가운데 '살고 싶은 복지도시 천안을 위한 사회복지 기관·단체 간담회'를 갖고 9개 영역에 대한 복지의제(안)를 발표했으며, 이후 네트워크 구축 논의를 진행했다. 이에 지역 10개 사회복지 기관·단체가 참여한 〈살고싶은복지도시천안네트워크〉가 결성되었고, 사회복지 정책제안집 '천안을 복지세상으로 만드는 33가지 방법'을 발간했다. 이를 바탕으로 사회복지 단일 영역을 주제로 한 천안시장 후보자 초청 토론회를 개최했다. 이 후보자 초청토론회는 약 1,000명의 시민들이 참석했고, 이는 후보자들에게 상당한 정치적 압력으로 작용했다. 이 행사는 이후 사회복지 영역을 지역사회에 쟁점화하고 주요한 정책 의제로 부각시키는 계기가 되었다.

〈살고싶은복지도시천안네트워크〉는 지방선거 이후 제안한 정책의제가 실질적인 지방정부 정책으로 구현될 수 있도록 '지역복지포럼'을 통해 구체화시켜 나갔다. 이 포럼을 통해 「천안시사회복지시설민간위탁운영에관한조례」가 제정되었고, 천안시 정신보건센터 개소, '천안시장애인등의이동권에관한조례' 제정 등의 성과를 이끌어 냈다. 〈살고싶은복지도시천안네트워크〉는 이후 좀 더 다양하고 포괄적인 기관·단체 참여와 활동을 위해 2004년 네트워크를 발전적으로 해체하고, 대신 지역의 좀 더 많은 사회복지 기관·단체가 참여하는

[천안지역의 시민단체들이 구성한 '531지방선거 복지실현을 위한 네트워크'주최의 토론회 모습 | 김현 제공]

〈천안시사회복지협의회〉를 창립했다.

그 후, 지난 2006년 지방선거에서는 다시 네트워크를 결성하여 지방선거 국면에서 사회복지 정책의제 채택 활동을 전개했다. 이 네트워크는 사회복지 예산, 지역복지인프라, 아동보육 등 모두 9개 영역을 중심으로 전문가와 실무자팀이 결합해 정책평가와 예산제안 내용을 토대로 정책의제를 선정했다. 네트워크를 통해 정리된 정책의제는 모두 9개 영역 23개 의제로, 관련 정책을 531지방선거에 출마하는 예비후보자(광역, 기초 포함)를 대상으로 2006년 3월 18일 정책제안 설명회를 개최했다. 그리고 5월 22일에는 '살고 싶은 복지도시 천안을 위한 시장후보자 초청토론회'를 성공리에 개최했다. 이 토론회에도 900여 명 시민들이 참여함으로써, 그 정치적 영향력을 발휘할 수 있었다. 이는 제안된 정책 중 다수가 실제 정책으로 채택되는 성과로 이어졌다.

기존의 일상적 네트워크가 천안시 사회복지협의회로 그 기능을 넘긴 후, 복지세상은 지역복지 의제 중 최근 주요한 과제로 떠오르고 있는 사회복지 예산 참여운동을 주요한 지역사회 네트워크 사업으로 설정했다. 이는 언제까지 예산을 늘려달라고 할 수만은 없다는 문제인식으로부터 출발했다. 이제는 같은 예산이라도 보다 효율적으로 사용하는 것이 필요하다는 것이다. 이러한 내용은 단지 행정기관에만 적용되는 것이 아니라, 천안지역 복지기관 및 시설, 그리고 단체 내부에도 똑같이 적용된다. 또한 시민 참여가 자신들의 욕구를 단순히 주장하기보다는 보다 대안적인 것으로 발전할 필요가 있다고 생각했기 때문이기도 하다. 이러한 문제인식으로부터 출발한 사회복지 예산 참여운동은 매년 예산편성 시기에 대안적인 천안시 사회복지 예산을 스스로 편성하여 행정기관에 제안하는 사업으로 구체화되었다.

이를 위해 우선 2005년 4월부터 5월까지 천안 지역 사회복지 기관·단체 실무자 및 시민운동 단체 활동가, 관심 있는 시민이 참여한 천안시 사회복지예산학교를 열어, 지방정부 예산과 사회복지 예산에 대한 이해, 예산참여운동 사례와 과제 등을 주제로 교육을 실시했다. 이후 예산학교에 참여한 기관·단체를 중심으로 〈참여예산복지네트워크〉를 결성했다. 이들을 중심으로 2005년부터 행정 예산편성 전에 자신들이 만든 대안 사회복지 예산을 행정 담당 부서에 제출하는 활동을 전개하고 있다.

대안 예산을 만드는 과정은 네트워크 참여자들이 매년 천안시 예산집행 현황과 사회복지 실태 등을 파악하는 것으로부터 시작한다. 그리고 파악된 현황 및 실태 등을 개선하고 보완하기 위해 분야별로 우선 순위를 정해 필요한 사업을 도출하고 그에 필요한 예산안을 작성한다. 이 작업이 끝난 후, 매년 사회복지 예산 제안 토론회를 통해 행정에 자신들의 안을 제안하는 방식으로 진행된다.

② 예산 반영 정도

2005년 네트워크가 결성된 이후 처음으로 제안한 2006년 대안 복지예산 제안 내용에는 7개 분야(지역복지, 보건·의료, 아동·보육, 청소년, 여성, 장애인, 노인) 19개 사업, 총 22억의 예산 요구액이 담겨있다. 이 중 실제 예산안에 반영된 사업은 8개 사업, 1억 5천만 원이다. 애초 예산 요구액 대비 실제 반영률은 6.8%이다. 예산에 대한 반영률은 매우 낮은 편이지만, 사업제안 건수 중 채택된 비율은 42.1%로 비교적 높은 편이다.

세부 내역을 살펴보면, 지역복지 인프라에서 제안한 지역사회복지협의체 운영내실화에 대하여 제안한 6천 2백만 원 중 사회복지협의체 연찬회, 교육 등 참석, 협의체 회의수당 등으로 3천 2백여만 원이 반영되었다. 이는 애초 요구액 중 52.6%가 반영된 것이다. 보건·의료 분야에서는 2건의 사업에 1억 1천 1백만 원을 제안했으나, 알코올 상담센터 설립 건에 3천만 원만 반영되었다. 예산 반영률은 27.0%이다. 여성복지는 3건의 사업에 10억 7천 4백만 원 가량을 제안했으나, 모자가구주 기술교육 생계비로 6백만 원, 빈곤여성 가장 실태조사 8백만 원이 반영되었다. 예산 반영률은 1.3%에 해당한다. 장애인 복지 분야에서는 6건의 사업에 7억 2천 5백만 원 가량을 제안하였으나, 정신지체 청소년 주간보호센터 위탁운영으로 5천 5백만 원이 반영되었다. 반영률은

7.6%이다. 노인복지 분야에서는 2건의 사업에 필요한 2억원 가량을 제안했고, 이 중 재가노인복지센터 2개소 중 1개소 운영비 지원으로 12.0%인 2천 4백여 만 원이 반영되었다. 아동·보육 관련 사업과 청소년복지 사업으로는 각각 3개 사업에 9천 2백만 원과 2개 사업에 1천 8백여만 원을 제안했으나, 채택되지 않았다.

 2007년도 예산편성 과정에 제안한 내용은 7개 분야(지역복지, 저소득, 아동·보육, 청소년, 여성, 장애인, 노인) 15개 사업, 총 32억 7천 만 원이다. 이 중 2007년도 예산에 반영된 현황은 8개 사업, 18억 4천만 원이다. 예산 반영률로는 56.4%이고, 제안 사업 건수 채택률은 53.3%이다.

 세부 영역을 살펴보면, 지역복지 분야에서는 2건의 사업에 4억 2천 7백만 원 예산을 제안했고 이 중 천안시 자원봉사센터 운영 내실화에 대한 인건비, 자원봉사 박람회 등 프로그램 예산으로 3억 5백만 원이 반영되었다. 이는 71.6%의 예산 반영률 이다. 아동 보육 분야에서는 3건의 사업에 14억 7천만 원 가량을 제안했고, 이 중 지역아동센터 운영 현실화, 소그룹 공동생활 가정 확대 및 지원 강화, 작은 도서관 확대 및 활성화로 총 7억 5천만 원, 51.1%가 반영되었다. 여성복지 분야에서는 2건의 사업에 대해 1억 6천만 원 가량을 제안했고, 이 중 성폭력 피해자 보호시설 설립, 빈곤여성가장 교육생계 확대 지원으로 1억 5천만 원이 반영되어 97.5%의 반영률을 보였다. 장애인 분야에서는 3건의 사업예산으로 1억 8천만 원 가량을 제안했고, 이 중 장애인 노동권 확보를 위한 장애인 직업지원개발센터 개설로 4천 만 원이 반영되어, 제안액 대비 21.8%가 반영되었다. 노인 분야에서는 2건의 사업에 대해 8억원 가량을 제안했고, 이 중 재가복지 one-stop 지원센터 구축, 재가복지 수발 인프라 구축 용도로 5억8천 만 원이 반영되어 제안액 대비 74.0%가 반영되었다.

 2008년도 예산편성 과정에 제안한 사업 및 제안 예산 현황은 5개 분야(지역복지, 아동, 청소년, 장애인, 저소득), 6개 사업, 32억 5천만 원이다. 이 중 4개 사업 17억 4천만 원이 채택됨으로써, 예산 반영률은 53.8%이다. 하지만, 저소득 분야 예산요청액이 자활총사업비 증액에 포함되었으나 제안 사업 내용 자체에 대한 연중 사업비용 계측이 어려워 이 분야 사업 제안 반영액이 포함되지 않았다. 따라서 실제 반영률은 그 이상이다.

세부 영역에 대해 살펴보면, 지역복지 분야에서는 1건의 사업에 1억 6천만 원 제안했는데, 이 중 천안시 자원봉사센터 교육 등 운영 활성화에 대한 자원봉사 홍보물, 교재발간 및 매뉴얼 제작, 교육 운영비로 1천 840만 원이 반영되어 11.5% 반영률을 나타냈다.

아동복지 분야 제안은 2건의 사업이 모두 채택되었으나, 예산은 당초 1억 8천 5백만 원 제안에 1억 5천 8백만 원 가량으로 삭감되었다. 이 분야 중 지역아동센터의 현실적인 운영방안을 위해 시설 당 지원액 확대를 제안했으나, 지원 센터수 확대로 인해 전체 예산은 늘었으나 시설 당 지원액수는 변하지 않았으므로, 실질적으로는 제안 내용이 반영되었다고 볼 수 없다. 그러나 이에 대해 천안시는 보건복지부에서 운영비가 220만 원으로 확정된다면 2008년 추경 예산에 이를 반영할 것이며, 운영비 차등지원 또한 곧바로 시행할 계획임을 제시했다. 따라서 사업 제안의 핵심적 내용이 완전히 거부된 것이라기보다는 상황 변화를 지켜보자는 '유보'로 보는 것이 적절하다. 아동복지 교사파견 관련 제안의 경우, 제안 대비 188%의 예산이 늘어난 6억 1천만 원의 예산이 반영되었다. 또한 지역아동센터 내 필요한 취사, 교사, 차량도우미 등 필요한 인원을 1~2명 지원 받을 수 있게 하는 등 현실적 도움을 줄 수 있는 예산이 반영되었다. 작은 도서관 확대 및 활성화와 관련된 예산이 60.1%가 반영되었으며, 운영비 지원은 7개소가 확정되어 예산액으로 40.3%가 반영되었다.

청소년 분야에서는 취약계층 청소년의 효과적 단체활동비 지원으로 2천 130만 원을 제안하였으나, 모두 반영되지 않았다. 장애인 분야는 저상버스 도입, 콜 차량 구입, 차량 인건비 및 운영비 등으로 10억 5천만 원을 제안했으나, 장애인 콜 차량 운영비로만 1억 5천만 원이 반영되었다. 채택률로는 14.3%이다.

2009년 예산편성 과정에 제안한 내용은 6개 분야(아동, 청소년, 이주민, 여성, 보건·의료, 장애인) 9개 사업, 31억원 가량이다. 이 중 예산에 반영된 현황은 7개 사업 36억 원 가량이다. 예산 반영률로는 100%가 넘은 117.3%에 달한다. 그러나 실상은 지역아동센터에 대한 정부 시책 변동에 따라 아동급식비, 지역아동센터 운영비 확대 등이 전국적으로 크게 확대되어 반영되었기 때문에 100% 이상의 초과 예산이 배정된 것이다.

세부 영역을 살펴보면, 아동 분야에 있어 아동급식 지원비 확대와 지역아동센터 증설 및 질적 지원 등으로 11억 6천만 원가량을 제안했다. 이에 대해 아동급식비가 당초 제안 금액의 2배 이상을 넘긴 예산이 반영되었고, 지역아동센터 역시 5개소가 확충된 예산이 배정되었다. 최종적으로 예산에 반영된 금액은 25억 2천만 원 가량으로, 애초 제안 액수 대비 반영률이 217.2%에 달했다. 그러나 세부 제안 내용 중 지역아동센터 아동복지교사 파견 제안은 반영되지 않았다.

청소년 분야의 경우, 청소년 전용 지역아동센터 2개소 건립 및 지원과 경제적으로 어려운 아동에 대한 현실적 추가지원에 대한 제안으로 4억 9천 5백만 원 가량을 신청했다. 그러나 이에 대해 후자의 예산은 초과 반영되었으나, 전자의 청소년 전용 지역아동센터 건립 및 지원은 전혀 반영되지 않았다. 이 분야에 반영된 예산은 2억 8천 6백여만 원으로, 반영률은 57.7%이다.

이주민 분야에 있어서는 결혼 이주민 직업훈련 과정과 인프라체계 구축, 다문화체계 기반 구축 명목으로 9천 2백만 원의 예산을 제안했으나, 이 중 인프라체계 구축을 제외한 사업에 대해 9억 5천만 원이 배정되었다. 예산 반영률로는 103.3%에 이른다.

여성 분야의 경우, 성폭력 피해자에 대한 의료비 지원 예산 확대와 저소득 여성가장 기술교육 생계비 지급 제안으로 8천 5백만 원을 제안했으나, 이중 전자만 약간 삭감된 채 반영되었고 후자는 전혀 반영되지 않았다. 반영 예산은 5백 2십만 원으로, 반영률은 6.1%에 불과하다.

보건·의료 분야에 있어서는 조례에서 규정한 건강보험료 1만원 미만 세대에 대한 지원과 조례에서 규정하지 않은 1만원 미만 세대에 대한 6개월 지원을 위한 2억 7천여만 원을 제안했다. 이에 대해 조례에서 규정한 대상자에 대한 지원 예산이 10배에 달하는 규모로 반영되었으나, 조례 이외 대상자에 대한 지원은 전혀 반영되지 않았다. 반영된 예산은 1억 6천만 원으로, 반영률은 59.5%이다.

장애인 분야의 경우, 이동권을 증대시키기 위한 사업을 위해 9억 8천여만 원을 제안했고, 이 중 무료 셔틀버스 증차만 반영되지 않고 나머지는 삭감된 채 반영되었다. 반영률은 55.8%이다.

참고로, 2010년 예산안에 대한 사회복지 예산 제안 토론회에서 제안된 사업 및 예산 현황은 10개 사업 총 20억여 원이다.

③ 성과

천안 참여예산복지네트워크의 성과는 제안 사업 건수 및 예산 대비 반영률에서도 잘 나타난다. 대안 복지예산 제안 사업 첫 해인 2005년도에는 2006년도 예산 관련하여 제안 대비 실제 반영 예산비율이 6.8%에 그쳤으나, 그 다음 해에는 이 비율이 56.4%로 급상승 되었다. 그리고 그 다음 해에도 표면적으로

〈표 23〉 천안 참여예산복지네트워크 제안 예산안 반영 현황

(단위: 천원)

연도1)	제안사항		반영사항		예산 반영비율
	건수	소요예산	건수	소요예산	
2006	19	2,281,940	8	155,590	6.8%
2007	15	3,273,905	8	1,845,590	56.4%
2008	6	3,251,117	4	1,747,610	53.8%
2009	9	3,080,871	7	3,613,542	117.3%
2010	10	2,007,012	-	-	

주 : 1) 연도는 예산 편성 기준에 따른 것으로, 실제 참여는 표기된 전년도에 이루어짐

는 그 전 해에 비해 예산 반영률이 다소 감소했지만, 이는 계측이 어려운 항목이 있어 이를 생략한 채 반영률을 계산했기 때문이다. 결과적으로 2007년도 예산부터는 참여예산복지네트워크에서 제안한 사업 예산의 50% 이상이 실제 예산에 반영되고 있다. 그리고 비록 수치상으로 나타난 것만으로 판단할 수는 없지만, 2009년 예산안에 있어서는 제안액의 100% 이상 반영되었다는 것은 매우 놀라운 발전이다. 이는, 비록 사회복지 예산에 한정된 것이기는 하지만, 여타 주민참여예산제가 실시되는 지역에 비해 훨씬 더 높은 수치이다.

이렇듯 예산 반영률이 높아진다고 하는 것은 내적으로 점차 실현가능한 예산을 짜고 있다는 것이며, 사회적으로는 이들의 제안이 점차로 현실성 있고 필요한 제안으로 인정받고 있다는 것을 보여준다. 이는 지역사회에서 시민들과 결합하여 활동하고 있는 시민사회단체 및 복지기관들이 의사결정 과정에서 스스로 대안적인 세력으로서 역량을 강화시켜가는 과정을 보여준다. 동시에 이 사례는 의사결정 과정에 대한 시민사회의 권한 또한 높아지고 있음을 의미한다.

물론, 최종적인 의사결정 권한이 시민사회에 주어지지 않고 예산편성안을 작성하는 행정 기관과 의회에 일방적으로 주어져 있다는 점은 직접·참여민주주의의 의의로서는 미흡한 것이 사실이다. 울산 동구나 대전 대덕구 시민사업 제안에 대한 반영률은 천안에 비해 상대적으로 매우 낮다. 하지만, 이 두 지역 사례의 경우 시민들에게 예산 편성안에 대한 최종적인 결정권한을 부여한다. 따라서 이 두 지역 사례와 비교해도 시민들의 최종적 권한 정도에 있어 천안의 사례는 미흡하다고 평가할 수 있다. 그러나 천안 사례는 비교적 성공적인 주민참여예산제 운영사례보다 이에 참여한 시민사회의 대안적 역량 강화라는 점에서 매우 높은 시사점과 의의를 지닌다. 직접·참여민주주의는 단순한 권한 강화만이 아니라, 시민사회의 대안적 자치역량이 강화되는 과정과 함께 발생한다. 그런 점에서 천안의 사례는 직접·참여민주주의에 있어 매우 귀중한 사례라 할 수 있다.

그리고 이러한 사례를 만드는 과정에서 이를 주도한 시민사회단체 및 네트워크 참여 주체들은 행정기관으로부터도 대안적 정책 능력이 있는 세력으로 인정받고 있다. 이는 매년 열리는 사회복지 예산 제안 토론회에 담당 국장이 꼭 참석하고 있다는 것에서도 확인할 수 있다. 직접·참여민주주의가 현실적으로 민관의 긴밀한 파트너십과 실질적 거버넌스에 의해 작동되고 발전한다는 점을 감안할 때, 이는 이 사례가 갖는 사회적 의의를 확인할 수 있는 또 하나의 증거라 할 수 있다. 특히, 이러한 과정이 처음부터 행정 기관의 시민사회에 대한 개방적 태도에 기인한 것이 아니라, 시민사회가 정치적 영향력을 발휘한 것으로부터 시작되었음은 더욱 주목할 만한 것이다. 앞서 언급한 바와 같이, 이 사례는 2002년과 2006년 지방선거 시 시장후보초청토론회에서 900~1,000여 명의 시민이 참여함으로써 정치적 영향력을 발휘하면서 출발했다.

7) 주민참여예산 시행의 문제점과 성과

① 문제점

ㄱ) 소수 지역에 불과한 운영 실적

지난 2004년과 2005년도의 정책적, 제도적 지원에도 불구하고 아직 주민참여예산제를 실시하는 지역은 전체적으로 소수에 불과하다. 우리나라의 전체 지방자치단체 수는 250개이다. 이중 주민참여예산조례를 제정한 곳은 90여 곳에 불과하다. 이는 주민참여예산제가 아직은 우리 사회에서 일반적이지 않음을 보여준다. 시민사회로부터 제기된 납세자 주권은 납세자로서 선거뿐만이 아니라 재정에 대해서도 시민들의 참여와 권한이 필요하다는 것을 의미한다. 그리고 이는 참여민주주의 내용에 있어서도 매우 중요하다. 뿐만 아니라, 전 세계적으로도 주민참여예산제는 UN에 의해, "예산을 인간개발에 우선순위를 두는 방향으로 재조정하는 실천을 통해", "행정의 투명성을 보장하는 가장 혁신적인 방법 중의 하나"라는 평가를 받고 있다.

물론, 세계적으로 모든 국가와 지역에서 참여예산제도나 정책이 시행되고 있지는 않다. 오히려, 그러한 지역이나 국가는 전체적으로 매우 소수에 불과하다. 따라서 우리 사회의 지방자치단체 중 35% 이상이 주민참여예산조례를 제정했다고 하는 것 그 자체는 시민들의 참여와 권한을 강화하는 직접·참여민주주의의 놀라운 성과라 할 수도 있다. 그러나 지난 2004년과 2005년, 그리고 그 이후 지방자치단체에 대한 평가 반영 등의 제도적, 정책적 지원에도 불구하고 이러한 정도의 제도 도입 현황은 충분하지 못하다.

ㄴ) 형식적인 조례 내용

양적 측면에서 충분하지 못한 것보다 더욱 실망스러운 것은 그나마 90 여개 조례 도입 지방자치단체에서조차 주민참여예산제가 제대로 작동하지 못한다는 사실이다. 이는 주민참여예산조례가 지역 차원의 필요나 시민들의 요구보다는 중앙정부의 일방적 인센티브에 조응하는 차원에서 도입된 경우가 대다수

[참여예산 활성화 방안을 위한 토론회 | 김현 제공]

이기 때문이다. 게다가 정부의 표준조례안은 주민참여예산의 실질적 의의를 충족시키기보다는 매우 형식적으로 구성되어 각 지방자치단체에 전달되었다. 따라서 조례를 도입한 대부분의 지방자치단체는 형식적 조례를 제정했을 뿐 이에 대해 충실히 내용을 채우는 작업에 대해서는 관심이 없는 형편이다.

이에 반해, 지역의 시민사회단체 등이 이 제도 도입과 운영에 관심을 갖고 참여한 경우에는 그 실질적 운영 과정이나 내용에 차별성이 드러난다. 앞서 사례로 언급한 것들은 제도 도입의 배경이나 제도 도입 이후 시민사회단체 등이 적극적으로 결합하여 그 제도가 실질적으로 활성화되도록 힘을 보태고 있다. 이런 점을 고려하면, 행정 기관과 의회에서 일방적으로 조례를 제정한 대다수 지역에서 이 제도가 제대로 작동되지 못하는 이유가 보다 확실해 진다. 시민사회의 참여와 그에 대한 권한 부여 의지와 필요성을 느끼지 못하기 때문이다. 이는 우리 사회의 직접·참여민주주의 활성화에 있어 가장 큰 걸림돌이라 할 수 있다.

ㄷ) 최종 권한의 미흡

비교적 참여예산이 활성화되고 있는 곳에서도 일정한 한계가 발견된다. 지역마다 차이가 있고, 그에 따라 다양한 문제와 한계가 드러나는 점은 자연스러운 현상일 수 있다. 하지만, 공통적으로 드러나는 문제는 예산편성과 관련한 권한이 아직은 많이 미흡하다는 것이다. 즉, 시민들의 예산 제안에 대한 선택 여부를 최종적으로는 행정 기관이 판단한다는 것이다.

울산 동구와 대전 대덕구의 경우, 최종적인 예산 편성안이 예산협의회에 의해 확정된다. 이는 그만큼 참여한 시민들의 권한이 크다는 것이다. 하지만, 시민들이 제안한 사업에 대해서는 일차적으로 행정 기관에서 취사선택을 한다. 그리고 최종적인 예산협의회에서는 행정 기관에서 시민제안 사업들에 대해 취사선택하여 작성한 예산안에 대해 심의한다. 따라서 예산협의회는 시민들이 제안한 사업 중 행정 기관에서 반영하지 않은 사업에 대해서는 아무런 권한도 발휘할 수 없다. 이는 천안 사례에서도 마찬가지로 드러난다. 참여예산복지네트워크의 제안에 대해 최종적으로 예산편성안에 반영하느냐의 여부는 전적으로 행정 기관의 판단에 따른다.

물론, 예산에 대한 최종 결정권은 의회에 있다. 하지만, 성공적인 참여예산 사례로 많이 거론되는 브라질 포르투알레그레에서는 의회 심의 이전의 예산편성 과정에서 시민들의 사업제안에 대한 최종적 결정도 시민들이 참여하여 결정한다. 그런 점에서 참여한 시민들에게 보다 많은 권한이 주어질 수 있도록 제도적인 개선과 더불어 시민들에 대한 교육이 더욱 강화될 필요가 있다.

② 참여예산 시행의 성과

앞서 살펴본 사례들은 우리 사회에서 비교적 모범적으로 참여예산 제도와 운영을 보여주는 것들이다. 이러한 사례들을 통해 우리가 확인할 수 있는 성과는 많지만 무엇보다도 중요한 것은 시민들에게 참여에 따른 권한을 부여하고, 이를 통해 참여를 보다 활성화시키는 데 기여했다는 것이다. 시민들의 참여야말로 직접·참여민주주의의 핵심이라 할 수 있으며, 참여는 그에 따른 권한이 부여될 때 그 의의를 충족시킬 수 있다. 따라서 주민참여예산은 참여와 그에 따른 권한 배분이라는 과정이 현실에서 실현되는 제도이자 정책이라 할 수 있다.

두 번째로 거론할 만한 성과는 이 과정을 통해 실질적으로 시민들의 자치 역량이 강화되고 있다는 것이다. 실제로 앞서 사례들에서 살펴본 대로, 시민들의 사업 및 예산 제안이 최종적으로 의회 심의를 거쳐 채택되는 정도가 점차로 증가하고 있다. 이는 시민들의 참여와 결정에 대해 보다 많은 배려와 권한을 부여하는 방향으로 발전하고 있다는 증거가 되기도 하지만, 시민들 스스로도 자신이 거주하는 지역 예산 등 상황을 적절히 고려하여 현실적인 예산안을 제안하고 있기 때문이다. 이는 참여예산이 직접·참여민주주의의 필요조건인 시민들의 역량이 점차로 강화되도록 기여하고 있음을 보여주는 좋은 증거다.

세 번째 성과로 꼽을 수 있는 것은 행정 기관의 민간에 대한 신뢰가 증대하고 있다는 것이다. 이는 민관협력의 기반 또는 거버넌스의 경향이 점차 강화되고 있음을 의미한다. 직접·참여민주주의는 참여한 시민들에 의해서만 발전하지 않는다. 직접·참여민주주의는 시민들과 행정 기관이 점차 동등한 파트너로서 서로를 인정하고 신뢰하는 과정을 통해 발전한다. 그런 점에서 참여예산이 시민들에 대한 행정 기관의 신뢰를 점차로 향상시키는 역할을 한다는 것은 매우 긍정적인 변화다.

마지막으로 언급할 만한 성과는 참여예산을 통해 지방행정 및 재정이 보다 투명해지고 보다 효율성을 갖추어 간다는 것이다. 이는 시민참여가 행정 및 재정효율성을 높인다는 것만을 의미하지 않는다. 이는 지역사회가 점차로 민주적인 발전을 이루고 있음을 의미하기도 한다. 그리고 시민들의 참여를 통한 직접·참여민주주의의 강화가 대안적임을 실질적으로 보여주는 것이기도 하다.

3장

한국 직접·참여민주주의의 발전과제

한국 직접·참여민주주의에 대한 총괄적 평가 1

직접·참여민주주의 발전을 위한 과제 2

1
한국 직접·참여민주주의에 대한 총괄적 평가

1) 시민사회와 적극적인 역할

민주화 이후 한국의 직접·참여민주주의는 발전해 왔다. 여러 가지 제도들이 도입되었고, 그 과정에서 시민사회는 적극적인 역할을 해 왔다. 시민사회는 주민들의 참여를 보장하는 제도 도입을 요구하고, 때로는 구체적인 대안을 제시하기도 했다. 특히 주민소송제도, 주민소환제도 도입은 시민사회의 적극적인 입법운동에 힘입은 바가 크다.

또한 제도화가 되기 이전에도 시민사회는 자주적인 주민투표를 시도하는 등 주민참여를 활성화하기 위해 많은 노력을 해 왔다. 제도화가 된 이후에는 제도가 정착되고 실제로 활용될 수 있도록 하는 노력들을 하고 있다.

이처럼 한국 직접·참여민주주의의 발전에서 시민사회는 상당한 역할을 해왔다. 반면에 중앙정부의 관료주의는 직접·참여민주주의의 발전에 상당한 걸림돌이 되어 왔다. 중앙정부는 지방자치 부활 시점에 아무런 주민참여 제도도 도입하지 않았을 정도로 주민참여에 대해서는 소극적인 태도를 보여 왔다. 각종 주민참여 제도를 입법화하는 과정에서도 주민참여에 대해 소극적인 태도들을 보여 왔다. 주민소환제도 입법화를 미루었고, 주민투표법은 주민참여 관점보다는 중앙통제의 관점에서 법률 내용을 작성했다.

어떻게 보면, 한국 직접·참여민주주의는 직접·참여민주주의 확대를 요구하는 시민사회와 이를 최대한 억제하고 회피하려는 중앙정부 간의 갈등 속에서 조금씩 진전해 왔다고 볼 수 있다.

진보정당을 제외한 중앙 정치권도 직접·참여민주주의 확대에 적극적이지는 않았다. 주민소환제도가 국회의원들의 발의에 의해 입법화된 것을 제외하고는 중앙 정치권이 주민참여 확대를 위해 적극적인 역할을 한 예는 거의 없다.

이처럼 어려운 과정을 통해 한국 직접·참여민주주의는 발전해 왔지만, 여전히 제도적인 측면과 운영상의 측면에서 많은 문제점을 안고 있는 것도 사실이다.

2) 제도적 측면의 문제점

제도적 측면에서는 실제로 시민들의 참여를 보장하지 못하는 '형식적 참여제도', 즉, 지나치게 까다로운 요건과 절차가 문제가 되고 있다.

첫째, 주민투표제도(referendum)는 완전히 사문화된 제도가 되어 버렸다. 주민투표법은 처음 제정될 때부터 시민 참여를 보장하는 법이 아니라 오히려 정부의 독단적인 정책추진에 면죄부를 주는 법이 될 것이라는 우려가 있었다. 실제로 2004년 7월 주민투표법이 시행된 이후에 그러한 우려가 사실이었음이 증명되고 있다. 주민들의 청구에 의해 실시된 주민투표가 지난 5년간 단 1건도 없었다는 사실이 이를 반증한다. 이처럼 주민들의 주민투표청구가 이루어지지 않는 이유로는 ① 중앙요구형 주민투표 경우에는 주민들이 주민투표 발의를 청구할 수 없다는 점, ② 지방자치형 주민투표 경우 주민투표의 대상을 지나치게 제한하고 있다는 점, ③ 주민들이 주민투표를 청구하기 위해 받아야 하는 서명숫자가 지나치게 많다는 점 등을 꼽을 수 있다.

이처럼 주민투표제도가 사문화되면서 정책 결정을 둘러싼 갈등이 발생할 경우 해결 실마리를 찾지 못하고 악화되는 현상들이 나타나고 있다. 정책 결정을 둘러싼 찬·반의견이 대립하면 합리적 토의를 거쳐 주민투표를 실시하는 것이 필요할 수 있는데, 현재의 주민투표제도로는 그런 것이 불가능하기 때문이다. 그러다보니 정책 결정을 둘러싼 갈등으로 인해 주민소환운동이 벌어지는 사례들이 생겨나고 있다. 예를 들면 해군기지 문제로 도지사에 대한 주민소환운동이 벌어진 제주특별자치도의 경우에는, 중앙정부가 국가안보와 관련된 사업이라는 이유로 주민투표의 실시를 거부하면서 갈등이 점차 첨예화된 사례이다. 만약 주민투표가 실시되었다면 주민소환에 이르지는 않을 수도 있었다.50)

결국 주민투표제도의 사문화는 주민들의 입장에서도, 중앙정부 입장에서도 큰 손실이 아닐 수 없다. 주민들은 중요한 직접·참여민주주의 제도를 활용할 수 있는 권리를 상실한 셈이고, 중앙정부는 정책 결정을 둘러싼 갈등을 적절히 풀어나갈 중요한 수단을 상실한 셈이기 때문이다.

둘째, 주민소송제도는 제도 도입 이후에 나름대로 활용건수가 늘어나고 있지만, 제도 설계에 문제점들이 존재한다. 이러한 문제점이 개선되지 못하면 주민소송제도 활용에 어려움이 따를 수밖에 없다. 절차적으로 보면 200-500명의 집단서명을 받아야만 할 수 있는 주민감사청구를 먼저 거치도록 한 부분이 문제이다. 주민감사청구를 위해 집단서명을 받는 과정에서 주민들을 대상으로 회유나 압력이 행사될 수 있고, 내부 고발자나 소수의 의로운 사람만이 문제제기를 하고 있는 경우에는 집단적인 서명을 받는 것 자체가 어려울 수 있기 때문이다. 따라서 주민감사청구를 거치지 않고 주민소송을 제기할 수 있게 하든지, 아니면 한 명의 주민이라도 주민감사청구를 할 수 있도록 제도를 개선할 필요가 있다. 그 외에도 현재의 주민소송제도는 소송 구조가 너무 복잡하고 소송을 제기할 수 있는 기한(당해 사무처리가 있었던 날 또는 종료된 날부터 2년)이 너무 짧은 문제점을 안고 있다. 이런 문제점들도 개선해 나가는 것이 필요하다.

---

50) 국책사업이기 때문에 중앙요구형 주민투표밖에 할 수 없고, 중앙요구형 주민투표에서는 주민들에게 발의권이 없기 때문에 해군기지에 반대하는 측에서는 그나마 주민들에게 요구권이 있는 주민소환을 선택할 수밖에 없었다.

그래야만 공익소송제도인 주민소송제도가 활성화될 수 있을 것이다.

셋째, 주민소환 제도도 운영 과정에서 여러 문제점들이 나타나고 있다. 특히 주민소환투표를 청구하기 위한 서명 자격을 '전년도 12월 31일' 기준 해당 지방자치단체에 주소를 둔 사람으로 제한하고 있는 것이 문제이다. 이사를 자주하는 도시지역에서 서명을 받는 경우 이 조항 때문에 상당수 서명이 무효가 될 수 있기 때문이다. 따라서 서명 시점에 주소를 둔 사람이면 서명을 할 수 있는 자격을 부여하는 것이 바람직하다. 또한 투표율이 3분의 1에 미달하는 경우에는 개표를 하지 않도록 하고 있는데, 보궐선거 투표율이 20% 수준에 머무르는 상황에서 주민소환투표 투표율이 3분의 1을 넘어야 한다는 것은 무리가 있다. 소환대상자들이 투표불참운동을 하는 것에 대해 아무런 규제가 없는 것도 문제이다. 선거에 의해 선출된 공직자들이 주민소환투표 투표율을 낮추기 위한 투표불참운동을 한다는 것은 아이러니이다. 이런 문제에 대해서도 대책을 세울 필요가 있다.

넷째, 주민발의는 비교적 높은 활용도에도 불구하고 근본적인 한계를 노출하고 있다. 발의된 조례안에 대해 지방의회가 성실히 심사하지 않는 경우에, 또는 부당한 이유를 들어 조례안을 부결시키는 경우에 주민들이 할 수 있는 것이 전혀 없기 때문이다. 많은 숫자의 주민서명을 받아 발의된 조례안이 이렇게 가볍게 취급될 수 있다는 것은 문제가 있다. 따라서 주민발의의 경우에도 근본적인 개선방안을 모색할 필요가 있다.

다섯째, 주민참여예산제는 조례를 통해 구체화된 제도이기는 하나, 많은 지방자치단체에서 형식적으로 운영되고 있는 상황이다. 주민들의 참여를 실질적으로 보장할 수 있는 시스템도 없고, 지방자치단체장이나 공무원들 의지도 부족한 상황이다. 기초지방자치단체가 스스로 결정할 수 있는 가용재원이 적다는 점도 주민참여예산제 의미를 감소시키고 있다. 한국은 국가나 광역지방자치단체에서 내려오는 보조금으로 시행하는 보조사업의 범위가 큰 반면, 기초지방자치단체가 스스로 결정하는 자체 사업 규모가 작은 것이 현실이기 때문이다(하승수 2007, 157). 따라서 주민들은 참여를 해도 결정할 수 있는 범위가 너무 작다고 느낄 수 있다. 이런 점은 주민들 참여도를 떨어뜨리는 원인이 되고 있다.

3) 제도 운영 측면의 문제점

제도를 운영함에 있어서는 중앙정부와 지방자치단체들의 직접·참여민주주의에 대한 부정적인 태도, 시민들의 참여 부진 등이 문제로 되고 있다.

우선 정부기관들의 직접·참여민주주의에 대한 부정적인 태도가 그나마 존재하는 제도의 실효성을 떨어뜨리고 있다. 예를 들어 2005년 11월 2일 4개 지역에서 치러진 주민투표의 경우에는 공무원 동원, 허위 부재자투표 등 여러 법위반 행위들이 저질러졌으나 중앙정부는 적극적으로 개입하지 않았다. 또한 중앙정부만이 주민투표 실시요구를 할 수 있는 국책사업에 대해 지역주민들이 주민투표 실시를 요구했으나 중앙정부는 소극적인 태도로 일관하고 있다.

그리고 주민참여에 대해 지방자치단체장이나 지방의회가 부정적인 태도를 보이기도 한다. 특히 지역 차원에서 조례를 통해 실시하고 있는 주민참여예산제의 경우에는 지방자치단체장이나 지방의회의 의지가 중요하다. 그러나 지방자치단체장이나 지방의원들은 주민참여 확대가 자신들의 권한을 침해하거나 축소하는 것으로 인식하는 경향을 보이고 있다.

한편 시민들의 관심과 참여가 부진한 것도 문제가 되고 있다. 지방자치 영역에서 주민참여 제도들이 도입되었지만, 시민들의 지방자치에 대한 관심 자체가 매우 저조한 실정이다. 지방선거의 투표율은 50% 수준에 그치고 있다. 2006년 지방선거의 경우에 51.6%였다. 이러한 낮은 투표율은 지방자치에 대한 시민들의 무관심을 보여준다. 이런 상황이기 때문에 지금은 이미 조직화된 시민사회단체들이 주도하여 주민참여제도가 활용되는 경우들이 많다.

2

직접 · 참여민주주의의 발전을 위한 과제

1) 제도적 과제

한국은 최근 새로운 참여제도들이 도입되는 등의 변화가 있었지만, 앞서 살펴본 것처럼 현재 도입되어 있는 제도들에는 문제가 많다. 또한 국가 차원에서 시민발의 등의 직접 · 참여민주주의제도가 도입되어 있지 않은 상황이다. 따라서 앞으로 직접 · 참여민주주의가 보다 발전하기 위해서는 제도적으로도 해결해야 할 과제들이 많이 있다.

① 지방자치제도에서 주민참여제도 개선

우선 지방자치제도 차원에서 주민참여 제도들을 대폭 손질할 필요가 있다. 특히 주민투표제도는 근본적으로 개선될 필요가 있다. 주민투표제도가 직접민주주의 제도로서 제 기능을 하려면, 아래와 같은 방향으로 주민투표법이 개정되어야 한다.

첫째, 중앙요구형 주민투표는 정부정책을 합리화하는 수단으로 악용될 소지가 너무 크다. 중앙요구형 주민투표의 경우에는 주민 투표 실시 여부, 실시 시기, 투표 실시구역, 투표결과 반영여부 등을 모두 중앙정부장관이 임의로 정할 수 있도록 되어 있기 때문이다. 그렇게 되면 중앙정부가 자신에게 유리한 방식으로 주민투표를 실시하게 되어 공정한 주민투표가 되기 어렵다. 또한 근본적으로 보면, 주민투표 실시요구권을 중앙행정기관이 갖는 제도는 불필요한 것이다. 만약 주민들로부터 의견을 수렴하기 위해 국가사업에 대한 '자문적 주민투표'가 필요하다고 하더라도, 이는 주민들의 청구가 있을 때에 실시되는 것이 바람직하다. 따라서 중앙요구형 주민투표는 폐지되는 것이 바람직하다. 다만, 국가사업에 대한 의견수렴이 필요하다면 주민들의 청구에 의해 주민투표를 실시할 수 있도록 하면 될 것이다.

둘째, 주민투표를 청구하기 위해 받아야 하는 서명숫자를 줄일 필요가 있다. 지금은 전체 주민투표청구권자 총수의 5분의 1에서 20분의 1 사이에서 조례로 정하는 숫자의 서명을 받아야 한다. 그러나 주민투표 실시를 청구하는 데 필요한 서명숫자가 지나치게 많으면 주민투표제도 자체가 활용되지 못한다. 지난 5년간의 경험이 그것을 증명하고 있다. 따라서 주민투표청구를 위한 서명숫자는 지금보다 대폭 낮출 필요가 있다. 광역지방자치단체는 3%, 기초지방자치단체는 5% 수준의 서명을 요구하는 것으로 하되, 5만 명 정도를 상한선으로 하는 것이 바람직하다.

셋째, 주민투표에 부칠 수 있는 대상을 지나치게 제한하는 것도 개선되어야 한다. 원칙적으로 모든 사항이 주민투표에 부쳐질 수 있어야 한다. 또한 재정부담을 크게 수반하는 사업을 추진하려는 경우 등 일정한 경우에는 의무적으로 주민투표에 부치도록 할 필요도 있다.

넷째, 공직선거와 주민투표를 동시에 실시할 수 있도록 할 필요가 있다. 주민투표법은 공직선거일 60일 전부터 선거일까지는 주민투표를 위한 서명요청활동, 주민투표발의, 투표를 할 수 없도록 정하고 있다. 그러나 주민투표는 정책의 찬반을 묻는 투표이기 때문에 굳이 선거 시기에 서명요청활동, 발의, 투표를 하지 못하도록 할 필요가 없다. 오히려 투표율을 높이고 경비를 절감하기 위해서는 선거와 동시에 주민투표를 실시하는 것이 더 바람직할 수 있다. 미국의 예만 보더라도 선거와 동시에 주민투표를 실시하고 있다.

그 외에도 앞서 언급한 지방 차원 주민참여 제도들의 문제점 또한 시정할 필요가 있다.

첫째, 주민발의제도는 단순한 안건 제출에 그치는 것이 아니라 실질적으로 주민이 주도권을 가지는 발의제도가 되어야 한다. 따라서 주민발의를 통해 안건으로 상정된 조례안에 대해 일정 기간 내에 심의가 종료되지 않거나 지방의회가 부결시킨 경우에는 주민들이 조례안에 대한 찬반을 묻는 주민투표를 요구할 수 있도록 할 필요가 있다. 이런 방식으로 제도가 바뀌는 것이 직접민주주의 취지에 적합할 것이다.

둘째, 주민소환 제도는 일각에서 제도 남용가능성을 우려하지만, 현재 주민소환제도가 주민들이 활용하기에는 너무 까다롭다는 비판도 존재한다. 따라서 주민소환제도의 경우에는 지금까지의 경험을 바탕으로 제도의 문제점에 대해 재평가를 해 볼 필요가 있다. 앞서 언급한 것처럼, 주민소환투표를 청구하기 위해 서명을 할 수 있는 자격을 '전년도 12월 31일' 기준으로 주소를 해당 지방자치단체에 두고 있는 자로 제한하고 있는 것도 문제가 있다. 서명 시점에 주소를 해당 지방자치단체에 두고 있으면 서명을 할 수 있는 자격을 인정할 필요가 있을 것이다. 또한 투표율 하한선을 낮추거나 폐지하는 방안을 검토해야 한다. 지금처럼 투표율이 3분의 1이상 되어야 개표하는 것으로 하고, 투표일을 평일로 하는 이상 주민소환제도는 사문화될 가능성이 있다. 그리고 소환 대상자들의 투표불참운동을 금지하는 방안도 검토할 필요가 있다. 주민소환투표까지 치러지게 된다면 적극적 투표참여를 통해서 찬성이든 반대든 결론을 내리는 것이 바람직하기 때문이다. 주민소환투표의 경우에는 선거관리위원회가 투표참여 홍보에 매우 소극적인 태도를 보이고 있는데, 선거관리위원회로 하여금 투표율을 올리기 위한 적극적인 노력을 하도록 책임을 지울 필요도 있다.

셋째, 주민소송제도 개선이 필요하다. 우선 관련 제도인 주민감사청구제도를 개선해서, 일본처럼 1인의 주민이라도 감사청구를 할 수 있도록 해야 한다. 그리고 현재 지나치게 복잡하게 되어 있는 제도를 보다 간소화할 필요도 있다. 특히 주민소송의 유형 중에서 '지방자치단체에 손해를 입힌 자를 상대로 주민이 손해배상청구나 부당이득반환청구를 할 수 있는 소송'의 경우에는 2단계 소송 구조로 되어 있는 문제점이 있다. 즉 현행 지방자치법에 따르면, 주민은 지방자치단체에 손해를 입힌 자(지방자치단체장이나 공무원, 관련 이해관계자 등)를 피고로 하여 소송을 제기할 수 없고 지방자치단체를 피고로 하여 소송을 제기할 수 있다. 그리고 이 소송에서 주민이 승소하면 다시 지방자치단체가 자신에게 손해를 입힌 자를 상대로 손해배상금 지불청구를 해야 하는 2중 절차를 밟아야 한다. 이런 2중 절차는 2002년도 개정된 일본의 지방자치법을 따른 것이나[51], 이런 복잡한 절차는 주민들의 제도 활용에 부정적인 영향을 끼칠 뿐만 아니라, 지방자치단체의 행정 부담도 증가시키는 결과를 초래할 것이다. 따라서 이 부분은 개선되어야 한다.

넷째, 주민참여예산제의 경우에는 주민들의 참여를 보다 활성화할 수 있는 방향으로 각 지방자치단체의 조례가 바뀔 필요가 있다. 특히 주민들이 참여할 수 있는 구조(예를 들면 지역회의, 예산참여시민위원회 등)를 제대로 갖추지 않고 있거나, 모든 주민들에게 참여 기회를 개방하지 않고 있는 조례들은 주민참여 예산제 취지에 맞지 않으므로 개선될 필요가 있다.

한편 시민들의 참여를 활성화하기 위해서는 지방자치 차원에서 다양한 제

---

[51] 2002년 개정 전 일본 지방자치법은 주민이 직접 지방자치단체를 대위하여 지방자치단체에 손해를 끼친 자를 상대로 손해배상청구나 부당이득반환청구를 할 수 있었다. 그런데 일본이 2002년도에 2단계 소송구조를 취하는 법개정을 한 주된 이유 중에 하나는 지방자치단체장이나 공무원 개인이 직접 주민소송의 피고가 될 경우에 개인이 변호사 비용을 부담해야 한다는 것이었다. 그러나 이런 정도의 문제라면 법률구조제도를 통해서 해결할 수도 있는 문제이다. 이 정도의 문제 때문에 소송구조를 2단계의 구조로 만든다는 것은 납득하기 어렵다. 오히려 현행 제도에 의하면 위법행위에 연관된 지방자치단체장, 공무원의 변호사비용까지 지방자치단체가 부담하여 소송을 수행해 주는 결과가 나타날 수도 있다.

도들을 시도할 필요가 있다. 그런 점에서 최근 몇 년간 충청북도 청주시, 경기도 안산시 등 몇몇 지방자치단체에서 제정한 '주민참여기본조례'에 담긴 내용들도 주목할 만하다. 이 조례에서는 지방자치단체에 설치되는 각종 위원회 위원을 공개모집하도록 하는 내용을 담고 있다. 이런 위원회들은 도시계획, 재정운영, 정책수립 과정에서 중요한 역할을 하도록 되어 있다. 그래서 공무원 외에도 민간 전문가나 주민들을 참여시켜 왔으나, 형식적인 역할만 한다는 비판을 받아 왔다. 이같은 문제를 해결하기 위한 방안으로 나온 것이 위원을 공개모집하는 것이다. 그럼으로써 위원회 활동에 열의를 가진 위원들을 위촉하여 위원회를 활성화시켜 보자는 것이다. 또한 '주민참여기본조례'에는 일정 숫자 이상 주민들이 서명을 받아 청구하면 정책 현안에 대해 공청회나 토론회를 하도록 하는 '정책토론청구'제도도 도입되어 있다. 이 제도가 제대로 운영되면 찬·반이 엇갈리는 문제에 대해 주민과 지방자치단체, 주민과 주민 간 토의를 활성화시킬 수 있을 것이다.

그리고 심의민주주의적 참여제도의 도입도 검토할 필요가 있다. 시민포럼(citizen forum), 시민배심제(citizen jury), 합의회의(consensus conference), 공론조사(deliberative polling) 등 다양한 참여적 의사결정방법들을 활용하면 지방자치단체 정책결정과정에 시민들의 참여를 확대할 수 있을 것이다.

② 국가 차원 직접·참여민주주의 확대

직접·참여민주주의의 확대는 단지 지방자치 차원의 문제만은 아니다. 직접민주주의 제도 확대, 시민참여 활성화는 대의제·정당제 민주주의 문제가 심화된 지금의 시대적 요구라고 할 수 있기 때문이다.

실제로 그런 요구들은 분출되고 있다. 한국과 미국 간의 FTA 체결이 추진될 당시에 국민투표 실시를 요구하는 의견들이 상당히 분출되었다. 국민들의 삶에 중대한 영향을 미치는 문제이므로 국민투표를 통해 결정해야 한다는 논리였다. 그러나 정부는 이런 의견들을 무시했다. 결국 국민들이 원할 때 국민투표를 할 수 있는 제도적 장치가 없기 때문에 이런 목소리들이 무시당할 수밖에 없는 것이다. 또한 국민들이 원하는 법률을 국회가 제정하지 않을 때 국민발안의 필요성이 제기되고 있다. 그리고 2004년 노무현 대통령이 탄핵소추되었을 당시에, 국민소환제가 필요하다는 주장이 제기되었다. 국회의원들도 임기 중에 해임시킬 수 있도록 하자는 것이다.

이처럼 직접민주주의 제도에 대한 시민들의 요구는 점점 높아지고 있다. 따라서 국민발안, 국민발안에 의한 국민투표, 국민소환, 배심재판 같은 새로운 참여제도들이 국가 차원에서 도입될 필요가 있다.

그리고 이런 점들은 현재 논의 중에 있는 헌법개정 과정에도 반영될 필요가 있다. 새로운 직접·참여민주주의를 법률을 통해 도입하려고 할 때 현행 헌법이 장애요소가 되고 있기 때문이다. 현행 헌법은 기본적으로 대의제 민주주의를 골자로 하고 있고, 직접·참여민주주의를 도입할 수 있는 근거 조항을 두지 않고 있다. 그래서 직접·참여민주주의 제도를 도입하려고 할 때 '대의제 민주주의 원리에 반하므로 위헌이다'라는 반론이 계속 제기되는 것이다. 예를 들면 '헌법개정 없는 국회의원 소환은 국민주권 및 대의제의 원리에 반한다'는 것이 헌법학계 다수의 주장이어서, 직접민주주의 제도 도입에 어려움이 있는 것이다(이경주 2005, 15). 또한 배심재판을 본격적으로 도입하려면 현행 헌법이 장애물이 된다. 배심재판은 직업법관의 재판을 받도록 한 현행 헌법에 위반될 수 있다는 것이다. 따라서 배심재판을 본격적으로 실시해 보려면, 헌법개정시 배심재판 근거를 마련하는 것이 필요할 것이다.[52]

그 외에도 지방자치 영역에서 도입하여 효과를 보는 제도가 있으면 국가 차원에서도 시도할 필요가 있다.

---

[52] 2008년부터 「국민의 형사재판 참여에 관한 법률」이 시행되고 있지만, 이 법률 내용을 볼 때에 본격적인 배심제가 도입되었다고 할 수는 없다. 배심재판의 대상이 되는 사건도 제한되어 있고, 배심원의 평결에 법원이 반드시 따를 의무는 없기 때문이다.

2) 직접·참여민주주의 활성화를 위한 정부와 시민단체의 역할

한국 사회의 관료들이나 정치인들은 아직도 직접·참여민주주의 확대에 대해 대체로 부정적 인식을 가지고 있다. 이것은 국가 차원이나 지방자치단체나 마찬가지이다. 그동안 도입되어 온 직접·참여민주주의 제도들도 대부분 시민단체나 학계에서 주장한 결과로 도입된 것들이다.

오히려 관료들이나 정치인들은 직접·참여민주주의를 매우 형식화시키거나, 그나마 도입된 직접·참여민주주의 제도를 약화시키려는 시도를 하기도 한다. 주민참여와는 거리가 먼 주민투표법을 만든 것이 대표적인 예다. 그리고 지금 국회에는 주민소환 제도 요건을 보다 강화하려는 법률안이 일부 국회의원들에 의해 발의되어 있다.

물론 직접·참여민주주의 제도가 긍정적인 기능만을 가지고 있는 것은 아니다. 모든 민주주의 제도는 긍정적인 측면과 함께 부정적인 측면도 가지고 있다. 그러나 민주주의의 가장 바탕이 되는 것은 시민들의 판단을 믿는 것이다. 시민들의 판단을 믿지 않으면 대의제 민주주의도 유지될 수 없다. 시민들이 대표자를 현명하게 선출할 것이라는 믿음이 없다면, 대의제 민주주의는 그 자체로 모순에 빠지기 때문이다. 즉 시민들이 현명하지 못하고 그릇된 판단을 하는 존재라면, 그런 그릇된 판단에 의해 선출된 '적절하지 못한' 대표자들이 의사 결정을 하고 있다는 이야기가 되기 때문이다. 따라서 결국 민주주의는 시민들에 대한 믿음에 기반을 둘 수밖에 없다. 그렇기 때문에 대의제 민주주의가 위기에 빠지고 한계에 부딪힐수록, 관료나 정치인들은 시민들의 참여를 확대하는 것에 관심을 가져야 한다. 관료들과 정치인들이 직접·참여민주주의에 대해 긍정적인 인식을 가지고 새로운 제도를 도입하고 기존 제도를 보완하며, 시민들의 관심과 참여를 이끌어내려고 노력할 때 한국 민주주의는 한 단계 더 발전할 수 있을 것이다.

또한 시민사회단체의 역할은 여전히 중요하다. 지금까지 그랬던 것처럼, 시민사회단체들은 "직접·참여민주주의 확대를 위한 법제도 개선 활동, 시민들에게 직접·참여민주주의의 의미와 중요성을 알리는 활동, 시민들의 참여를 조직하는 활동" 등을 계속할 필요가 있다.

지역의 시민사회단체들은 주민들의 참여를 보장하는 방향으로 지방자치단체의 조례가 제정 또는 개정될 수 있도록 노력해야 한다. 그리고 지역주민들이 직접·참여민주주의 제도들을 적절히 활용할 수 있도록 지원하는 역할을 할 필요가 있다. 제도가 도입되지 않은 상황이라고 할지라도 다양하고 새로운 참여 시도들을 계속해야 한다.

또한 직접·참여민주주의를 확대하는 방향으로 헌법이나 법률이 개정되기 위해서는 지역의 시민사회단체들과 전국적인 활동을 하는 시민사회단체들이 협력할 필요가 있다. 주민소환제도는 이런 협력을 통해서 입법화될 수 있었다. 따라서 시민사회단체들은 지역과 영역의 경계를 뛰어넘어 협력하여 헌법개정 과정에서 시민들의 목소리를 조직하고, 국가 차원 법률이 제대로 정비될 수 있도록 노력해야 한다.

참고문헌

가칭)청주·청원하나되기운동본부, (2005), "청주·청원하나되기운동본부 발족 준비모임"자료

강대인, (1999), "삶의 문화, 삶의 정치; 새문화를 여는 또 하나의 대안", 정문길 외『삶의 정치; 통치에서 자치로』, 대화출판사

강석환, (2009), "시흥시 주민소환과 지방자치 바로세우기", 제1회 지방자치포럼 발제문

경기개발연구원 옮김(西尾勝 編), (1998),『일본의 지방정치와 의회(日本の地方政治と議會)』, 경기개발연구원

고문현, (2006), "주민소환제에 관한 소고",『토지공법연구』 30

과천시보육조례개정운동본부, (2002),『과천시보육조례개정운동 백서』

광명시 시민단체협의회, (2001), 시민단체협의회의 입장 정리를 위한 내부 토론회 자료집

교육인적자원부, (2006),『학교급식 안전성 확보와 운영 내실화를 위한 학교급식 개선 종합대책(2007~2011년)』

국회 정치개혁특별위원회, (2001),『미국의 선거과정』, 대한민국 국회

김근배, (2009), "하남주민소환운동 주요내용",『한국의 참여민주주의 사례집』, 민주화운동기념사업회

김기성, (1999), "시민자치와 '정치적인 것'의 변화 : 일본사회의 실험을 중심으로",『한국정치학회보』 33(2)

김도희, (2006), "방폐장입지정책에서 나타난 '주민투표제'의 문제점과 개선방안 : 울산시와 경주시의 정책갈등을 중심으로",『지방정부연구』 10(4)

김명연, (1999),『주민직접참여의 활성화를 위한 법제정비방안』, 한국법제연구원

김범수, (2001), "경기도 고양시 주민투표 사례 보고",『전국주민자치사례 발표회 자료집』

김성호, (1997),『외국 지방자치단체의 주민투표제도』, 한국법제연구원

김영기 옮김(Joseph F. Zimmermann 지음), (2002),『미국의 주민소환제도(The Recall)』, 대영문화사

_____, (2006), 『한국의 주민소환제』, 대영문화사
김영수, (2009), 『주민소송 사용설명서』, 서울: 이매진
김윤환·최영, (2008) "주민소환제 관련 보도의 시민저널리즘 가치 구현에 관한 연구: 하남시의 사례를 중심으로", 『언론과학연구』 제8권
김희곤, (2001), "지방자치단체의 장에 대한 해직청구제도에 관한 연구", 『토지공법연구』 11
길준규, (2006), "주민소환제의 법리적 검토", 『공법연구』 34(4-1)
김택현 옮김(Marion Gret and Yves Sintomer 지음), (2005), 『뽀르투알레그리, 새로운 민주주의의 희망』, 박종철 출판사
남기헌, (2007), "청주·청원 재통합운동을 위한 몇 가지 전략", '지속가능한 청주청원 공동발전 비젼만들기'토론회 자료집
명재진, (2008), "지방자치와 주민참여를 통한 투명성 제고 방안 연구", 『한국부패학회보』 12(3)
민주화운동기념사업회, (2009), 『2009현대직접민주주의 글로벌포럼』자료집
박영도, (1996), 『주민투표법의 입법방향』, 한국법제연구원
박정훈, (2007), "원자력발전소부지선정과정상의 이해관계 조정에 관한 법적 과제", 『토지공법연구』 37(1)
박현희, (2007), "학교급식조례주민발의운동과 참여민주주의", "전남학교급식조례제정운동을 중심으로…", 학교급식법개정과조례제정을위한국민운동본부 토론회 자료집
_____, (2008), "한국의 직접 민주주의 제도 도입과 운영현황", 부르노 카우프만 外, 『직접 민주주의로의 초대』, 리북
방폐장 주민투표 중단과 참여민주주의 수호를 위한 시민사회단체, (2005), 기자회견문
배옥병, (2009), "친환경학교급식운동의 성과와 과제", 인천학교급식 워크숍 자료집
배응환, (2006), "정책형성의 비교연구", 「한국정책학회보」 15(4)
부르노 카우프만 外, (2008), 『직접 민주주의로의 초대』, 리북
부안방폐장유치 찬·반주민투표관리위원회, (2004), 『부안 방폐장 유치 찬·반주민투표 백서』
송영철, (2001), 『현장에서 바라본 일본의 지방자치』, 지샘

시민사회단체연대회의, (2007), 『2007년도 제5회 풀뿌리 시민운동 사례』
시민자치정책센터, (2001), 『시민의 힘으로 조례를 만든다』
신봉기, (2000), "한국과 독일의 지방자치법상 주민투표제도에 관한 연구", 『공법연구』 28(4)
_____, (2001), "주민투표제의 실효성 확보를 위한 논의", 『토지공법연구』 11
_____, (2004), "지방자치에 있어서 직접민주제 방식의 도입", 『공법연구』 33(1)
_____, (2006), "주민소환제 입법의 방향", 『자치연구』 16(1·2)
안산YMCA·시민자치정책센터, (2002), 주민참여 활성화를 위한 조례제개정운동 워크샵, '시민의 힘으로 조례를 바꾼다' 자료집
안성호, (2000), "시민투표의 이론적 기초와 쟁점", 『자치행정』 153(2000.12)
_____, (2005), "주민투표의 직접민주적 개방성 : 스위스의 교훈", 『한국지방자치학회보』, 17(3)
양영철, (2005), "제주도 주민투표 사례에 대한 연구", 『한국사회와 행정연구』 16(3)
_____, (2007), 『주민투표제도론』, 대영문화사
_____, (2008), 『제주특별자치도의 이해』, 대영문화사
예산감시네트워크 주민참여법률지원단 편저, (2006), 『2006 주민참여 가이드북, 주민직접참여제도 실무매뉴얼』
오관영, (2009), 『예산을 알면 지역이 보인다. -우리 동네 곳간을 지키는 예산감시운동』, 이매진
오미덕, (2009), "광주광역시 북구 주민참여예산제 운영현황 및 발전방안", 민주화운동기념사업회, 『한국의 참여민주주의 사례집』
윤순진, (2006), "환경정의 관점에서 본 중·저준위 방사성 폐기물 처분장 입지선정 과정", 『환경사회학연구』 10(1)
윤양수, (2007), "제주도내 기초지방자치단체 폐지법규의 위헌성", 『공법학 연구』 7(3)
이경주, (2005), 『유권자의 권리찾기, 국민소환제』, 책세상
이기우, (2003), 『지방분권과 시민참여』, 역사넷
이기우·하승수, (2007), 『지방자치법』, 대영문화사
이빈파, (2003), "전국의 학교급식개선운동의 현황과 방향", 서울시 학교급식조례제정운동본부(준), 서울시 학교급식조례제정운동 워크샵 자료집

이지원, (1999), 『현대 일본의 자치체 개혁운동』, 서울대 사회학과 박사학위논문
이호철, (1996), 『일본의 지방자치』, 삼성경제연구소
임승빈, (2007), "주민소환제도의 시행에 따른 논쟁점과 개선방안", 주민소환제 정책세미나 자료집, (사)한국지방정책연구소
주성수, (2005), "국가정책결정에 국민여론이 저항하면? : 심의민주주의 참여제도의 탐색", 『한국정치학회보』 39(3)
_____, (2006a), "대의민주주의를 넘어서 : 참여민주주의의 시대로", 주성수·정상호 편저, 『민주주의 대 민주주의』, 아르케
_____, (2006b), 『시민참여와 민주주의』, 아르케
정원각, (2007), "사회의 변화를 위해 동네에 진지를 구축한 6년을 돌아보며....", 학교급식법개정과조례제정을위한국민운동본부 토론회 자료집
좋은정치 씨앗들, (2009), "주민소환운동 평가와 지방자치바로세우기" 제1회 지방자치 포럼
주선미·한인숙, (2002), "공론장과 지방정치", 한국행정학보, 36
제주도군사기지반대대책위원회, (2007), "'세계 평화의 섬' 제주에 무슨 일이?", 진보평론
차성수·민은주, "방폐장 부지선정을 둘러싼 갈등과 민주주의", 『환경사회학연구』 10(1)
참여예산복지네트워크, (2005-2009), 천안시 사회복지 예산제안 토론회 자료집 및 예산 분석 보고서
최봉기, (2006), "중앙정부에 의한 지역간 경쟁적 주민투표제도의 개선과제", 『한국지방자치학회보』 18(2)
최봉석, (2001), "주민소환제에 관한 독일에서의 논의와 법제", 『공법연구』 30(1)
최종만, (1998), 『일본의 자치체 개혁』, 나남출판
최철호, (2006), "환경행정의 통제수단으로서의 주민소송의 역할", 『공법학연구』 7(4)
풀뿌리자치연구소 이음, (2009), 『참여예산, 제도가 아니라 주민이다』
하승수, (2004), "부안주민투표의 경과와 의의, 향후 발전방향", 『도시와 빈곤』 통권67호
_____, (2006), "주민소환제도의 특징과 시민사회에 주는 함의", 『시민사회와 NGO』 4(2)
_____, (2007), 『지역, 지방자치, 그리고 민주주의』, 후마니타스

_____, (2007), "주민소환제도와 시민단체의 역할", 『자치의정』10(3)
_____, (2009), "제주 주민소환투표, 왜 시도되었고 무엇을 남겼나?", 녹색평론
하승우, (2006), 『풀뿌리 공론장에 대한 이론적 고찰 - 하버마스 공론장 개념의 비판적 재구성과 확장 -』, 경희대학교 정치학과 박사논문
_____, (2006), "정부의 주민투표제도 악용과 시민사회의 역할", 「시민사회와 NGO」 4
한국지방행정연구원, (1995), 『성공한 단체장 실패한 단체장』, 한국지방행정연구원
한귀현, (2004), "주민소환제도의 도입방안에 관한 연구", 『토지공법연구』, 21
함께하는 시민행동, (2005), "방폐장 주민투표에 대한 함께하는 시민행동의 입장"
함인선, (2004), "주민소환제도에 관한 입법론적 고찰", 『공법학연구』 5(2)
행정자치부, (2000), 『선진외국의 지방자치제도』
행정자치부, (2007), 『주민소환업무편람』
_____, (2009), 『주민직접참여제도의 이해』
홍일표·하승수, (2004), "시민참여의 한일비교: 제도와 운동의 동학", 주성수 편, 『정치과정에서의 NGO』, 한양대학교 출판부
홍정선, (2002), 『지방자치법학』, 법영사

兼子 仁, (1999), 『新 地方自治法』, 東京: 岩波書店
吉川俊一 編, (2003), 『住民參政制度』, 東京: ぎょうせい
今井一, (2000), 『住民投票-觀客民主主義を超えて』, 東京: 岩波書店
上田道明, (2003), 『自治を問う住民投票』, 東京: 自治体研究社
生田希保美·越野誠一, (1997), 『アメリカの直接参加·住民投票』, 東京: 自治體研究社
小滝敏之, (2004), 『アメリカの地方自治』, 東京: 第一法規
松下圭一, (1996), 『日本の自治·分權』, 東京: 岩波書店
California Secretary of State, (2003), *Frequently Asked Questions About Recalls*, State of California
Felchner, M. E. (2004), Recall Elections: Democracy in Action or Populism Run Amok?, Campaigns & Elections 25(5):30-35
Fossedal, G. A. (2002), *Direct Democracy in Switzerland*, London: Transaction Publishers

Oregon Secretary of State, (2006), *Recall Manual*, State of Oregon

Shaw, D. (2005), *Strategic Voting In The California Recall Election*, American Politics Research 33(2):216-245

Steinberg, Jonathan. (1996), *Why Switzerland?*, Cambridge: Cambridge University Press

찾아보기

ㄱ
각하　51, 54, 107, 111, 165
강정마을　102, 155, 156
거버넌스　207, 210
곳간지킴이　115, 117
공개모집　57, 180, 224
공공기관의 정보공개에 관한 법률　17, 41
광역화장장　146, 147, 153, 154, 155
국민투표　13, 224, 225
국책사업　81, 100, 219

ㄴ
납세자소송　103

ㄷ
다중　14
담배자판기조례　31
대의제　13, 14, 154, 224, 225, 226
도시계획조례　34, 35, 36, 37

ㄹ
러브호텔　35, 36, 67, 68, 139

리콜　145

ㅂ
방사성폐기물처분장　61, 72
방폐장　66, 72, 73, 74, 95, 101
보육위원회　39, 56, 57
보육조례　37, 39, 40, 52, 228

ㅅ
선거관리위원회　65, 75, 141, 148, 149, 150, 222
손해배상청구　106, 137, 223
수임인　26, 40, 167
시민배심제　224
시민사회단체　30, 43, 81, 86, 108, 134, 156, 163, 167, 179, 186, 191, 206, 209, 226, 227
시민참여　4, 39, 42, 120, 174, 183, 211
식량비　128
심의민주주의　224

ㅇ

약의회-강시장　72
업무추진비　110, 111, 121, 122, 124,
　　　　　128, 129, 130, 131, 132, 136, 137
업자자치　72
영리병원　157
예산낭비　4, 103, 106, 110, 170
예산정책토론회　180, 182
우선순위　183, 189, 193, 196, 207
월정수당　112, 113, 114
의정비　29, 49, 107, 111, 112, 113,
　　　　114, 117, 119, 169
의정비심의위원회　112, 113, 119
의정활동비　112, 113, 114
인큐베이팅　198

ㅈ

재무회계　104
전별금　132, 134, 136
점진안　89, 90
정보공개　17, 122, 129, 137
제1소송　106
제2소송　106
제3소송　107
제4소송　107
조정권고안　130
주권재민　13, 14
주민감사전치주의　120

주민공람　69
주민발의　5, 6, 17, 20, 25, 26, 29, 30,
　　　　　36, 41, 45, 47, 56, 59, 218, 222
주민소환조례　50
주민소환투표　140, 144, 145, 150,
　　　　　　　152, 154, 159, 161, 222
주민예산학교　181
주민자치　81
주민자치위원회　177, 185, 191
주민참여기본조례　224
주민참여예산　5, 6, 20, 21, 49, 172,
　　　　　　　174, 179, 184, 187, 190, 192
주민투표　5, 19, 20, 60, 61, 72, 81,
　　　　　94, 101, 160, 219, 221
주민투표관리위원회　71, 74, 76, 79
지방분권특별법　17, 103
지방자치법　16, 17, 25, 60, 106, 107,
　　　　　　113, 119, 223
지방재정계획심의위원회　180
지방재정법　171, 172, 175
지역아동센터　202, 204
지역회의　173, 174, 175, 177, 178,
　　　　　180, 187, 192, 194, 196
지출원인행위　133

ㅊ

참여예산복지네트워크　198, 201, 205,
　　　　　　　　　　　206
참여예산시민위원회　175

참여예산연구회　175
참여예산협의회　175, 178

ㅍ
표준조례안　173, 175, 179
풀뿌리민주주의　7, 93

ㅎ
학교급식　4, 29, 30, 42, 43, 44, 45, 46, 47, 48
학교급식지원센터　48
학교환경위생정화위원회　67

해군기지　63, 102, 155, 156, 159, 217
헌법재판소　91, 93, 143, 149
혁신안　89, 90, 95

M
MOU　156, 157, 158

W
WTO 협정　46

Y
YMCA　31, 32